高校德育成果文库

GaoXiao DeYu
ChengGuo WenKu

福师大小葵
向阳成长的微信之路

陈志勇 主 编
戴少娟 许建萍 副主编

光明日报出版社

图书在版编目（CIP）数据

福师大小葵：向阳成长的微信之路 / 陈志勇主编
. --北京：光明日报出版社，2019.3
ISBN 978-7-5194-5103-5

Ⅰ.①福… Ⅱ.①陈… Ⅲ.①互连网络—传播媒介—应用—高等学校—思想政治教育—研究—中国 Ⅳ.
①G641-39

中国版本图书馆 CIP 数据核字（2019）第 041380 号

福师大小葵——向阳成长的微信之路
FUSHIDA XIAOKUI——XIANGYANG CHENGCHANG DE WEIXIN ZHILU

主　　编：陈志勇	
责任编辑：李壬杰	责任校对：赵鸣鸣
封面设计：中联学林	责任印制：曹　净

出版发行：光明日报出版社
地　　址：北京市西城区永安路 106 号，100050
电　　话：010-67014267（咨询），63131930（邮购）
传　　真：010-67078227，67078255
网　　址：http://book.gmw.cn
E - mail：lirenjie@gmw.cn
法律顾问：北京德恒律师事务所龚柳方律师
印　　刷：三河市华东印刷有限公司
装　　订：三河市华东印刷有限公司

本书如有破损、缺页、装订错误，请与本社联系调换，电话：010-67019571

开　　本：170mm×240mm	
字　　数：422 千字	印　张：23.5
版　　次：2019 年 4 月第 1 版	印　次：2019 年 4 月第 1 次印刷
书　　号：ISBN 978-7-5194-5103-5	
定　　价：95.00 元	

版权所有　　翻印必究

前　言

2018年5月31日,第23次《互联网趋势报告》显示,世界网民规模已达36亿,互联网普及率达到49%。互联网的发明和发展对人类文明产生了巨大而深远的影响。随着信息全球化的不断推进,智能产品的不断普及和互联网技术的不断革新,我们进入了以微博、微信等新媒体传播平台为代表,以短小精炼的内容为文化传播特征的时代。新媒体开创了一个虚拟与现实并存的全新环境,不仅对广大青年学生的思想理念造成空前的冲击,对传统的思想政治教育模式和手段也带来了新的挑战。

新媒体是一个开放的平台,人人有话语权和参与权,每个人既是新媒体的使用者也是创造者。它摆脱了空间限制,实现了随时随地传播,同时传播的流向也从原来的"媒体到公众"单向传播变成了双向和多向传播。不同国籍、不同民族、不同阶层、不同年龄、不同行业的各种文化和价值观鱼龙混杂,互相碰撞交流,互相影响渗透,形成了多元化共存的格局。

微信:高校宣传主阵地

2011年,微信作为一种全新的社交平台,开始进入人们的生活,成了移动社交的主力军之一。2012年,微信公众平台这一功能模块的面世,它的资讯传播功能俨然已经颠覆了传统媒体的宣传方式,成为许多媒体人、机关事业单位等宣传的窗口,也变成了人们获取信息的重要手段之一。如今,在高校内部,微信公众号已经作为一个重要的宣传阵地。

一方面,微信是用户在移动端的一个重要信息接入口,其中,来自微信公众号的信息占据大部分比重。根据《第十五次全国国民阅读调查报告》显示,我国超过六成(63.4%)的成年国民进行过微信阅读。新兴数字媒体中,我国成年国民人均每天微信阅读时长为27.02分钟。庞大的受众群体,一定数量的时间、流量汇聚到微信公众平台,使其成为发表信息的重要渠道和宣传窗口。高校学生大多是互联网的原住民,他们熟练地使用着移动媒体,每天接收大量来自新媒体的信息。其中,很大一部分来自微信公众号。从高校学生的移动社交环境入手,擅于运用微信公众平台，可以更好地传达信息、宣传工作。

另一方面，微信公众号的创建门槛低、操作编辑具有简易性，能够实现信息的快速传播，并营造、渲染校园文化氛围。据掌上大学用户数据动态更新显示，微信公众号已覆盖2909所高校的近8万个微信平台，覆盖大学生数量约3379万。由于微信公众号创建方式简单便捷、运用成本较低，市面上有秀米、135等免费软件可供排版，高校团委、各学院等也积极培养了一批相关领域的学生干部。条件满足、大势所趋，高校新媒体微信公众号如雨后春笋般纷纷出现、成长。

高校微信公众号的出现，拉近了学生与学校的距离，为两者之间的沟通架起一座桥梁。微信公众号的本意是一种公号主持者和订户之间的互动，它基于群发推送、自动回复、评论与回复等功能设定，实现了校园内的信息互动与传达。然而，高校微信公众号仍面临着内容与质量良莠不齐、部分推文真实受众率低、高校微信公众号运营团队稳定性较差等问题和挑战。

福师大小葵：一个拥有75000多粉丝的校园微信公众号

"人类社会的第四次传播革命，即互联网相关技术的推广使用以及由此带来的新媒体的蓬勃发展，不仅促进了传播载体和传播介质的更新升级，也实现了数字、语音、文字、声音、图画、影像等多种传播方式的统一数字化处理。"福建师范大学顺势而为，善用网络新媒体平台，努力建设网上思想引领、成长服务、组织动员、答疑解惑、工作创新的新阵地，切实推进学生思想政治教育网上、网下"两翼协作、联动并进"的整体转型，有效形成了正面思想引领的整体效应。

"福师大小葵"作为福建师范大学团委的官方微信公众号，定位为在团委各类团学信息的基础上，做内容精品，做深度内容原创，展示高校校园的多方资讯，如校园时事、学生风采、团学活动等等，作为学校展示形象、对外宣传的重要阵地，成为学生获取信息、沟通思想、传达感情的重要平台。平台自2013年开通至今，已发布超过2000篇推文，拥有75000多粉丝。推文内容覆盖了青年学生学习、生活的方方面面，深受福建师范大学青年学生的喜爱。"福师大小葵"微信平台的粉丝，有青年学生，也有校友、学生家长、高校同仁、社会人士等。在清华大学@新媒沈阳团队的榜单数据中，"福师大小葵"在高校团委微信公号综合影响力排行榜均排在前20名。

围绕中心不偏移，有所为有所不为。在互联网平台不断迭代升级的微信作为一种新媒体产品，已经不只限于它的媒体传播功能，从其平台属性上，校园微信公众号已经成为许多官方消息的出口。因此，与其他自媒体平台不同，校园微信公众号承担的最终使命是教育引领学生。"福师大小葵"作为我校团委的官方微信公众号，定位为做内容精品，做深度原创，它以做权威性的精品内容为目标，是成为团委所有资讯的统一出口,作为学校展示形象、对外宣传的重要阵地,变成学生获取信息、沟通思想、传达感情的重要平台。因此,不能为了吸引或迎合粉丝,而做太多哗众取宠、没有教育内涵的内容。这是在自我定位上,"福师大小葵"坚持做一个有教育意义的校园微信公众号。第一,遵循"内容为王",做主流内容的坚定传播者。为着力解决主流价值脱离青年学生的突出问题,增强学生在思想政治教育中的获得感,福建师范大学团委在新媒体平台上策划展播了《"不忘初心 继续前进"的背后深意》《五大发展理念领航中国梦》《习近平的"健康中国"策》等10组动画、漫画作品,阐释新理念新思想新战略的时代背景、重大意义、核心要义、精神实质和科学内涵。讲主流内容的学习用"有趣"而生动的场景表述,将优质的知识供给和价值服务在微信平台上传播,让主流价值成为平台建设的不竭源泉和根本动力。第二,以学生为主体,不断提高学生的自我教育、自我管理、自我服务的能力。"福师大小葵"运营团队的主体是在校学生,学生既是内容的生产者,也是内容的传播者,承担着自我教育与教育他人的双重功能。因此,平台的定位更显得十分重要。在平台运营中,不要受外界干扰,听谁说内容好就做,也不要看到谁的平台做得好,就盲目模仿,必须让学生清楚意识平台的运营标准以及功能服务。当然,这是平台顶层设计的层面,在具体的内容选择上,可以根据学生的痛点,做规划。"福师大小葵"在坚定平台顶层设计的基础上,充分发挥学生用户作为内容来源的关键地位的作用,把校园热点的话语权归还学生,让用户成为主角。如,对于社会热点结合学校实际推出的评论《大学城共享单车:是与有荣焉的保护,还是各取所需的滥用》,虽然较为严肃,但紧扣热点,又与学生生活息息相关,具有一定的教育性。

  精品原创引流量,联动传播影响广。跟所有传统媒体一样,新媒体平台运营的不变法则之一就是"内容为王",尤其是在平台争先崛起,用户饱和的今天,平台的吸粉模式已经从"哗众取宠"进入到"内容为王"的时代。作为高校官方微信平台,坚持"传播内容有品质,服务师生有温度",主动设置正能量话题,牢牢把握舆论风向,讲好校园好故事,传递校园好声音,切实提升优质原创内容的策划和生产能力,创造10w+的爆款文章是各高校新媒体的共同发展目标。那么,内容怎么来?首先,海量搜索+原创加工。对所有的平台来说,100%纯原创是很难的。任何优质内容的相互学习,模仿再加工都是内容生产的做法。对于高校而言,学校热点要闻是原创内容的主要素材。一是一定不要错过学校各个部处网站的最新新闻。往往学校师生最关注的点会以传统新闻的形式呈现在门户网站上。二是百度搜索关键字,同样会给你意想不到的选题。如每年年底会有各大专业机构对各个高校进行各类排行,如,师范类院校、一级学科建设等项目的排行,抓住时机,

第一时间转发信息,可以起到增强学生爱校荣校情感的作用。三是榜单靠前或热门的新媒体平台。这是选题重要的灵感来源,对高校共青团系统来说,中国青年报每周微博微信榜单前30的平台务必关注。主要有微博的每日热搜、各高校(团委)的官方平台、上级单位的官方平台以及其他阅读量较高的自媒体平台等。其次,校园共鸣,大众内容个性化。从校园生活中寻找共鸣,寻找大众化的内容,这个依托于我们的内容审核机制,面对一个被提上来的选题,我们并不会简单地因为它是热点就不加选择地去使用,而是在这个热点中寻找可以与我们产生联系的点,结合福师大的日常生活,将它拓展成微信公众号的素材,每一个选题经过层层筛选,不同的同学从自己的角度出发,可能会有不同的看法和见解,多方位地考察,保证这个话题可以吸引大家在碎片化的时间中点进去阅读,如,改编歌曲专栏,歌曲的创作《独家|〈福师姑娘〉,唱给每一个特别的你》,既有热点,同时也可以引发同学们的共鸣;师大人系列专栏,经常在互联网上看到很多学生偶像,但其实在我们身边,在师大也有许多闪闪发光的同学,挖掘他们的故事,不仅带有强烈的可读性,同时与众不同本身就具有让人钦佩和想要了解的特点。再者,实用资讯。除了热点的内容,新鲜全面的校园资讯,活动信息,也是一个校园公众号所必备的内容,热点独特可以抓住人们的眼球,但是仅有这些内容不能持续地维持受众的注意力,只有受众对平台产生依赖性,微信公众号的用户才会稳定,同学们可以在微信公众号中得到学校活动的第一手信息,有充足的时间来选择自己所感兴趣的活动,而不会出现,学校有这个活动,我知道的时候因为它已经或者即将要结束而错过,久而久之,同学们都知道福师大小葵可以及时地为大家提供校园内的各类资讯,便会形成媒介习惯,产生信任感,我想要知道的,在小葵就可以找到。比如,小葵每周的周一见专栏,简洁清楚地将本周活动的时间地点以及活动内容汇总在一起供师大人自行选择了解。在快速消费信息的时代下,以全面、共通、流行的内容来抓住用户,形成一个稳定的,涵括多层次的受众群体。

  线上线下不断线,精准定位固粉丝。任何一种平台的推广离不开与用户线上的互动。互动越多,平台与用户越熟悉,平台的用户粘性越高。当粉丝积累到一定程度的时候,增长速度会越来越慢。那么,此时该如何有效地保持粉丝增长和留住现有粉丝呢?互动,是留住人,保持平台活力的关键一步,也是维护平台形象的重要一步。"福师大小葵"发展至今,在互动策略上,既要做到稳步涨粉,又要做到固定用户,从线上到线下,从短期到长期,由点及面,全方位网状覆盖到用户群体。首先,精准回复,线上"取悦"粉丝。做一个有温度的公众号,"福师大小葵"后台每日安排人工值班时间,一方面回复粉丝问题,帮助粉丝解决日常学习生活的问题;一方面,对每一条推文评论都以认真的态度对待,也会积极给予回复。基于微信平台的属性,文章推出之后的3个小时内,留言的人是比较多的,这段时间若小编能及时回复,对用户来说是一个尊重与肯定。其次,地推造势,线下"亲近"粉丝。活动策划是平台与粉丝互动最常用也是最实用的手段。新媒体平台绝不是单纯地存在于虚拟网络,尤其是作为高校的新媒体平台,举办各式各样的学生感兴趣的活动,进行线下互动,真正做到"从学生中来,到学生中去"是必不可少的。"福师大小葵"依托校团委校园文化活动这一得天独厚的资源,用实实在在的线下活动,不断积累人气,让用户有实实在在的参与感。当然,活动主题要根据平台定位来设计,必须要是好的时机、好的玩法、好的推广,还有适当的福利,才可以吸引众多的粉丝,建立良好的平台形象。如,福建师范大学"书记早餐会""校长与青年学生面对面"是学校学生会搭建师生沟通桥梁、参与学校服务的品牌活动,在学生中有较大的影响力。校团委充分发挥线上平台的作用,在微博、微信发起组织报名,并线上收集提案,参与者十分踊跃,不仅推广了活动,也增加平台的权威性和公信力。而作为引爆粉丝、活跃僵尸粉最直接方式的投票类活动,也是"福师大小葵"线上线下结合的方式之一。"大咖进校园"为主题的抢票类活动则满足了用户的需求。再者,菜单栏应用培养了粉丝的路径依赖。"福师大小葵"充分利用微信的菜单栏,借书、选课、查成绩等日常功能一应俱全,校园活动、原创图文,模块清晰,粉丝可以随时从功能栏获取所有信息。

  团队建设专业化,多种渠道聚人才。小葵团队的组建有别于传统宣传队伍、学生干部队伍的建设,它不仅要求成员具备学生干部的基本宣传能力,还要求他们要具有信息时代的敏锐性。在新媒体人才培养中,福建师范大学团委经过多年的实践和上下求索,终于探索出了一条学习、实践与运用相结合的新媒体团队建设路径,在思想引领和建章立制中驱动小葵团队高效率、高质量的创作和运行。由最初隶属学校宣传部的两三人到如今部门齐全的小葵新媒体工作室,不仅是在团队的人数上,还是在新媒体的工作范围,小葵团队都在迅速成长。目前,小葵团队分成了以小葵新媒体工作室为主体,教师网络思政团队和项目化团队为两翼的组织结构。在小葵团队的大框架下,"福师大小葵"微信公众号运营团队,则同样形成了以校青年通讯社为主体,其他学生组织、各学院组织为辅助的梯队建设。作为团委唯一的微信公众号,所有团学活动消息都在本平台上集成,因此我校八大学生组织都是"福师大小葵"的内容生产者。而在全校新媒体轮值制度的基础上,积极整合学院团委的优秀资源,实现校园两级的共赢,也是团队建设的重要方面。首先,在核心团队的选拔中,政治、技术、责任缺一不可。有方向才有发展,有质量才有效果,有责任心才有执行力。其次,在整个小葵团队组建的过程中,运用了多种选拔方式。面向全校同学遴选是最常见的,也是小葵团队力量充实的主要来源。而每年一次的新媒体人才班的开展,既是选拔人才的重要渠道,也是培养人才的重要平台。再者,激励措施实时配套,人才长效发展有保障。政策、资金、项目,不只是微信团队,整个小葵新媒体团队的成员不管在个人成长,还是在理论提升、实践探索等方面都享受一定的待遇保证。当然,小葵团队作为一支在学校共青团指导下的年轻、强大、积极、活跃的超强战队,他们更懂得也更能"抓住"粉丝受众的心思,某种程度上讲,小葵团队实现了对青年的充分依靠。

形象代言增趣味,深入粉丝接地气。在新媒体时代下,无论一个平台如何被运营和传播,都必须形成相对稳定的定位、形态和品质,否则,在信息大爆炸和注意力极度分散的新媒体环境下,缺乏稳定性的品牌都不能称之为真正意义上的品牌,最终都会昙花一现,而被新的"浪潮"淹没。因此,品牌意识是打造特色高校新媒体的核心。利用品牌特色打造全新校园新媒体格局,是福建师范大学新媒体发展立足的重要因素。首先,形象植入促进品牌连锁反应。福建师范大学团委现有的新媒体成就离不开一个形象——"小葵"。"小葵"形象在各平台的植入,使得福建师范大学团委的各类新媒体平台品牌特色更加鲜明。"福师大小葵"作为团委官方发声平台,已经逐渐被青年接受和喜爱。青年学生喜爱品牌形象,自然会主动地使用、分享和传播平台。其次,平台互推助力品牌推广。福建师范大学团委现有主推平台5个,辅助平台6个,在大型活动的统筹与策应上能够很好地发挥相关平台的优势,通过大型活动的开展,进一步扩大品牌影响力。2015年9月,福建师范大学团委策划开展"校园迷你马拉松活动",邀请影视明星李晨作为活动来宾。微博、微信平台充分利用明星效应进行品牌推广,微博及时转发评论,微信结合活动送出小葵运动装备,短时间内两个平台都创造出新的热点。扎实做好平台的运营与维护,确定好平台定位,利用平台成为彼此的"逗哏"与"捧哏","福师大小葵"实现了品牌综合实力的叠加。最后,对于形象的推广,"福师大小葵"微信公众号,因为小葵形象的存在,在用词表达上更有了一个具体的"我"。在联系粉丝、应对粉丝等方面,"小葵"已经成为活跃在学生朋友圈的人。而小葵文创产品的开发,也不断增强公众号的趣味性,使公众号更加立体,不完全是干巴巴的文字或者思想内容的呈现,它活跃在校园生活的方方面面。因此,高校新媒体品牌若只专注于线上,犹如高空走钢丝,强风袭来难以招架,遑论品牌打造。要立足双线,留住老用户,长期吸引新客户,发展核心用户,利用品牌效应,进而推广所有平台。

近年来,高校共青团学校战线充分认识网络新媒体给高校共青团工作带来的新机遇,把握住高校共青团网络新媒体工作的特点和规律,主动拥抱互联网大数据时代,推动了学校共青团事业的全局性、系统性网络新媒体战略转型,在高校思想政治教育和校园文化建设中发挥着巨大作用。而微信公众号作为各大高校重要的宣传阵地,在数量呈几何级增长的同时,同时对平台的要求也在不断地变化。校园微信公众号的运营首先要充分体现教育意义,其次,又要能贴近师生,"福师大小葵"在二者结合上,已经探索了一定的经验。但是,在新媒体不断发展的时代,工作如何常做常新、不断突破,如何把握技术迭代背后的大众传播规律提升互动内涵,坚守初心,为青年学生搭建更好的网上话语环境,"福师大小葵"仍然要继续探索,不断求新。

目 录
CONTENTS

第一章 技术共通：网罗人心，做校园微名片 ·················· 1
  第一节 标题要"撩人" ·················· 1
  第二节 图片要"抓人" ·················· 2
  第三节 排版要"宜人" ·················· 4
  第四节 菜单栏要"近人" ·················· 5
  微信案例 ·················· 8

第二章 情感共鸣：走进青年，充分挖掘校园时景 ·················· 32
  第一节 就地取材：校园变化的记录者 ·················· 32
  第二节 网络圈层：青年声音的倾听者 ·················· 34
    一、咨询类 ·················· 34
    二、互动类 ·················· 35
    三、兴趣类 ·················· 35
  第三节 日常共情：共同记忆的制造者 ·················· 36
    一、节庆注重导向 ·················· 36
    二、节日传递感情 ·················· 36
    三、节季营造氛围 ·················· 37
  微信案例 ·················· 38

第三章 价值共融：回归教育本身 ·················· 63
  第一节 爱校荣校：将校园发展大事记作为教育主线 ·················· 63
    一、从学校历史传统中挖掘教育素材 ·················· 64

二、从学校发展大事中促进价值共鸣 ·················· 64
　　三、在学校纪念庆典中实现价值提升 ·················· 64
　第二节　不教之教:将校园文化面貌作为教育幅面 ············ 65
　　一、重教勤学,培育优良学风 ······················ 65
　　二、"百团大战",培养文体兴趣 ···················· 66
　　三、择善而从,发扬志愿精神 ······················ 66
　第三节　立人达人:将校园人物故事作为教育亮点 ············ 67
　　一、毕业后,我就成了和你一样的师大人 ··············· 67
　　二、最熟悉的校园陌生人 ························ 67
　　三、春风十里不如成长路上有你 ···················· 68
　微信案例 ···································· 68

第四章　资源整合:做好校园文化集散地 ················ 94
　第一节　背靠"大树"、资源共享 ····················· 94
　　一、新鲜活动　带你玩转福师大 ···················· 94
　　二、关键节点　陪你度过大学的每个重要时刻 ············· 95
　　三、学生组织　你在大学的好朋友们 ·················· 95
　　四、校园热点　紧跟师大步伐 ····················· 95
　　五、师大"红人"带你与校园明星亲密接触 ··············· 96
　第二节　统一出口、点面传播 ······················ 96
　　一、集群优势、集中力量办大事 ···················· 97
　　二、权威发布、注重内容筛选 ····················· 97
　　三、利用平台品牌优势反哺校园文化活动 ··············· 98
　微信案例 ···································· 99

第五章　原创吸睛:品质内容+爆款产品 ················ 126
　第一节　温度:围绕校园新鲜事 ····················· 126
　　一、每个重要时刻,做有温度的陪伴 ·················· 126
　　二、网络热搜、时下潮流中恰当的 follow ··············· 127
　　三、随时随地 陪伴常在 ························ 127
　第二节　态度:紧跟社会热点 ······················ 128
　　一、临时性热点的纵向深入 ······················ 129
　　二、临时性热点的横向延伸 ······················ 129

三、可预测热点的纵向深入 ·· 129
　　四、可预测热点的横向延伸 ·· 130
微信案例 ·· 130

第六章　活动吸引:线上与线上共同合力 152
第一节　地推造势:"怒刷"存在感 152
　　一、各学院宣讲 ·· 152
　　二、赠送小礼物 ·· 153
　　三、出现在现场 ·· 153
第二节　借力互补:"取悦"粉丝 154
　　一、报名活动:抓住"赢"的心理 ·· 154
　　二、投票活动:抓住"赞"的心理 ·· 154
　　三、福利活动:抓住"赚"的心理 ·· 155
　　四、征集活动:抓住"荣"的心理 ·· 155
微信案例 ·· 156

第七章　用户画像:了解用户需求 232
第一节　干货分享:日常必备 232
　　一、精准回复,培养你的"超级用户" ··································· 232
　　二、"撩人"标题,揪住粉丝的心 ·· 234
　　三、活动策划——好的理念成就有生命力的活动 ···················· 235
　　四、校园生活打造——要美感,要个性,还要社交 ·················· 237
第二节　粉丝福利:大咖造访 238
　　一、"大咖进校园"主题抢票 ·· 238
　　二、明星造访,裂变涨粉 ·· 238
　　三、现场直播,双线互动 ·· 239
　　四、社会赞助,福利不断 ·· 239
微信案例 ·· 239

第八章　粉丝互动:塑造用户习惯 287
第一节　校院联动,多管齐下固定粉丝 287
　　一、让"校园网红"变身"小葵粉丝" ······························· 288
　　二、让"草根团"变为"正规军" ·· 288

三、让教师从"线下"走到"线上" ………………………………… 289
　　四、将学院"一枝花"变为"百花香" …………………………… 289
　　五、将机关"小群体"变为"大联盟" …………………………… 290
　第二节　多级互动，活跃平台共建共享 …………………………… 291
　　一、从自娱自乐到与民同乐 ………………………………………… 291
　　二、从各自为政到形成合力 ………………………………………… 292
　　三、从资源调动到颗粒归仓 ………………………………………… 292
　　四、从内容挖掘到化民成俗 ………………………………………… 293
　微信案例 …………………………………………………………………… 294

第九章　品牌引领：小葵形象深入人心 ……………………………… 335
　第一节　形象植入：时尚新颖 ………………………………………… 335
　　一、让"有趣"变为"兴趣"，打造鲜活可爱"小伙伴" …………… 336
　　二、让"想学"变为"好学"，激发主动学习"强动能" …………… 336
　　三、从"创新"到"焕新"，争做文化创意"急先锋" ……………… 338
　第二节　文创融合：好玩有趣 ………………………………………… 339
　　一、"将心比心"才能"打动人心" ………………………………… 339
　　二、"主动靠近"才能"生动亲近" ………………………………… 340
　　三、"取长补短"才能"扬长避短" ………………………………… 341
　微信案例 …………………………………………………………………… 342

后　记 ……………………………………………………………………… 355

第一章 技术共通:网罗人心,做校园微名片

"福师大小葵"作为我校团委的官方微信公众号,定位为做内容精品,做深度原创,它必须以做权威性的精品内容为目标,成为团委所有资讯的统一出口,作为学校展示形象、对外宣传的重要阵地,变成学生获取信息、沟通思想、传达感情的重要平台。作为一个微信公众平台,福师大小葵要具有新媒体的特性,因此其运营的基本做法要符合新媒体发展规律,特别是对新媒体内容以及技术的把握与应用上,做到扬长避短,通过发挥高校团委微信的自身优势来弥补于其他商业微信公众号之间的技术差距,建设更深入人心、更适合校园的传播平台。

第一节 标题要"撩人"

"不能在一秒钟看明白的标题,不适合传播,不是读者理解不了,而是他只能给咱们一秒钟"。高校微信虽然有其特殊性,但是逃脱不了新媒体的普遍规律。因此,标题对于微信文章的推广程度有着至关重要的影响,一篇文章成功与否,首先看的是标题是否吸引人。

在选择标题中恰到好处地融入热点,借助热点本身的关注度,吸引到最大限度的受众注意,容易形成大的转发分享趋势,这是标题上借势营销的一种手法。将内容最大程度地本地化,与校园生活、切身利益相结合,但要切记不应该让热点占据了主角,本末倒置,变成为追热点而借热点。对于内容来说,用户基本是看完标题之后才会决定是否继续点击看内容。因此,标题"撩人",内容至少就成功一半了。让标题生动的手法大概有几个:

一、热点植入。热点包括S网上议论的热词、新上映的电影或者新流行的活动等等。《如果师大是魔法学校,那么神奇动物的封号非他莫属》《你好,请跟我们反瘫局走一趟》这两篇微信推文正是结合了时下的电影、电视剧而拟。

二、强势词语。如"权威""干货""重磅""最新"等词语,可以吸引用户眼球,

1

提升他们的好奇心。校团委的微信本身就是官方微信。因此,在事关学生重大利益的问题上有着权威的话语权,而强势词语的使用在此类文章的推送过程中,可以起到强调以及着重提醒的作用,比如,《划重点!昨天,校长和同学们聊了这些……》。

三、名人效应。借用团委活动,结合福利,利用名人效应推广内容。如2016年福师大"大咖进校园"活动,白岩松、俞敏洪等人讲座抢票的文章均破万。

四、适当留白。特别是微信标题的设置上,可以用问号、省略号,留住一半的思考空间给用户。如《全省36所高校46支队伍明天相约师大,他们来……》《等下一场迷你马拉松,把偷拍我跑步的照片送我好吗?》等题目,把事情说一半,吊一吊用户的胃口,反而容易引起兴趣。

五、数字化表达。无论是粉丝福利的礼品份数,或是校园盘点的几大指数,以及时间点的体现,少了虚无的空洞,反而增添文章的真实感,这类文章一般都有较好的阅读量。例如,《招募|18300颗爱的种子即将在西部发芽》《明日冬至|1000份糍粑22日中午在仓旗食堂等你来吃!》。

六、善用标点符号。同样的一个文章标题在标点符号的帮助下可能有着完全不同的表达效果。感叹号用以增强情感表达,如《4月的最后一条朋友圈,留给他们!》;疑问号用来设置悬念,《还有这样的操作?师大"记者练习生"到底谁C位出道?》;双引号用来增加亲切感和互动感,《"同学,你能帮小葵讲一下这道题吗?"》。

七、切中熟悉的场景。高校微信推送过程中,场景类的标题也是比较受学生的欢迎,例如学校的不同校区、建筑、地点,都可以给学生营造出一种熟悉感,从而愿意点击阅读并且转发分享。如《学生街,是胃的欢喜,是你我的记忆,以及文末有福利!》《也许你还不知道,师大里隐藏着这样一座"美食工厂"》。

第二节 图片要"抓人"

不同于传统媒体,图文并茂是新媒体文章编辑的核心优势,好的内容加上好的图文编辑最终才有可能打造完整的适合新媒体传播的内容。而不同的新平台对具体内容的编辑要求不同。相较于微博、知乎等平台,微信平台的运营中需要大量、高质量的图片作为支撑来提升阅读体验,这也是微信平台运营深受用户喜爱的关键因素之一。因此,福师大小葵十分注重微信号美化以及文章过程中图片的使用,重点有以下几个方面:

一、立足校园实际。高校不同于其他社会组织,一般有一定的发展历史、校园风景以及校园文化。多数高校都为住宿学校,其自身形成了一个非常特定的文化圈子,微信文章中图片的使用不仅能很好地表现校园人物风貌,也是介绍校园、推广校园的有益手段。立足校园实际,要做到以下两个方面:首先,充分挖掘校园元素。同一个校园取景框,在不同的季节不同的人群能传达出不一样的信息与情感,这种效果只有图片可以做到。因此,在毕业季时,我们就曾推出同一地点百年前的毕业照与现在毕业照的对比,时空交错,虽表现出不同的时代风貌,却传承着一样的师大精神。其次,充分挖掘校园摄影师。现在大学生的审美能力与摄影技术水平有着较大的提升,不少学生从高中就把摄影当作爱好,要通过多种渠道充分发现和挖掘有此类专长的学生,例如学生组织的影像部门、相关专业学生或是老师推荐。同时,现在的手机技术也可以拍出质量较佳的图片,福师大小葵的不少图片都是通过学生之间的转发而发掘出的,此类图片有一定的转发量,因此有一定的传播基础,在征得学生本人的同意之后推出,传播效果可以实现叠加效应。

二、善用多种图片。图片改变了以后文字相对单一单调且一本正经的表达方式,其表达形式、承载内容随着新的图片处理技术 App 的广泛普及也越来越丰富多样,常见有以下几种形式:一是直观耿直的单图文。通过 PS 或者手机便签,将文字导出为图片格式进行推送。内容没有改变,只是将文字格式变成了图片格式,但却有着不一样的阅读体验。体验的丰富会加深用户对公众平台的期待,提升关注度。二是活泼鬼马的表情包。表情包是成长于网络时代的青年学生特有的表达方式。在微信文章中加入表情包,特别是学生中流传度高的表情包,能够更好地表达态度及情感,让文章变得立体生动。同时,减少因官方微信所带来的权威感,拉近与青年学生的距离,有的学生可能会因为一个有趣的表情包而在文后点赞、评论。三是清新可爱的手账。近期已经开始流行手账体的图文格式,不同于"耿直"的单图文,手账体使用了大量的素材,诸如花边、背景、字体、模板、贴纸等,让整个文章的表现更加可爱或是文艺,文章风格更加凸显,可读性更强,显得更为美观、充满新意。

三、体现技术水平。很多高校微信公众号运营过程中会存在一个误区:我们不是摄影师,而且又是学校,图片不是我们的强项,有就行了。事实上,图片质量在一定程度上决定了公众号的运营质量,好的微信公众号一定少不了美观的图片,而且这些图片都体现出了一定的技术水平。作为高校微信公众平台,福师大小葵把好了图片的两个重要关卡:一是前期"化妆"。就景物的前期"化妆",是指要抓住特定时节的校园美景,这些照片不仅可以成为单推的潜在高阅读量文章,同时用于公众号菜单栏的美化效果也很好。而人物的前期"化妆",是指在学生模特的挑选上需要有针对性,同时拍摄前给予一定的服装或是化妆指导也是十分必要的。因此,前期工作不需要太高的技术含量,就地取材,条件要求较低。二是后期美化。后期美化需要一定的技术团队作为支持,主要是针对前期拍摄中给不太满意的照片做调整。缺乏强有力的技术团队支持,可以考虑使用一些App滤镜。但是关键图文,仍需要一些看家底图作为支撑。

第三节 排版要"宜人"

如果说,文章的内容是让平台与订阅者之间产生思想碰撞或是共鸣,那么文章的格式布局以及排版则能给订阅者提供视觉上的享受,从而提高用户粘性,提升平台形象。对于以电子阅读形式传播的微信公众号而言,排版更是至关重要。高校微信公众号多为青年教师指导下的学生团队运营,其排版布局传递的是平台运营者的审美能力,决定了订阅者对众号运营主体单位的"虚拟"印象。福师大小葵在运营过程中,对排版了做了诸多探索,主要有以下做法:

一、选对排版风格。高校微信其主要受众是学生,因此在排版风格上多为青春、活泼,也有不少高校的微信排版风格是比较正式、简洁。在早期的运营中,不少微信公众号会过于依赖第三方编辑器,过于追求新颖,难以形成自己的风格,这对于用户阅读体验来说,是不值得提倡的。因此,福师大小葵的排版风格一直坚持以简洁为主,辅以些许小设计,让整个排版更加生动活泼。这样既兼顾了重大节点或是重大事件的及时推送,同时也可以满足不同时段不同文章的排版需求,可以很好地提高工作效率,也有利于形成自己的风格。对于忠实用户来说,固定的排版风格会增加亲切感,甚至用户在长时间的阅读后产生使用熟悉感,提升忠诚度。

二、做好排版细节。首先要注意字体颜色。不同的色彩会给人以不同的感觉,例如"红色给人以热情,蓝色给人以犹豫,绿色给人以希望,黄色给人以明亮,黑色给人以深沉,白色给人以圣洁"。字体颜色的使用,不仅可以起到强调或者是突出的作用,同时可以让排版更显活泼。但切忌大面积使用同一亮色或是多种亮色的字体,使用不当可能会适得其反,让版面显得粗放、没有美感。其次要注意大小和间距。不同字体的大小可以用于不同文章的使用,比如16号纯黑色字:这是微信默认大小,字大看得清,正文一般较少使用;14号黑色或是深灰色字,正文比较常用,偏小清新的文章。而就间距而言,微信默认1.5倍,但特殊情况要有所区分,比如诗歌型文字的行间距要适当拉大。在间距的使用中,要特别注意留白的使用，留白不仅让必要的信息得到凸显，同时可以让版面更为美观。

三、创新排版方式。微信排版方式的创新除了借助第三方编辑器以外，还有其他的方式可以实现。2015年11月，福师大小葵推出了一篇《看师大，变身90°后》，主要内容是关于校园风景的图片推送。因图片是宽屏长图像，在编辑插入后，需要将手机旋转90°后阅读，全文文字不过60字，但这篇一改以往阅读方式的排版在短时间内就创造了1.8w+的阅读量，远超出同期推送的其他校园风景图片。在排版过程中，细微阅读习惯的改变或是蕴含"小心机"的排版，都能够让整个文章的传播效果加倍，例如动图的插入、左右滑页或是上下滑页的使用，都能够让读者感受到运营者的诚意，提升文章阅读质量的同时也会带动阅读量。

第四节 菜单栏要"近人"

微信公众平台的自定义菜单栏，是指微信订阅者在点开或者关注某一微信公众号之后，首先出现在页面下方的几个栏目。微信公众号的自定义菜单栏是可以由微信公众平台的运营者自己设置，对于高校微信公众平台而言，菜单栏设置必不可少，它不仅可以凸显高校微信的整体运营实力，同时也是高校微信面向师生、面向社会必不可少的窗口之一。

高校微信公众平台菜单栏目设置对平台的重要性体现在以下几个方面：

一、为订阅者提供便利。一定简单的自定义菜单栏能够为平台的订阅者提供更多的便利，对于新订阅该公众号的读者来说，主要通过自定义菜单栏就可以了解到公众号提供的服务内容的大致范围，并且能够通过菜单栏就可以了解到该公众号提供的所有服务内容的大致范围。针对不同学生的不同阶段需求，福师大小葵的菜单栏目会不定期进行调整，例如在迎新季会增加学校地图，考研季会提供自习教室查询等服务。订阅者能够通过菜单栏的分类清楚自己要找的信息分类，从而以更短的速度准确找到自己想要的信息。

二、展示公众号特色。微信公众服务平台上设置自定义菜单栏，能够将自己想要让订阅者了解的信息直接展示在订阅者面前，让订阅者能够直观地感受到平台的主要特色及其使用价值。福师大小葵作为高校团委运营的公众号，在菜单栏设置上很好地体现了团、青年以及校园三大属性，例如青年之声、多彩校园以及校园原创精品。只要平台的内容与服务对订阅者来说是有价值的，自然就会提高订阅者对该订阅号的黏性，从而培养成为忠实用户。

三、带动阅读量。高校微信可以参考一些商业微信号的运行模式，在自定义菜单栏时,可以设置一些送优惠礼物的小活动。福师大校园文化活动丰富,举办一系列的演出活动,经常一票难求。因此,针对这一问题,在菜单栏里设置"电子票"服务,提供票务服务,保障演出秩序的同时提升平台的使用量。每一次"电子票"的使用,都会带动其他文章的点击量。因此,便利的平台菜单栏目能够为学生的校园生活提供便利服务,涉及自习室查询、成绩查询、快递查询等信息时,不必逐一翻看可能推送过的历史消息,更为方便快捷。

四、提升主动性。可以利用微信公众平台的后台回复功能,将其与自定义菜单栏结合起来,对平台订阅者提供操作指导。引导读者点击自定义菜单栏的子菜单,有针对性地让订阅者了解到平台的特色以及主打精品。福师大小葵在菜单栏设置了原创精品栏目,里面有校园人物、原创音乐以及原创图文等内容,通过菜单栏设置引导读者阅读精品,增进平台用户对公众号以及对福建师范大学的了解。

"福师大小葵"微信的几种标题类别

类别	标题
热点植入	《有人@你:寒假没有敬业福,但你还可以做这件事》
	《如果师大是魔法学校,那么神奇动物的封号非他莫属》
	《蓝瘦香菇,我以为,我上了大学就不再是一个人》
	《校徽表情包出炉!皮皮虾,我们走,去福师大!》
	《大学城共享单车:是与有荣焉的保护,还是各取所需的滥用?》
	《这么多款假期freestyle,总有一款属于你!》
	《你三叶草攒够了,葵给你捎回了稻城亚丁的明信片……》
强势词语	《权威发布|<共青团中央 教育部关于加强和改进新形势下高校共青团思想政治工作的意见>》
	《划重点!昨天,校长和同学们聊了这些……》
	《干货|听说高数100分的学霸期末都是这么复习的……》
	《去年燃爆福师校园的赛事,今夏再次重磅来袭!》
	《重磅来袭!这场全省高校师生的艺术盛会,就在福师大!》
	《小葵美妆|福师大2018年最新口红色号爆款,速来种草!》
	《2016年最新期末考试方式,一定要保存!》

续表

类别	标题
名人效应	《青春青运丨"乒坛皇后"邓亚萍"约会"福建师大 助力青运签名送球拍!!!》
	《抢票,红丝带大使白岩松老师要来福师大啦,就在明天》
	《"相信未来"俞敏洪即将在福师大开讲,200张门票等你来抢!》
	《小葵送福利?李晨签名明信片等你来拿?!》
	《抢票丨大冰白城百校音乐会师大站,你来好吗?好的》
	《元气到位,开始约"慧",女排姑娘惠若琪喊你来见面啦!》
	《张嘉佳携电影《摆渡人》空降福师大,200张门票你要吗?》
适当留白	《小哥哥小姐姐,知道24节气吗?我____音哦!》
	《点赞!"校长面对面"后第四天,这个提案就实现了……》
	《全省36所高校46支队伍明天相约师大,他们来……》
	《当全福建人都在羡慕我们的时候,我们也想分享这份感动!》
	《等下一场迷你马拉松,把偷拍我跑步的照片送我好吗?》
	《填空题:中秋小食,今日____香月正圆。》
	《终于等到姬哲杰,还好我没放弃》
数字化表达	《25 + 24 + 11 + 10 + 8 + 6 + …… + 2 + 1 = ?》
	《招募丨18300颗爱的种子即将在西部发芽》
	《明日冬至丨1000份糍粑22日中午在仓旗食堂等你来吃!》
	《我在福建师范大学已经34659小时,你呢》
	《不服来战!四万份奖品+定制装备,专属校庆贺礼等你"骑"回家!》
	《师大人丨严哲敏:我在2194公里之外的土地遇见了"家人"》
善用标点符号	《一!根!海!草!都!不!给!你!》
	《还有这样的操作?师大"记者练习生"到底谁C位出道?》
	《时尚博主在师大丨值得偷学的穿搭指南,你知道吗?》
	《校庆知多少丨"同学,你能帮小葵讲一下这道题吗?"》
	《FJNU=福师大?》
	《3·15丨"我之前从网上买了一本五三,结果发现那是别人用过的!"》
	《我的家乡叫大胡建,一个拍照不用滤镜的人间仙境!》
	《福州最低温度来袭?师大各个学院抗冻靠什么?》
	《我画你猜丨福师大人,校园的每个角落,你们真的都认识吗?》

7

续表

类别	标题
切中熟悉的场景	《全国科普日|福师大动植物标本馆入选逛校园第一站！》
	《新"食"记|都说美食是个宝，食堂还是自家好！》
	《福利|溪源江边玻璃房，免费送你独家定制专属电池》
	《嘘！他们羡慕的别人家的宿舍就在福师大》
	《学生街|是胃的欢喜，是你我的记忆，以及文末有福利！》
	《也许你还不知道，师大里隐藏着这样一座"美食工厂"》

微信案例

案例一

《寻梦\|曾经与现在，我还是坚持做自己的米格，你呢?》

发表于《福师大小葵》2017年12月14日

"嗨，是你吗？我在寻梦路上，我很想你。"

"在爱的记忆消失之前，请记住我。"

（音乐）

或许，你也看了那部《寻梦环游记》。当一个被人世间遗忘的"亡灵"彻底消失时；当"固执"的祖先无条件祝福米格时；当美妙的歌声唤醒了曾祖母的记忆时……那些温暖的画面是否也让你想起了他们。

曾经与现在，我还是坚持做自己的米格。

"我受够了征求同意，我不要循规蹈矩，我要跟随自己的心。"

主人公米格身上总能找到我们的身影：对梦想有着最美好的憧憬；满腔热血也不怕受伤；家人却是内心一块柔软之地。

我们不是故意叛逆，只是不会掩盖情绪。我们没有轻言放弃，也希望有一天可以让所有人看到自己的实力。那些藏在心底的渴望，一直都没有忘记。

我记得,一个曾经热血沸腾的我。

@龟龟:三年炉石玩家,梦想就是有朝一日踏上世界的赛场,成为一名炉石传说选手。炉石传说高校星联赛是寻梦的第一次尝试,然后是获得了秋季赛福州城市决赛8强的名次,算是一个能让我满意的成绩了。希望能在梦想的道路上一直走下去。

@浮生:以前初中的时候和大部分的同龄人一样,都喜欢打球。每天下午放学是我练球的最佳时间,每次都手拿着一件满是臭味的背心、拖着疲惫的身子回到宿舍。满脑子都是各种华丽的过人、变向、拉杆等操作,在球场上边回忆着动作要领,对着篮筐一次次地练习。后来学业压力大了,我也离当初立志练球的梦想越来越远。回忆起当年的球场和夕阳下的身影,还藏着我那逐渐被遗忘的篮球梦。

@喜欢写作:曾经有一个写三国题材的小说的梦,也洋洋洒洒大开脑洞写了许多,想把所有喜欢的人物囊括其中,写了近一个厚本子。现在想来,虽然当初十分稚嫩,但也算是少年壮志,若今后笔力更加成熟,希望能够实现这个曾经不靠谱的梦想。

亲情与梦想,感谢您没让我做选择。

"家人是比梦想更重要的事情。"

电影里,米格曾不得不做出家人与梦想的选择题。然而,最后那份无条件的祝福让米格明白:家人更重要,是因为他们会是你梦想最大的守护者。

也许,有些误解曾经让你有过心结。别怕,说出来。爱,能解决一切。

我记得,曾经在背后支撑我实现梦想的亲人。

@艺考小姐姐:当时选择走艺术这条路,我爸非常反对。当时我和他有很长一段时间也没讲过话,虽然我妈背后也给我说他的好,但我就是很生气。直到我拿到师大录取通知书之后,偶然听到他给朋友打电话,语气里都是骄傲,我后悔了。

@幸福:从小到大,从课外兴趣班到中学、文理科到大学专业等等,我的父母都没有给过我任何强制性的意见,基本上都是尊重我的选择。我很感谢他们,无论我的理想是什么,他们都给予鼓励与支持。

@匿名:他们不知道我的梦想,因为他们异想天开……

我会想您,您也不会离开

"这首歌不是写给全世界的,是我写给我的女儿COCO的。"

离别,离我们并不遥远。电影用一种极其梦幻的手法描述了"另一个世界"。那些被记挂着的人,相信一直幸福着。

寻梦的路上,您不在我身边,但却时刻被我放在心上。

我记得,给我最好回忆却已经离开的您。

@我爱我的曾祖母:我的曾祖母因为癌症去世。患癌症之前虽然她年纪很大,但是身体还算硬朗。去世的时候我还不大,但她的乐观开朗我始终忘不掉。每次遇到挫折,我都想起她,她给过我太大的勇气。

@少年ABC:我的爷爷生前是一个倔强的老头,别人怎么说都不听。我觉得和他挺像的。小时候有一个同学做了错事被老师发现,栽赃到我头上。结果我被老师找了家长,我爸回家直接给了我一巴掌,又因为我打死也不承认错误罚跪。我给我爷爷说了真相,我爷爷告诉我"身正不怕影子斜"。后来听说他经历过的事情,敬佩油然而生。

@叮叮当当:我奶奶不识字,也没什么文化。她一直提醒我"无论做什么,都要是好事,对国家对人民有益的事"。用"善"教育子孙的她,现在在那里应该也很幸福吧。

我会想您,您也不会离开

"他一心想唱歌,想去更远的舞台,而我想的是在生活里好好扎根,女儿是比音乐更重要的事。"

我们通过同学主动联系、室友实力助攻等方式问到了一些小伙伴父母的梦想。比起我们那些伟大的梦想,父母们的梦想显得格外平凡。但正是那些平平淡淡的小细节才是最难能可贵的。

@!:爸妈的梦想是想等孩子真正长大独立后,两个人一起去旅行。

@归家:父母的梦想就是我们姐弟三人能够互帮互助,快乐成长。那时,他们没有好车好房的期望,一家人围在一起笑容满面地吃着他们做的饭就是他们最大的梦想。

@s:以前,爸妈的梦想是自己创业,成就丰功伟绩;现在,爸妈的梦想很简单,孩子们可以快乐地长大成人,找到一个好归宿便是他们最大的梦想。

@匿名同学的父母:希望孩子能够照顾好自己,以后可以从事他自己喜欢的工作。(关于孩子的梦想)希望他可以通过自己的努力实现!

我们一路高歌着梦想的歌,总是找不到它的路径。我们在寻寻觅觅中经历着喜悦、忧伤。

我们都曾凭着自己的一腔热血举起手中的宝剑高喊我们要去屠龙。

不论是否能像米格一样实现自己的梦想,要始终记得背后有始终凝视你的家人。梦想的意义在于永远有一盏明灯在指引自己努力的方向,而家的意义是不断为明灯输送能量,保证远航的顺利。

感谢提供故事的师大伙伴,愿你们都能实现自己的梦想,阅读这篇推文的你也是。

案例二

《写诗予师:我用一首诗,留师大一日春。》
发表于《福师大小葵》2018年4月10日

以春之名　赴诗之约
你在《中国诗词大会》领略过"人间四月芳菲尽"
回头,你与春意在图书馆后的树梢相逢
不如提起笔,与师大诗词爱好者共同描述出
那幅"关不住的满园春色"

壹

春朝登长安山
李晗昱
榕城一朝辉,闽水彩云追。
青岩黛瓦处,草木自葳蕤。
夜半流风转,师大文曲垂。
梦里长安月,今照桃李归。

11

春意长安
李晗昱
帘满绿意春满砚,东风为墨叶为笺。
闽水之滨群贤至,举觞兴作诗百篇。
师大风华逾数载,古木琼枝记韶年。
一云一月一青峦,一生一梦一长安。

贰

江城子
马雯
晓风拂乱旧春衫,觉仍酣,露霜繁。
晨诵声声,誓震颤云端。
何惧早寒侵体魄,存抱负,敢登攀。
月明灯昼好时间,岂多言?不得闲。
意向青空,心火已悄燃。
一念求学谁道晚?师大夜,志拳拳。

醉花阴
张哲星
浓云漫遮他乡月,不语相思。

剪叶为歌浮云错,无端故里,惊戏梦中客。
沉吟桃夭叙归意,倦舞翩跹。
仓山眉黛烟凝墨,笔走龙蛇,长安暗香破。

叁

四时
杜茹婷
端看四时景,品读师大情。
雨飘星雨湖,花漫长安山。
叶落青华路,风经两校区。
四时更变化,其乐也无穷。

源梦园
洪烨
长安山麓下,盘根星雨边。
仓旗源梦处,百年桃李嫣。
书声笔翰地,出波年芳涵。
登高望远隙,寻梦溯源年。

肆

余度大一
肖雅婷
百日匆匆逝,千人济济冲。
之初花靥怯,有顷彼行慵。
旭旦书声响,三更睡意汹。
及时当勉励,异日语成松。

【注】

之初,选自《说文》

——始,女之初也。

旭旦,选自任昉《苦热诗》

——旭旦烟云卷,烈景入东轩。

伍

古榕荫浓曳荇泥,
长安花蔓入深蹊。
披星览物长灯伴,
笔落生光自舞霓。
——廖乐娴

风雨交加,出泥芙蓉哀凋败。
人生何苦,无处分忧耿十怀。
事与愿违,唯念父母难自尽。
梦入书斋,只得一睡解千愁。
——孙锦文

陆

日落天初暗,昏灯倦眼中。
风腾窗外满,雨倾眼中空。
笔下龙蛇走,胸中锦绣工。
十年磨利剑,定采首山铜。
——张艺凡

最爱窗前月,孤灯伴到明。
三更愁夜短,四季笃学心。
夜诵惊飞鸟,晨读扰近邻。
艰辛不畏苦,壮志上云庭。
——王婷

柒

长安山麓春晖旁,绿影红樱相益彰。
夜风拂面几度香?春来掬得满园芳。
——岳滴凤

冬踏长安,以观师大。
春晖亭畔,蓝楹纷飞。
轻歌曼舞,香气袭人。
南安楼侧,碧树成荫。
卯时初至,书声琅琅。
友者三两,携手同行。
慢步青华,穿行公园。

楼宇巍巍,隔断仓旗。
极目远望,思而不见。
纵使远隔,本亦同源。
双校齐明,共襄百年!
——岳滴凤

捌

最美·福师大
韩赛
花开不言谢,叶绿四季春。
雨打蕉杷来,星宇长空悬。
匆匆那年情,悠悠今日云。
仓山换我心,明日展翅飞。

扬师大五律
尤澳
霞落偏隅处,东南碎浪生。
楼登密云恐,星摘雨湖惊。
羞月鸿濛转,清蝉自有声。
百年薪火续,天下俊才征。

玖

湘夫人
归晟(郭亚冉)
闻道湘妃降北渚,尽眦肠断登白蘋。

鸟萃蘋中罾木上,不见佳人空有兰。
欲渡江河寻芳迹,江天茫茫水潺湲。
忽闻佳人殷勤唤,腾云偕逝道思念。
为伊筑室独欢欣,菌苔一掬探蕙楣。
辛夷杜衡置屋中,白玉皎皎瑕若霰。
夜卧纱帐醉缠绵,袅袅芳馨不胜嫣。
铜征高悬仙缥渺,恍若黄粱一梦眠。
遗褋澧浦别华年,逍遥把酒尽欢颜。

月夜抒怀

归晟(郭亚冉)

挥毫闻暮鼓,释卷伴晨钟。
豫地埋英骨,长安隐壑峰。
凭栏凝泪眼,尽眦雁无踪。

拾

秋别

王荷亭

清池菡萏销,秋雨路迢迢。
雾暗轻舟逝,亭亭青盖遥。

咏长安
卞玲燕、王如意
黄花长安春风至,绿荫诗里采长霞。
平上去入声声慢,半亩池莲次第开。

诗的记忆
春不会留,
诗词却总能让它停下脚步。

等一下啊,
让我用文字记录其中万分之一美丽。
品品诗词里的师大春光,
念念诗词里的春意绵长。

案例三

《师大人 | 林强:于千湖之国收获温情与成长》
发表于《福师大小葵》2017 年 6 月 13 日

芬兰,一个以森林和湖泊为灵魂的国家,有"千湖之国"之称。2015 年 9 月,环境科学与工程学院 2013 级环境工程专业的林强同学踏上芬兰,来到了芬兰南部的诺维亚应用科技大学(Novio University of Applied Sciences)进行为期一学年的交换之旅。

挑战与成长

交换生交换的不仅仅是学习内容,更是生活经历。每一个交换生都有自己的体会,他们在他乡经历新的挑战,但也从挑战中收获成长,林强也不例外。

刚来到芬兰时,林强遇到了大部分交换生都会遇到的问题——语言。芬兰大部分

居民都会讲三种语言:芬兰语、瑞典语和英语。由于英语口语能力跟不上,林强往往会陷入听得懂但讲不清的困境,在语言无法清楚表达他的意思时,他只能用肢体来描述。林强笑谈,刚开始的时候他奇特的口音和手舞足蹈的动作闹出了不少的笑话。除此之外,芬兰的饮食也着实让他烦恼。芬兰的饮食是西餐,食材少,再加上大部分是生冷的食物,这让初来乍到的林强感到不适应。

我们总会在困境与不适中慢慢成长,改变不是一朝一夕的事情,但却源于一朝一夕。经过此次芬兰之行,林强说自己收获了很多。为了克服语言上的困难,他努力地练习英语口语,积极地与别人沟通;为了克服饮食上的困难,他学会了炒菜。

另一种学习生活方式

对于大部分到国外交流的交换生来说,"自由"是出现最多的词语。

芬兰,作为圣诞老人的故乡,吸引着全世界各国的游客。在芬兰,日昼时间短,小镇的生活节奏缓慢,与好友喝咖啡、打保龄球、驾车旅游成了林强日常的娱乐活动。林强与舍友平时爱喝咖啡,但由于芬兰的日昼时间短,小镇上的咖啡馆大多很早就歇业了,有时候为了喝一杯咖啡,他们会选择驾车前往隔壁城市的咖啡馆,这惬意的生活让林强印象深刻。

芬兰的大学课堂会比较重视交流与实践,同学之间或者同学与老师之间的交流会更多。林强谈道:"当时项目组的老师会经常带领着我们去各种地方参观实习,等到参观结束后每一个人都要做一份演讲,阐述自己的理解与收获,当然老师每次都会提前告诉我们下一周的行程,给我们充分的时间查资料。在基础扎实的基础下,这种学习方式使我更容易掌握知识。"

薯条+汉堡+可乐=除夕夜

宋东野在《卡比巴拉的海》中唱道:"睡醒的人哭着要回家,可离家的人不会相信他。"在芬兰,想念家乡、想念亲人的情愫不断地在林强心中发酵。

刚到芬兰时,对于林强而言,一切事物都是那么新鲜、美好,了解新事物的渴望冲淡了林强心中的思乡之情。但随着时间的流逝,林强逐渐适应了芬兰的生活,同时,想念亲人的感情也愈来愈浓厚。林强回忆起2015年的除夕夜,与往年在家吃团圆饭的热闹场景相比,那一个除夕夜显得十分冷清。那天他和朋友一行人从所在小镇出发，前往芬兰另外一个城市游玩。当夜幕降临时，他们登上了回学校的一趟火车，火车上工作人员为乘客准备了晚餐：一包薯条、一个汉堡加一杯可乐。林强时至今日仍清楚地记得那天在火车上的场景，车窗外还是那样黑，偶尔有几束城市的光线映入眼帘，望着桌上的食物以及身旁的人，他无比地想家。

经过此次的芬兰之行，林强坦言自己改变了很多，变得更加乐观、更加独立、更加开朗和更能合理分配自己的学习与娱乐时间。每一个人的人生都是一样的，在去与归之间徘徊，去到一个新的环境，接受新的人和物，然后重新再出发。在芬兰生活的每一个朝夕，不仅让林强对芬兰多了一些了解，也使他对自己的认识变得更深。

千岛之国处处是景致

著名诗人郭沫若形容过芬兰——信是千湖国，港湾分外多，森林峰岭立，岛屿似星罗。对于林强而言也是如此。刚到芬兰时正值芬兰的秋季，漫天落叶纷飞，小镇上的建筑大多低矮，每次站在高处望向整个小镇时，林强都会被这大自然所赐予的景致吸引，"芬兰的森林覆盖率非常高，我清楚地记得整个小镇被落叶铺满的情景，特别美！"

"芬兰人大部分是比较高冷的，他们很在意自己与他人之间的安全距离。"这是芬兰人给林强的最初印象。但随着时间的流逝，芬兰人给林强的印象也悄悄发生了改变。"记得有一次，我和同学出去玩的时候迷路了，于是我们问了路上的一个叔叔，叔叔跟我们指明方向后我们两个仍然分辨不清，于是那个芬兰叔叔就亲自带我们去了目的地，而且当时他放下了自己的工作，带我们走了很远，那个叔叔让我很感动。"

通过这次学习，地处北欧的芬兰不仅以它独特的景致留给林强一个童话世界般的印象，也因它热情好客的主人，给林强留下了一份温暖的留学回忆。

案例四

《FJNU = 福师大？》

发表于《福师大小葵》2018 年 1 月 9 日

闽水泱泱，长安葱葱，旗山莽苍苍。百年学府，弦歌传唱，难忘好时光……一曲悠扬的旋律唱出了师大历史的悠久，走过 110 个时光旅程的福建师大一直都展现出不一样的活力。当福建师大（FJNU）与物理相遇时，又会碰撞出怎样的火花？

接下来，小葵将为同学们用物理公式一一解析"F""J""N""U"的含义，带你们换一种角度理解物理公式的意义。

牛顿第二定律：F = ma

小葵有一句名言："知识改变命运，压力产生动力，动力战胜惰性。"所以，当小葵与你们谈论起这个用 ma 表示 F 的等式时，它就不仅仅是用来表示物体的质量与加速度的关系了，而是给它增添了一些别的元素，从而有了更深的意义。

牛顿第二定律中，质量是惯性大小的唯一量度，如果说把一个人的学习动力比作外力 F，把他的惰性比作惯性，那么，他学习的动力越大，惰性越小时，学习进步的加速度越大！所以，你得需要学会自我修炼，比如，"一日三省吾身"，自我施压把一直试图阻挠你向前的惰性赶走。再如，利用手机提醒功能制作一个任务表，上发条时刻提醒自己，为自己提供源源不断的学习动力。

平行轴定理：J = Jc + md * 2

小葵接下来给大家介绍的第二个公式就是这个平行轴定理，是不是和它刚见面觉得很陌生？没关系，先让小葵先简单地介绍一下这个公式的物理含义。物理中讲：一个刚体 J = Jc + md * 2 相对于通过它质心轴线（记为 Z）的转动惯量为 Jc，如果再有一条与 Z 平行的轴线，那么，刚体通过 Z 轴的转动惯量表示为 J = Jc + md * 2。

小葵今天特地推出一种新的理解方式。其实，这个刚体就好比一个人，而 Jc 就是这个人生来具有的天赋与才华，这个人学习领域的广泛与否、社交能力的强弱又决定了后面 d 的大小。人与人之间在先天能力基本上差不多，即 Jc 的数值相差不大。既然这样，那么如何才能不断提高自己的能力呢？显然，只要让自己不断学习各种知识，结交四面八方的良师益友，就能不断提高自身素质，提高自己的能力。

折射定律：n = sini/sinr

每次看到这个公式，小葵总是忍不住称赞下"光"真是一个聪明伶俐的孩子。为什么这么说呢，小葵先带你穿越到过去，看一下古建筑的屋顶是怎么设计的。古建筑物的"大屋顶"从侧面看去，两腰并不是直线段，而是两段弧线，这样设计的意义在于当暴雨天气来临时，可以使落在屋顶上的雨水以最短时间流走，从而对

21

房屋起到保护作用。

那这和折射定律的联系又在哪？折射定律又称最省时定律，也就是说，任意两点之间，光通过的路线是耗时最少的路线。所以聪明的光是从来没有走过弯路的。这启示大家，若想要快速地实现目标，实现梦想，就要让自己遵循"折射定律"，行动前做好充足的准备，尽量少走弯路。

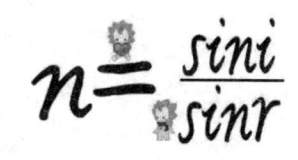

$$n = \frac{\sin i}{\sin r}$$

欧姆定律：U = IR

欧姆定律大家在高中应该都没少接触，欧姆定律虽然简单，但它的试用范围却是有限的，即只适用于纯电阻电路。所谓纯电阻电路，从功率上来看，它区别于非纯电阻电路的就是纯电阻电路的功率只有电阻产生的热功率，而非纯电阻电路的总功率中电阻产生的功率很少，多以其他形式的功率为主。

这也就是在告诉我们，我们想要高效率地做好一件事，就要让自己适用于欧姆定律，即一心一意去做一件事，便消除了其他事物的干扰。小葵觉得，我们做事就要秉着专心致志的态度，切忌三心二意，要不然既浪费精力，又花费心思，最后却徒劳无功。

四个普通的物理公式，四个不同的人生智慧，四种不同的生活。如此看来，小葵突然发现物理是一个非常有趣的学科，临近期末，大家可以去尝试一下这种把公式与生活结合的方法，希望师大的学子们都具有每一个"公式"的良好品质，不断实现自我的超越，小葵为你们加油！

案例五
《大学城共享单车：是与有荣焉的保护，还是各取所需的滥用？》
发表于《福师大小葵》2017 年 3 月 24 日

2016 年下半年，"ofo 共享单车"（又称"小黄车"）作为落户福州大学城的先行者，只需通过手机软件的操作便可轻松取走自行车，随借随还，摆脱了固定停车桩的限制，因此抢先占据了共享单车之战的制高点。

2017 年寒假期间，陆续有更多共享单车品牌入驻大学城——永安行、DDbike、

mobike、hellobike。一时间，共享单车成了大学城的热议话题。

大部分人的尝试是出于好奇

为此，记者针对共享单车在福州大学城的使用情况进行了一番问卷调查。此次问卷调查的对象中，96.04%的为大学生，其中大一学生占74.9%，大二学生占17.18%，大三占3.08%，大四学生和研究生各占了0.44%，而非学生身份的人占3.96%。调查显示，45.37%的人已经使用过共享单车，48.46%的人虽然还未曾使用过，但表示"很想尝试"。

由此可见，绝大部分人对共享单车的接受程度是比较高的。据了解，共享单车目前在江夏学院、福州大学、福建中医药大学、福建农林大学、福建工程学院都有固定的单车停放点，师大暂时还未引进。

对此，福师大生命科学学院的林晶晶同学表示："真的迫切希望学校里能有共享单车，在校外体验过一回，挺方便的。"在共享单车的适用人群中，大部分仅是出于对新鲜事物的好奇而进行一两次尝试，只有极少数人是每天使用的，仅占受访者的3.08%。

福州大学的涂思源同学告诉记者："当初只是因为看到同学们都在骑，加上价格也很实惠，所以有用过一两次。平常的话，挺少看到同学们在用。说实在的，感觉在校园里看到的不多啦。"与涂思源情况相似的不在少数，很多同学对共享单车的使用频率并不高。这正反映了在大学城，共享单车的实用性是有限的。

你使用共享单车的频率是？

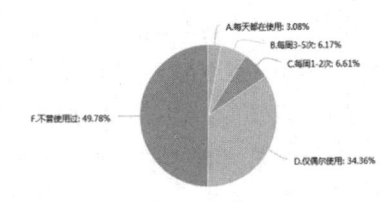

但对其使用价值，来自福师大文学院的张思祎表示了肯定，"我觉得挺好的啊，有需要的时候扫一下就能骑，既省下了买单车的钱，又低碳环保。"张思祎是共享单车使用者的典型代表。根据调查显示，67.84%的受访者与张思祎想法一致，认为共享单车方便快捷且骑行价格便宜，这也是他们认为共享单车能够成功入驻大学城的重要原因。

后期管理的担忧

然而在对共享单车给学习生活带来的便利予以肯定的同时，也有不少受访者表示出对共享单车后期管理的担忧。诸如"投放数量太少，常常无车可借""维护不当，车辆易损毁和脏污""分布不广泛"等问题，是受访者提到频率较高的。

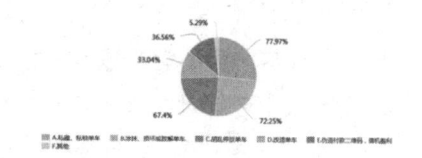

你所了解的不道德行为包括____

"小黄车"在福州首先选择打开大学城的市场，不仅是因为大学生对短途代步工具的需求，还出于对大学生素质的信任。福建医科大学的郑同学表示："大学城相对来说还是一个道德约束力较高的群体聚集的地方，但使用情况却也不尽人意。"上私锁、私藏车的现象屡见不鲜，共享单车俨然化身"私家车"。

小黄车的开锁密码需要通过手机扫描车身的二维码才能获得，比简单的钥匙开锁要来得复杂。渐渐地，使用"小黄车"频率较高的小谢开始觉得"掏手机－扫码－转动密码锁"这套程序"太麻烦了"。在无意间的尝试下，小谢和同学仅用一根小铁丝便轻易地将"小黄车"的锁撬开，他们像发现了"新大陆"似的。"开锁方便还不用花钱，这么刺激又一举两得的好事，为什么不做呢？"

在这种"贪便宜"和猎奇心理的驱使下，"破译"之风悄然弥散在大学城。不过，管理人员逐渐发现了端倪，"小黄车"也在不断"进化"，车锁变得坚固了，用小铁丝撬锁也就"过时"了。但这时候，身边的同学又发掘了不用花钱就能开锁的"新技能"——记住车的密码或是干脆不把密码锁拨乱。有些单车使用久了，也能轻易地找到密码的痕迹。看到"小黄车"的漏洞屡屡被恶意利用后，小谢有点良心不安了，"本身'小黄车'的收费就很低，为了省那么五毛一块去违背道德，真不值得。"

福师大传播学院的谢同学说："我住在南区，平常'小白'来的也不是很频繁，这时候有共享单车就挺方便的，但是令人生气的是，软件上显示附近有辆车，却找破头了也没见着。有一次没有课的时候碰到了这种情况,我就跟它耗上了,最后在宿舍楼的一楼楼梯下面找到了。"对于这种私藏行为,谢同学十分愤慨,"软件上面明明白白地写着'不要停放在住宅区',干吗这么自私地藏着掖着!"

甚至有同学撬锁只是为了追求紧张的刺激感。之后,共享单车的更新、换锁也未能有效遏制上述的破坏行为。谢文海也曾发现过"用完之后不上锁,或者是记住那辆车的密码,然后无需扫码便重复使用"的现象。

"小黄车保姆"的苦衷

被骑到校园各个角落的"小黄车"最终都会整齐成排地摆放在人流较密集的地方,黄灿灿的一片特别亮眼。这得益于工作人员的辛勤工作,同学们称他们为"小黄车保姆"。陆阿姨就是一名"小黄车保姆","小黄车"刚兴起时,大多数使用者还未养成将车停到合理停车位的习惯,乱停乱放的车辆比比皆是,影响了正常的交通秩序和校容校貌。然而,像陆阿姨这样的管理人员无法让每一个使用者都遵守使用规定,只能默默地"收拾残局",从早上八点一直到晚上十一点。

希望"小黄车"能得到爱护

段师傅是"小黄车"在福州大学城区域的负责人。段师傅十分体谅学生,"大学城的'小黄车'是面向所有人的,骑的人太多,坏掉了我们及时修好就行了,也不是多么麻烦的事,不能全怪学生呀。"段师傅脸上露出笑容,"做好维修管理工作本来就是我们分内的事,不过我们当然也希望使用'小黄车'的人能更爱惜它。"不过,对于上私锁的现象,段师傅的态度十分坚决:""小黄车'是不可以上私锁的,人人都有权利骑。"

据了解,如今在福州大学,"小黄车"的管理机制已相对完善,工作人员每天都能及时地对车辆进行整理和维修,为福州大学分配的大约三千辆的"小黄车"也基

本上能满足学生的需求。对于福州大学的"小黄车"使用状况,段师傅较为满意,"虽然仍存在着一些不文明的现象,但这些现象正在慢慢消失,开始往好的方向发展。"

原本只有交通属性的自行车,近几年逐步新增了时尚、健康等多种属性,共享单车正是在这一发展背景下催生的产物。但对共享单车来说,面对融资、维修等诸多方面的问题,要走的路还很长。同时,它的出现不仅是对学校的校园管理的考验,也是在拷问大学生的诚信。

于共享单车而言,如何利用技术弥补漏洞而不是过于依靠使用者的素质?于高校,如何完善管理制度并引导学生文明用车?于大学生,如何在"共享单车信用卡"上存有满额的"信用额度"?让大学城的共享单车摆脱成长的烦恼,压力和责任还需多方的分担。

(本文有删减)

案例六
《喜欢我,就拿上身份证,来陪我做这件事吧!》
发表于《福师大小葵》2017 年 5 月 18 日

在这里,我遇见了最好的你。
我不管我们要一起……

有你,
日子也变得轻飘飘的,
不想浪费每一天,
但又想和你互相浪费。

— 1 —
2016年5月28日,拥在阳光遇到你

我抬起头,看到你漫不经心地抿着糖水。
你不经意地瞥过来时,我紧咬着嘴唇闪避了一下目光。

— 2 —
2017年5月20日，我尝试试能不能再遇见你

春花开谢，秋草又枯。一年过去了。
我带着隐秘的心，想要看见你。

— 3 —
2016年5月28日，看见你

对面的人脸色煞白。
我又忍不住瞥了你一眼———神色紧张但却坚毅。
不要紧张，你很勇敢。

— 4 —
2017年5月20日，我们又相遇了

面对志愿者递过来的玫瑰花，我有些茫然。
"今天是5.20啊，献血会有玫瑰花送哦。"解释的时候，我越过他的肩膀又看到了你，神色比去年平静许多。
"谢谢。"我收下了那朵玫瑰花。
我有意在签名墙面前徘徊了二十多分钟，直到你从献血车上下来，看到我时眼神里充满惊讶。

"送给你。"我微微一笑,顺势把花递过去。

你接过花的时候,笑得明媚无比。

敢爱敢献血

时间:5月20日09:30—17:00

5.20 为爱相聚物光篮球场

最浪漫的事是和你一起献血

最鲜艳的玫瑰赠予最敢爱的你(前50名)

案例七

《猴年马月真的来了?太美的承诺因为太年轻》

发表于《福师大小葵》2016年6月4日

"你欠我的饭到底什么时候请?"

"等猴年马月吧!"

"你四六级单词什么时候背?"

"等猴年马月吧!"

"你微信文案什么时候写?"

"等猴年马月吧!

当我们被问及

很多事情什么时间做的时候,

我们总喜欢说

差不多猴年马月吧!

什么？猴年马月终于要到了

小葵科普时间

　　猴年马月，常形容时间很长，指某些事情的前景尚未可知，也指事情未来的结果无法预料，泛指未来的岁月。根据农历干支，猴年12年一个轮回，马月也是12个月一个轮回，凡是猴年，必有一个月是马月，"猴年马月"的周期是12年，所以大家就用这个来形容时间很长。

　　重点来了，2016年是猴年，农历五月是马月，也就是说2016年6月5日起至7月3日（农历五月），就是传说中的猴年马月啦！

　　SO～你那些尘封在

　　猴年马月的拖拖拉拉承诺

　　该实现啦！JUST DO IT！！

　　别把事情拖到猴年马月后，

　　在猴年马月之前，

　　下定决心，拒绝拖延！

　　确立一个可操作的目标（可观察、具体而实在的），而不是那种模糊而抽象的目标。

不是：我要停止拖延。
而是：我要在6月5日之前打扫和整理我的书架。
设定一个务实的目标。

不是：我绝不再拖延！单纯说说而已。

而是：我会每天花一个小时时间学习数学。把数据填进去，将报告写出来。

将你的目标分解成短小具体的迷你目标。

不是：我打算要写那份报告。
而是：我今晚将花半小时设计表格。明天我将花另外半小时……
现实地（而不是按照自己的愿望）对待时间。

不是：明天我有充足的时间去做这件事。
而是：我最好看一下我的日程表，看看我什么时候可以开始做。上次那件事花的时间超出了我的预期。

只管开始做！

不是：我一坐下来就要把事情做完。
而是：我可以采取的第一个行动是什么？
利用接下来的15分钟。

不是：我只有15分钟时间了，何必费力去做呢？
而是：在接下来的15分钟时间内，这件事的哪个部分我可以上手去做呢？

为困难和挫折做好心理准备。

不是：教授不在办公室，所以我没办法写论文了。我想去看场电影。
而是：虽然教授不在，但是我可以在他回来之前先列出论文提纲。
保护你的时间。

不是：我必须对任何需要我的人有求必应。
而是：在工作的时候，我没必要接听电话。我会收看留言，然后在我做完事情后再回电。

留意你的借口。

不是:我累了(抑郁/饿了/很忙/很烦,等等),我以后再做。

而是:我累了,所以我将只花 15 分钟写报告,接下来我会小睡片刻。

奖赏你一路上的进步。

不是:除非我全部完成,否则我就会感觉哪里不对。

而是:我已经走出了几步,而且我做事非常努力,这感觉很好。现在我打算去看一部电影。

猴年马月,让我们一起
和拖延症 say goodbye!

第二章　情感共鸣:走进青年，充分挖掘校园时景

多数高校官方公众平台承担的是信息传递的角色,这是官方微信的特性或是优势,也有可能成为微信平台成长的阻碍。随着信息传播方式的多样化,信息传递的内容和形式也日新月异。只做信息传递的公众平台,难以获得青年学生的喜爱与信赖,更难成长成为有影响力的校园平台。因此,"走心"就显得尤为重要。作为高校微信公众平台,福师大小葵坚持与青年学生站在一起,充分了解青年学生的想法、感受青年学生的情感、传递青年学生的声音,做青年学生与校园时景的发掘者与联络人。

第一节　就地取材:校园变化的记录者

高校微信公众号始终扎根于校园土壤,成长于校园土壤,可以说,校园就是微信公众号汲取养分、生根发芽、枝繁叶茂的最好素材库。虽然全国有近3000所的高校,校园生活内容有其共性,但是不同办学特色、不同学历层次、不同地域风景以及不同的学校历史,都是校园微信公众号可以充分挖掘的内容,实现求同存异甚至独树一帜。因此,离开了校园本身,会让微信公众号变得索然无味、黯然失色。

福师大小葵非常重视推送就地取材类的文章。校园微信公号在面向社会之前首先要吸纳和培养稳定本校用户,这是微信公众号产生影响的第一步。事实证明,在前期运营过程中,就地取材的美文好文,不仅引起了本校青年学生的喜爱,激发他们的自豪感与荣誉感,同时他们更乐于转发,对微信公众号的迅速成长起到了关键作用,对高校也是一种隐形宣传。

一、心理：如果我对生活还有最后的期待，那就是学校最近开了哪些好吃的新店

法国传奇美食家萨瓦兰在《厨房里的哲学家》中写道，"与发现一颗新星相比，发现一款新菜肴对于人类的幸福更有好处。"随着物质条件的富足，不少学生对美食的热衷在微信朋友圈被诠释得淋漓尽致，"手机先吃"是饭桌聚餐的常态，叫个好吃的外卖总是忍不住"安利"给自己好友。也许，有人会认为吃是人最低级的一种本能，不应该而且不能作为微信公众号推送的内容。但是，根据心理学的研究显示，吃什么不仅仅是一种现象，更是人的一种行为，离不开其背后心理层面的因素。

福师大小葵推送的引起共鸣美食热文在不同程度上反映或者迎合了不同群体学生对于美食的不同需求，效果良好。比如 2015 年 11 月 29 日推送的《师大食堂新升级，明天开张约不约？》，介绍将于第二天重新开业的桃苑食堂，在不到 10 个小时的时间里阅读量达到 2w+，也刷新了小编对于校园美食文章影响力的认识。而毕业后的学校美食，也会成为一代师大人专属的独家记忆，得到校友的转发与刷屏。

二、记忆：如果你不推送这篇文章，我都不知道我的学校怎么对得起"高颜值"三个字

对于高校的微信公众号而言，校园从来不乏源源不断的景物取材，缺的是善于发现的眼睛以及有情怀的小编。学生虽然生活在校园中，但很难看遍校园的每一个时刻，走遍校园的每一个角落。因此，景物推送的选择上，要用用户可能没有看到或者未发现的角度去选材。福师大小葵带着学生看遍师大的四季美景，即使是没有下过雪的福州，通过后期处理我们推送了一篇《如果师大下起了雪》在短时间内获得大量点赞转发，满足了学生的好奇心，弥补了南方学生的"遗憾"。

而校园美景方面，福师大小葵单推过某一景色，比如春天花季的紫云英花海、油菜花花海、芙蓉花林、木棉花以及蓝花楹等，也推送过某一校区特定的全景。通过福师大小葵将这些景通通捕捉下来，记录校园四季景色变化，帮助同学看见他们难以发现的别样校园。当时当下看到的景色也许会成为学生大学生活难以磨灭的记忆，那么作为微信公众号是校园记忆的记录者，也是校园记忆的制造者，培养一代学生的共同记忆。

三、期待：如果可以许下一个愿望，我希望所有的宿舍都有独卫和空调

进入大学之前，不少学生对校园生活环境充满了不安与期待。在适应了大学

生活之后，他们可能会对身边变化反映度越来越低，这是一个过高期待与现实环境相互妥协的过程。但，这种妥协也可能成为微信公众平台走进学生的契机。因此，除了校园美食和校园美景，学生身边最具体的校园生活环境变化，也可能成为推送热点。

宿舍环境对于多数学生而言不过是一张床和一张书桌。但校园中不乏热爱生活和改变生活的学子，福师大小葵曾推送过一篇《嘘！他们羡慕的别人家的宿舍就在福师大》，详细地介绍师大宿舍条件，既有空调独卫，也有阳台和上床下桌，看似平凡的生活在推送以后，不少同学表示原来宿舍生活环境真的很不错。同时文中还推送了校内几个宿舍床位布置的优秀案例，有森系风、少女心风等，让单调的宿舍环境变得温馨温暖，这也是对学生生活观的一种教育与培养。

第二节 网络圈层：青年声音的倾听者

青年有想法，也敢于表达。网易云音乐的评论功能一直就是引发网友热议的爆点，其实微信评论功能也有异曲同工之处。"福师大小葵"乐于给粉丝这样一个平台，让青年自由表达自己想法和感情。"福师大小葵"运营团队成立专门的"客服队伍"，每天安排人工后台值班时间，保证工作人员随时针对用户的问题有效回复。同时开放文章留言功能，精选粉丝走心评论，为师大人打造一个表达自我的平台。

我们曾先后先后开设"你的声音我在意""平安师大""新鲜人守护计划"等栏目，提供解答疑问、解决困难、交流想法、反映问题等帮助，认真倾听学生诉求，积极反馈学生意见，从细微处切实维护好学生的实际利益，为学生带来实实在在的、可见的、可感的帮助，不断提升微信公众号在青年学生中的认可度与美誉度。从后台情况看，"福师大小葵"的用户留言的类型大概有以下几种：

一、咨询类

此类是对具体问题的咨询。比如，某个节假日的放假时间、补课安排。对某场活动的信息咨询等。此类关乎学生日常学习、生活等具体性事务的话题，咨询也较多。对于此类问题，我们一般由当天值班学生负责反馈，也许不一定能够第一时间给出答案，但一定要及时给出回应，如："这个问题我们已经看到，小编会及时了解情况，尽快给您回复"等通用话语。之后，后台"客服"会根据问题进行归类，一般分为团委可以回答的问题，以及需要请教其他部处协助回答的问题。如果问题比较集中,也会邀请其他部处在就相关问题给出一些比较详细的专题指导或者解读进行详细推送,例如"个性化培养周",由教务处根据学生的具体问题,详细地解释了个性化培养周的意义及其具体操作指南。这篇文章的推送也是源于后台学生对此类问题有比较集中的问题和困惑。图文推送以后,学生对"个性化培养周"有了更为全面的认识,了解"个性化培养周"的参与方式及其他问题的解答。

二、互动类

此类是用户看完文章后发表的感悟。有用户针对某一些文章的推送,自发在评论区留言,表示本篇推送抓到了用户的痛点,用户回复越多,表示本篇内容越成功。基于平台的定位,这种类型的问题主要出现在"福师大小葵"微信公众号下。目前,"福师大小葵"的内容多是以图文的方式呈现,用户留言需要后台进行审核才能显示,筛选留言的唯一要求是适合大学生阅读,只要符合此唯一标准,基本都会审核通过,在前端推送。许多用户回复多的是一些读后感类的文字,针对这类文字,更多的回复就是与粉丝的互动,表达对粉丝这种感悟的赞同或者发表一些同理的感悟,这是及时满足每一名用户的留言需求的表现。基于微信平台的属性,文章推出之后的3个小时内,留言的人是比较多的,这段时间小编若能及时回复,对用户来说是一种尊重与肯定。

三、兴趣类

此类互动是根据平台活动决定的。我们曾利用新生季首次在微信上开通直播,其线上互动感最强,它的整体活动基本就是以线上互动为支撑点。它不只是单纯的活动现场的转播,更是根据粉丝需求可以即时改变直播角度、直播方式、直面用户的见面会。互动做得好不好,与每场直播的成功与否直接挂钩。直播涨粉的方式之一,就是互动。目前福师大小葵直播平台依托的是大型的文体活动,观看的人一般都是对内容感兴趣的,因此互动就很容易吸引粉丝,留住用户。不过,此类互动对主播的要求比较高,要做好充分的准备,才能应对可能出现的现场问题。同时,福师大小葵微信平台后台也会收到偏专业化的问题,为了保证回答的官方性,依托学校组建的回复团队是囊括各个专业的学生团队加上专家教授,针对问题的层次,启动不同的团队回答,整合最优答案,打造官方专业形象。

第三节　日常共情:共同记忆的制造者

高校微信公众号通常是校园信息的传递者以及校园风貌的展示窗口,这是高校微信公众号的常见作用。如今,随着学生信息获得渠道的多元化,其对于信息获得的内容要求也越来越高。因此,除了能够传递资讯,还要做到能够"走心",了解青年学生心理,更好地实现微信公众平台对青年的正向影响,传递主流价值观念。

"福师大小葵"为了更好地争取青年、走进青年,除了日常一些幽默文章,也不失时机地凸显自身是一个有情感、有态度、有温度的公众号。而重要时间节点则是拉近青年学生,隐性开展教育的重要渠道,不仅可以烘托一定的氛围,而且更好地避免官方微信宣传生硬、内容干瘪的问题。每一个精心策划的重要时间节点,都可能吸引一批粉丝,成为一篇校园热文。

一、节庆注重导向

节庆是具有地方特色、对特定群体有特殊情感归属的文化活动,大至国庆,小至校庆,都蕴含着不同的节庆寓意及情感,比如国庆侧重表现爱国精神与民族自豪感,团庆侧重突出团员意识与青春使命,校庆则重在烘托爱校情怀。因此,这些节日的推送不是单纯的知识宣传,而是结合节庆引导学生向上向善,弘扬主旋律,传播正能量。此外,节庆多是隆重而正式的节日,在推送时务必要保持推文内容的庄重性,同时也需要多种创意来激发共同情感。

"福师大小葵"在重要节庆日都曾推出不少好文,深受粉丝喜欢。如 2015 年国庆期间推出的《挑战:我向国旗敬个礼!》,在朋友圈晒一张向国旗敬礼的照片截图至后台,即可获得礼物。学生通过简单的参与方式表达自己朴素的爱国感情,这样的活动给平台带来不一定是几万+的阅读量,但能够带来很好的美誉度。2017 年师大 110 年校庆推送的《福建师大校歌青春版 MV 震撼首发|校歌响起,我们回家!》,短时间内就获得 10w+的阅读量,转发量 2000+次。对粉丝而言,转发和阅读是最简单的爱校情感的表达,而这篇文章的成功之处在于能够引起情感共鸣,带动点击和转发量。

二、节日传递感情

除了传统节庆(如春节、中秋节等)之外,许多节日虽不如节庆那般隆重而正式,却也有重要的纪念意义。如今,在大学生活中,青年学生乐于通过庆祝节日来表达自己的情感与想法。较受青睐的节日有以下三大类:

首先,关于亲情。独生子女家庭成长的孩子与父母有着更为密切的情感联系,因此,母亲节或父亲节时经常看到青年学生在朋友圈晒爸爸妈妈,同时表达节日祝福。将这些心里话挑选出来,也是一篇情意满满的好文。

其次,关于爱情。有充满甜蜜数字寓意的3.14、5.20,也有自嘲单身的11.11,借助特定的节日向心仪的人倾诉衷肠,或是表达对摆脱爱情孤单的渴望,这是青年学生中最常见的一种情感需求,也是节日中可以把握的时间点。

最后,关于友情。不少年轻人越来越重视朋友的作用,有的甚至认为友情比爱情更可靠。人与人之间是需要交往的,交往就少不了朋友。所以,作为高校微信公众平台,与其"孤芳自赏",不如"众乐乐",将青年人对节日的感受与祝福,或是庆祝节日的特殊方式,作为推送素材,更容易与学生产生情感共鸣。福师大小葵拍过关于友情的横幅、送过女生节的早餐、开过愚人节的"玩笑"等等,这些让平台与青年学生走得更近,获得更多青年学生的喜爱,青春永不落伍。

三、节季营造氛围

高校中有三大校园季:新生季、毕业季和社团季。得益于福建师范大学校园季在学生中有着良好的口碑,微信公众平台成为校园季中必不可少的角色。校园季的推送不单是对校园风采与校园文化的展示与宣传,对平台本身而言也是一个吸引粉丝、吸引流量的重要契机。

首先,新生季扩充新粉丝。每一个新生都是平台壮大的好时机,福师大小葵随新生入学通知附上平台二维码,9月初开始针对新生感兴趣和困惑的问题,制作成新生季系列推文或是攻略,结合线下直播,每个新生季都取得了良好的效果。

其次,毕业季留住老用户。每年6月是学生走出校园的时节,毕业生虽然已迈出校园,但对校园仍有很深的感情,结合毕业季做一些线下活动,既为他们留住校园记忆,触动爱校情怀,同时也可以把他们培养成平台的忠实粉丝。因此,毕业季的线上线下也是福师大小葵的看家活动之一。

最后,社团季激活潜水粉。所谓潜水粉是指关注了公众号之后却不经常使用公众号的这一部分用户。许多用户在关注和使用平台之后会陷入一定的"倦怠期",对平台的使用热度下降。而社团季有一系列的活动,诸如巡礼月开幕式、十佳歌手赛、社团风采展示等,借助有影响力的线下校园活动,带动线上互动,福师大小葵的平台推送与线下活动相得益彰。

微信案例

案例一
《期末考完＝放假回家？不着急，个性化学习大餐等着你！》
发表于《福师大小葵》2018年1月11日

期末考结束后的学习生活怎么过？

别愁，为你量身定做的个性培养周即将火热出炉。

本学期，师大隆重推出了个性化培养周。学子们议论纷纷，对此充满好奇。

个性化培养周是什么呢？

那么个性化培养周到底是怎么一回事呢？教务处副处长林峰森做出了深度解答，揭开个性化培养周的神秘面纱。

答：目的：顺应"人才培养供给侧"改革发展，遵循"有教无类、因材施教""不拘一格"和"尚自然、展个性"的教育理念，充分尊重学生个性化发展，注重学生分类培养，更好地适应和契合社会的需求。

做法：在严格严肃教学秩序不影响正常的开学和放假时间的情况下，每学年安排2－4周时间，在完成既定教学任务基础上为学生另外提供丰富、多元、可选择的教育资源、教育环境和教育服务，满足学生的个性化需求，以组织开展形式多样、丰富多彩、积极健康、活跃高雅的教育实践活动为载体，给予学生更大的学习自由和更多的学习选择。

本学年因上学期时间长(21周)下学期时间短(18周)，且第一次探索实施，故安排在本学期第21周施行个性化培养活动。

期望：把个性化培养周建成学术之周、科技之周、文化之周、艺术之周，营造出各单位各类活动百花齐放、各年级各专业学生百舸争流的学习实践氛围，让广大学生乐在其中、学有所得、学有所成。

以什么为单位开展活动？

答：以学校和学院为单位开展活动，学校面向全校学生开设部分素质拓展和就业创业类大型活动，由相关学院协同开展。各学院主要开展面向本院学生的各类学习实践活动，某些活动也面向全校开放。

是否压缩了放假时间？

答：个性化培养周是在正常的教学时间内调剂出来的时间，既没有压缩教学时间，也没有压缩放假时间。正常一个学期有20周教学时间，每学期教学计划原则上16周，以往我们安排1-18周组织教学，19—20周考试，教学时间较为宽裕，教学安排较为稀疏。

而现在设置个性化培养周，是在严格教学秩序的情况下，每学年40周的教学时间调剂出2-4周开展学生个性化教育实践活动。本学期教学时间长，第21周仍属于正常的教学时间，如果没有开展个性化培养周活动，那就会是20—21周为期末考试时间。

答：本次的个性化培养周实践教育活动主要围绕"两条主线"开展。第一条主线是学生的专业发展训练，由学院为主针对专业的学习训练开展活动，如科研训练、科技活动、考研学习、专业实训、专业竞赛、学术研讨、创业训练、创业实践、交流访学、社会实践、就业实践等活动。

第二条主线是素质修养拓展提高，学校组织开展教师教育、创新创业、考研学习、素质拓展（国学、美育、法律、演讲与口才）四大模块一系列"营养大餐"，目前已落实近40项活动，将尽快推送给同学们选报，值得同学们期待。同时，活动开始注重针对性、适用性，低年级同学主要开设了解学科前沿、增强专业认知、引导科研训练类活动，高年级同学将紧密结合就业取向和职业选择有针对性地开展活动。此外，也鼓励学院更多地开放活动。

是否计算学分？

答：个性化培养周教育实践活动属教学计划外开设，不计入教学学分，但可计入素质拓展学分，学生参加实践活动每半天折算为4学时，满24学时，可计1学分。

如何进行报名？

答：教务处正整合汇总活动指南并将很快发布，面向全校学生开放的活动将通过手机系统软件推送给同学们选报,根据选报人数再安排地点。学院开设的活动根据各学院的要求参加或选报。

答:我们要求各学院根据专业、年级差异组织开展有计划、成系统且针对性、适应性、衔接性强的教育实践活动,同样,同学们应结合自身的兴趣爱好、长项短板、职业规划、就业选择有目的性、完整性地选择活动内容,不要盲目、跟风、散乱地选择活动。同时,选报的活动应积极认真地参与活动的学习锻炼,切莫报名了又不参加,既占了名额影响其他同学选报,又浪费了公共教育资源,也对自己不负责任。

答:一要珍惜。学校历来坚持以生为本,把学生的成长成才作为工作方向,设置个性化培养周,力图为同学们的学习提供更多优质的教育资源,创造良好的条件,同学们应该倍加珍惜,积极参与学习锻炼,不要归心似箭,更勿误解个性化培养周耽误了同学们回家过年,第21周属于正常的教学时间。与此同时,希望同学们珍惜大学的每一天,珍惜大学期间的每一次个性化培养周,大学是人生最重要的学习成长经历,而人生只有一次大学,溜走了就不再回来,同学们应该树立强烈的成才意识,大学生们最大的责任就是"把自己铸造成器"。

二要遵纪。个性化培养周在期末考试结束后开设,且同学们的学习实践自由度较大,容易松懈,希望同学们严格遵守活动安排和秩序要求,遵守学校规章,参加活动不迟到、不早退、不缺席,切实按照有计划、有目的和完整性地参与选择的活动,并主动维护好活动秩序,争做遵纪表率,一起营造出一个学在其中、乐在其中和你追我赶的良好氛围。

三要多提建议。个性化培养周的开设是学校深化教育教学和人才培养模式改革的探索实践,本学年首次推行实施,希望同学们在积极参与的基础上,多提意见和建议,踊跃建言献策,为学校今后更好地开展个性化培养周教育实践活动提供好点子、好思路、好意见。

2017—2018 学年学校个性化培养周活动安排表
（不断更新中……）

(注：如个别专业提前完成期末考试，可提早开展个性化培养周活动。)

案例二

《母亲节｜所有物是人非的风景里，我最爱你们！》
发表于《福师大小葵》2018 年 5 月 13 日

小时候，妈妈常对我们"说谎"。

"你才不是我们亲生的，你是充话费送的。"
——于是我总把中国 XX 营业厅当成真正的家。

"妈身体好着呢，你不用担心。"
——好像我真的相信了时间对她的宽容。

妈妈是无私的，妈妈是美丽的，妈妈也是最不诚实的。
她一直不停地用谎言来成就我们无忧无虑地成长。

Dear passengers, we are now arriving at ADULT station, please get off here.
旅客朋友们，列车前方就要到站了，
　　请下车的旅客做好准备，
　　我收好包裹，起身离开。

时钟每一分每一秒地走过相同的刻度，
不断地重复，
仿佛它在重复地来，重复地走。
人本身大部分时间，是感受不到时间的流逝的。
我们常常这样，身处时间湍急之流而不自知。

关于如何感受到时间的流逝，
葵粉们分享了几个这样的时刻。

当每天早上六点的起床闹钟响起后，我总是瞟一眼手机关掉闹钟，等六点十五分的闹钟再次响起的时候，感觉时间过得飞快，像穿越了一样，明明觉得才过了五分钟，但是……一睁眼七点到了。

@慕斯

大概是每次坐在爸妈的车尾的时候吧，看到那一根根白发冒出来了，每次都告诉自己时间好快，我的爸爸妈妈老了，我要长大了。但不管怎么样，在爸妈心里还是那个桌上有只鸡能吃到鸡腿的小女孩。

@爱爸妈的雯哥

小时候，总是听大人说："你这么大了啊。"现在，自己偶尔也会说："哇！他都这么大了。"时光飞逝，觉得自己也算是大人了。

@清奇狗子的爸比

回家整理东西，突然翻到小时候的日记，感觉就像昨天发生的事……然后……感慨。

@siloyo

清晨第二次睁眼看时间的时候,考试时还有半面题没做铃声敲响的时候,深刻明白父母已经老去的时候……更多的人会从父母身上感受到时间的流逝,这或许就是岁月的奥秘所在吧。

小的时候,父亲高大伟岸,他的肩膀是可以送我们碰到天空的高山;小的时候,母亲年轻貌美,她的眼神,是可以包容全世界的一潭温水。后来,时间把我们带大,我们站上了比高山更高的地方,我们看到那潭清澈的温水被岁月沉淀出生活的痕迹。

有些深情,越发酵,越醇香。那些被时间偷走的岁月,成就了现在的我们,如果我们不曾醒悟,那么醒悟过来的时候,我想需要跟爸爸妈妈表个白:

亲爱的爸妈:
你们好!
我是你们亲爱的孩子,我现在是一个开始学会化妆的小姑娘,或者是一个有了心爱的姑娘的小伙子了。或许我一年级的时候就爱美地偷偷踩过你的高跟鞋,或者我初中的时候就给女孩子写过情书了。成长很奇妙吧,我瞒着你们,做了好多事情。我有在被你们批评之后哭过,也有在离开你们到外地上学的时候哭过,也有在你们背后看着你们的白发哭过。可能,我从小就是个爱哭鬼。
我今年,二十了。你们今年……怎么四十几了呢。

你们当父母的年龄,就是我活在这个世上的年龄,你们学着为人父母,而我学着成长。现在我长大了,我很感谢你们把我送上人生的列车,如今我到了成人站,将要开始其他的旅程。我希望,等我有能力照顾好自己的那一天,你们不是因为是"爸爸"是"妈妈"而活着,是因为这是你们自己的人生而活着。

我很爱你们,尽管未曾说出口。但一直都很爱。

你们的孩子

父母在,人生尚有来处。
父母不在,人生只剩归途。
当你感受到时间流逝的时候,
也许它以更大的威力作用在父母身上。

建筑一个防盗网,
别让岁月神偷,
再偷走父母陪伴我们的时间了。
♥

5.13 是母亲节
有些爱请说出口

扫描下方二维码
可以参与母亲节小游戏

案例三

《迎新直播 | 九位美女主播带你逛福师大校园!》
发表于《福师大小葵》2016 年 9 月 16 日

台风不仅带来
空气凉爽的中秋佳节
也为师大吹来了
2016 级新生!

如火如荼的迎新就要开始啦
既然你们诚心诚意地发问
"今年迎新有什么亮点?"
那么小葵只好大发慈悲地告诉你
我们有高端大气上档次的
迎新直播
什么?直播啊!好时尚!好酷炫!
好想看!求赐攻略!

别急
下面由小葵来为你详细介绍

直播流程

直播时间

9月17日上午9点开始,到下午4点结束

直播路线

旗山校区:东门→仓山大道→桂苑→文化街→共青团广场→图书馆→星雨湖→小葵馆→美术楼群→音乐楼→南门

(沿43路路线前行中……)

仓山校区:旧师大校门→田径场→体育馆→文科楼→音乐美术楼群→科学会堂→综合楼→田家炳楼→篮球场→学生商业中心→学生宿舍→图书馆→胜利楼

沿途风景

旗山校区:星雨湖　　　　　　　　　　旗山校区:又玄图书馆

仓山校区:胜利楼(校本部)　　　　　　仓山校区:音乐美术楼群

观看途径

1、"一直播"APP,直播id:59033291

2、同时我们会在新浪微博@福建师范大学团委上进行实时更新

3、直播当天,私信后台"我要看迎新直播"便可获取观看入口

(校团委官方微博二维码)

抽奖环节

直播过程中,将开展抽奖活动。幸运的粉丝将获得小葵送出的抱枕、臂包等

周边礼品。

直播惊喜

新学年除了95后的新生们,也有不少的学弟学妹们,学长学姐们不禁感慨岁月不饶人啊!所以小葵也为大家第一时间采访了不同年龄段的同学们。

音乐学院可是南区美丽而又神秘的存在,舞蹈和音乐的美学姐帅学长云集,所以小葵也为大家联系了辅导员,为大家揭开神秘面纱!

同时,还有旅游学院的美丽学姐为大家准备了茶艺表演,领略福州茶文化!

民以食为天,不挤一挤食堂的大学哪里叫青春!所以主播们也深入北区食堂,为大家一探究竟!

饱了眼福和口福,就要丰富我们的精神世界啦!所以小葵也为大家联系了各组织主席,带大家领先一步知道各组织的大小新鲜事!

都知道师大有两个校区,有了旗山的丰富多彩怎么会没有仓山校区的美妙纷呈呢?所以小葵要带大家去文学底蕴浓厚的百年仓山的文青聚集地——文学院!去看看文学院的迎新又会有什么样的新鲜花样!另外海外教育学院的留学生们也会出现在直播现场。

高颜值主播

这么全方位的直播,

从北区到南区,
从旗山到仓山,
吃住行玩,
样样俱全,
你心动了吗?
那就让我们17号,
不见不散。

案例四
《我能想到最青春的事,就是和你一起航拍毕业照!》
发表于《福师大小葵》2017年3月31日

如果说这四年来让我拥有了管理学学位,拥有文化、管理、艺术审美等核心知识技能,拥有种种……但细数其中最为动心最为浪漫的事还是遇见你,遇见2013级文化产业管理班。

这段任凭年岁时光冲刷也不寡淡的青春回忆;这部男男女女你你我我扮演的喜剧闹剧;这册青涩成熟各半的毕业纪念照,专属且永恒。

攘攘人群,四海八荒,2013年,
我们携着各自积攒的缘分,
会合于福建师范大学。

我们不仅属于这片土地,
更主导此段岁月的这片土地。
手手相扣,围成一颗圆滚滚。

宴席难缺碰杯;
纪念难绝回忆;
毕业难离分别。

总说聚是一团火散是满天星,
诚然,我们燃烧了青春丛野,
点亮了整片寂寞夜空。

以梦为马,不负韶华,称兄道弟,
是我能想到最美好的事。

这个班级，这些成员，
似那蒲公英丝丝绒绒，凝聚成团，
末了飘散晃荡，漫天白羽。

让我们静静分享，此刻难得的坦白，
只是无声地交谈，都感觉幸福不孤单。

陪你，把沿路感想活出了答案，
更陪你，把四年光阴煲出温暖。

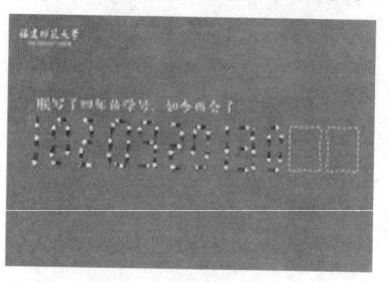

1020920130xx，专属我们的代码，
编出2013级文产同学录，
码住清新独特的过往。

那么你们呢？
你们的专属代码又是什么？

几近空白的课表,忙碌的社会实习,埋头准备考研等等都难得默契地阻滞对过往温情的驻足回忆。唯有毕业将临,瞬地开启闸口,情感才似那洪水喷涌而出。一入文产深似海,此生不悔文产人。再会了2013级文化产业管理班,再会了快毕业的你们。

毕业照征集

想要在小葵上看到自己的毕业照吗?快来投稿吧!无论是一本正经的毕业照,或者各种酷炫的个性合照,亦或是搞怪有趣的毕业照,都可以分享给小葵哦。

快来和小葵分享,属于你的毕业季故事吧!

投稿方式:邮箱 qtxinmeiti@163.com

截止时间:2017年5月15日

案例五
《留校故事丨放弃在家悠闲生活的他们在忙些什么?》
发表于《福师大小葵》2016年8月13日

当我们在WiFi全覆盖的空调房里感叹"空调之父""WiFi之母"像再生父母一般赐予我们新生命时,有的人刚刚结束七月的在校忙碌踏上回家的归途,有的人还在榕城的炎炎烈日、阵阵蝉声中延续八月留校篇章。他们是师大"留校族",牺牲了难得的假期,舍弃了舒适的空调,选择了独立和锻炼自己。

让我们来听听他们的留校故事

欧兆艺

每天早上七点十五分,在大多数同龄人还沉浸在睡梦中时,欧兆艺同学已经推开宿舍的门了。之后,他将步行前往学校附近的永辉超市,开始一天的兼职生活。

在一个月的时间里,欧兆艺同学在超市中推销过电视和饮料,也曾上街发过传单。欧兆艺同学告诉记者,超市销售员不仅仅是负责"叫卖"就够了,搬运货物不可少,有时甚至需要为顾客"送货上门"。

但这并不是欧兆艺同学第一次尝试兼职。据了解,欧同学来自广西梧州,在大学入学前,便已有了在中山、佛山、深圳等地的工作经历。"之所以选择兼职,一方面是想多挣些生活费,另一方面是想借此锻炼自己。"

八月初,欧兆艺同学便会踏上归家之路。回首七月的点滴,他坦言道:"每天回到宿舍就已经是十二点,难免会觉得有些累。"但欧兆艺同学同样也表示,尽管累却很充实,留校的一个月并没有蹉跎岁月,总归有了不小的收获。

郑晓颖

这是来自物理与能源学院材料物理专业的郑晓颖。这个暑假,她选择留在学校实验室提前进行专业研究的学习。白天,她严格按照导师的指导,自行进行试验操作;晚上,忙碌了一天的她又积极反思一天的实验进程,并及时巩固所学。谈到留校的动力,她说:"与其在不知不觉中浪费掉一个暑假,不如把玩乐的时间匀出来一些,为将来的深造打基础。"相信在这个暑假,她能够收获自己所需要的成果!

刘登发

来自数学与计算机科学学院刘登发可能是留校族中最为忙碌、安排最为紧凑的一个。参加英语培训,做家教,到仓山万达和学生街志愿服务驿站值守,还有数学建模培训,刘登发的两个月假期基本都在学校,暑假已经几乎没了空档,"毕竟大学生了,总要自己尝试独立接触社会,也许一事无成,但不能总宅在家里。"

在做家教的零碎时间,刘登发会到志愿服务驿站值守,"我们会向市民提供一次性雨衣、手机充电、指路、换取零钱一些志愿服务。"每每到了夜幕降临才回到宿舍。

八月份,刘登发要马不停蹄地开始数学建模培训,兼顾了做兼职和志愿服务也没有放下学习。这个夏天,刘登发卯足了劲去提升自我。

张赛箫

张赛箫同学是马克思主义学院的学生,家在河北的她选择了留校兼职。她每天往返于学校和快餐店,充实而又忙碌的工作,填满了她的整个暑假。"我每天到快餐店就做汉堡,调饮料,打扫卫生,一天就过去了。"

兼职的两个月很漫长,看到其他同学都回家了,在空间朋友圈晒家乡的美景美食,身处异地的张同学还是会思念家乡。但一想到这两个月能赚到生活费,父母的负担会小一些,且这也是一种锻炼,她就决心要坚持下来。

"快餐店店长人非常好,听说我家比较远时,特意跟我说想回家就请几天假回去,不用怕耽误工作。"但是最终她还是选择留在福州,继续工作。这个不同寻常的假期,也带给了她不同寻常的人生经历。

张思颜

来自地理科学学院的张思颜在大二开学就将上任校青协副主席,为了能更好地担起学生干部的职责,她留在学校参加了校学生骨干的培训,"成为一名学生干部,肩负着很大的重任,需要更加严格要求自己,需要学习更多的东西。"通过公文写作培训、刘晓晖导师的讲座、学长学姐的经验交流学到了带领干事的方法。张思颜还强调着"勿忘初心",她希望在新的一年里依然能热情与努力地投入到学生工作中。

当问及留校的辛苦事时,张思颜逗趣地说:"不辛苦啊,很幸福,因为住上了四人间宿舍。"

陈祥昊

来自软件学院的陈祥昊刚刚完成公司学习任务,结束了为期一个月的留校生活。为了更深入地了解自己的专业,学习到更丰富的专业知识,陈祥昊申请了一个公司的网站制作项目,负责网站的前端设计,与自己的专业知识直接挂钩,"做这个网站的初衷是希望能做成一个程序员的交流合作平台,赚点钱补充生活费。"如今网站制作已基本完成,学会了制作网页的陈祥昊带着满满的收获踏上了回家的路途,他期待着网站的正式上线。

师大留校族中还有一个特殊群体

每天早上七点,江阿姨便会出现在值班室的窗口,着手新一天的工作。江阿姨是福建师范大学17号宿舍楼的楼管,酷暑的来临对她来说并不意味假期的开始。江阿姨告诉记者,她是福州本地人,步行回家只需半小时,但出于工作的需要,也加入了"留校一族"。

江阿姨将会留校整整两个月,期间并没有休息的时间。江阿姨主要负责突发事件的应对、设施的维修和为留校的同学们提供帮助,这些都需要她时刻不离岗。因此,十几平方米的值班室便是她全部的活动空间。

暑假的工作内容相对较为轻松,但假期断网等一些不可控的因素,给江阿姨的宿舍管理带来了一定的不便。而夏季台风多发,也使江阿姨对留校同学的人身安全有几分担忧。采访时,江阿姨正在往墙上粘贴一份手写的告示,叮嘱同学们关好门窗防范"妮妲"。江阿姨如此说道:"我是个非常普通的人,每天所做的便是完成好自己的工作。"

金蝉仍在不停歇地报告盛夏的绚烂,台风过境后新一轮热浪又将席卷榕城。暑假尚余50%的我们无论留校与否都要趁着假期余额尚充沛时充实自己,不负这场夏日盛宴。

朋友,
你看起来也像个有故事的人,
你有什么留校故事呢?
快和小葵分享一下吧!

案例六
《音浪来袭,让十佳歌手燃爆这个夏日吧!》
发表于《福师大小葵》2018年5月17日

你拥光年之际唱尽星辰
我涉四方苍穹引歌入梦
2018年5月19日　本周六18:30
旗山校区青春剧场
福建师范大学第十六届校园十佳歌手大赛
即将乘梦而至

又到一年十佳歌手决赛了,2017年的5·20之夜你还记得吗?
记得,那么2018年的5·20前夜,还要不要一起赴十佳之约?

第二章 情感共鸣：走进青年，充分挖掘校园时景

五月的福州，夏的火热在蔓延，
十佳的热情也在蔓延。
五月的我们，听到动人的歌声在靠近，
热爱音乐的心也在靠近。
放声歌唱的那群人再踏征途，
为了梦想走上十佳歌手舞台。

选手人物海报

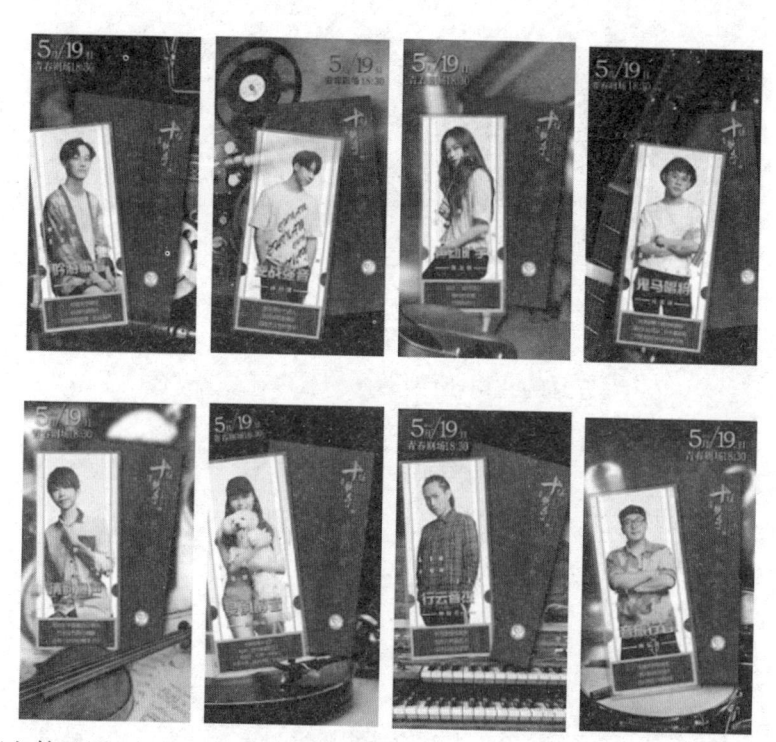

墙上的日历,让我忆起立夏之夜的长安山,十佳歌手复赛在物光篮球场完美落幕。我们一起欣赏各具特色的音乐剧表演,看故事的情节跌宕起伏,赞美选手们的演唱恰到好处。面对第二轮激烈的两两对决,选手一去一留,我们的心情也随之紧张起来。我们真心祝福晋级的选手们,期待他们在决赛上都有更出色的表现。

　　空间的说说,翻到了四月的那个午后,我推着单车等你下课。你说图书馆的复习日复一日,不如载你去听轻松的歌。初赛现场,两分钟的伴奏演唱宛如皎皎上弦月,锋芒初露,犹带半分神秘。台上的歌手我们各有所爱,你笑着与我打赌,看谁喜欢的选手会晋级复赛。

　　藏好的日记,还记着三月的微风相和,听说燃爆2017年夏天的校园十佳歌手大赛惊艳回归,我第一时间告诉了热爱音乐的你!海选现场一探究竟,有熟悉的老面孔,也有别具特色的新声音。三十秒的清唱完全听不够,意犹未尽的我和你都想知道初赛会有多精彩。

<<< 第二章 情感共鸣：走进青年，充分挖掘校园时景

原来十佳歌手已经走过了这么多，我们也期待了这么久……关于十佳，关于你，一切都还历历在目。

你看，你喜欢的选手还在16强的队伍中。

你说，你想要看2018年的巅峰之战谁会问鼎王者？

那就说好了不负十佳，不负彼此，不负年华……

我们一心盼望的决赛，也一定不负所有人的期待！

选手人物手绘海报

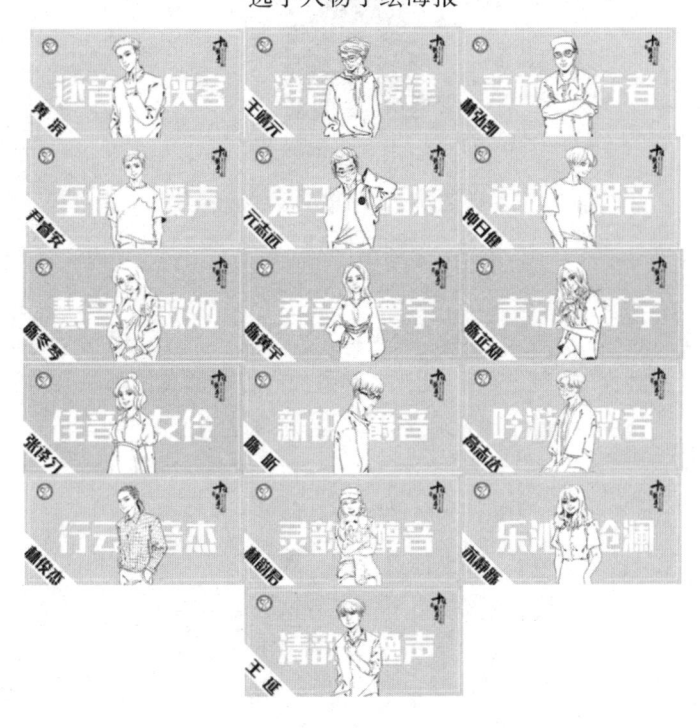

5月19日　本周六18:30

旗山校区青春剧场

我们期待了那么久的十佳

已经唱到了最后的乐章

我相信，你一定会来。

已经走过的2018

多感谢一直有你在我身边

多幸运有十佳一直在我们心间

扫描下方二维码

pick 你最喜爱的歌手~

点击"阅读原文"

还可加入十佳精彩直播

快来围观

案例七

《福师大"校花"又新鲜出炉,谁是你心目中最美的那一朵?》

发表于《福师大小葵》2018年3月9日

哈哈哈哈哈哈

当你点开的一瞬间

你就应该知道事情没有这么简单……

喂!你在想什么!

我可是正经的小葵呢!

我说的是校花——校园里的各种花!

桃花,即桃树盛开的花朵,属蔷薇科植物。叶椭圆状披针形,核果近球形,主要分果桃和花桃两大类。其具有很高的观赏价值,是文学创作的常用素材。此外,桃花有疏通经络、滋润皮肤的药用价值。多于3月中下旬开花,6—9月果熟。

花语:爱情的俘虏

出没地点:图书馆后

紫叶李,别名,红叶李,蔷薇科李属落叶小乔木,高可达8米,叶常年紫红色,著名观叶树种,孤植群植皆宜,能衬托背景。尤其是紫色发亮的叶子,在绿叶丛中,像一株株永不败的花朵,在青山绿水中形成一道靓丽的风景线。花期4月,果期8月。

花语:幸福,积极向上

出没地点:图书馆旁

玉兰,木兰科落叶乔木,别名白玉兰、望春、玉兰花。花白色到淡紫红色,大型、芳香,花冠杯状,花先开放,叶子后长,花期10天左右。玉兰花外形极像莲花,盛开时,花瓣展向四方,使庭院青白片片,白光耀眼,具有很高的观赏价值。花期2-3月(亦常于7-9月再开一次花),果期8-9月。

花语:报恩

出没地点:笃行楼,人文楼附近

羊蹄甲:美丽的观赏树木,花大,紫红色,盛开时繁英满树,终年常绿繁茂,颇耐烟尘,特适于做行道树;树皮含单宁,可用作鞣料和染料,树根、树皮和花朵还可以入药。花期长,每年由10月底始花,至翌年5月终花,花期长达半年以上。

花语:亲情,兄弟和睦

出没地点:宿舍区附近

紫云英:花瓣成伞状,叶子数量多为奇数,花冠为紫红色或橙黄色。花茎成圆柱形,并且是中空的,茎内有茸毛及较多的汁液。喜欢温暖湿润的条件,对水分要求很严,但对土壤要求不严,耐盐性差,杂交率高。2-6月开花,3-7月结果。

花语:幸福。

出没地点:师大随处可见

桂花:花生叶腋间,花冠合瓣四裂,形小,其园艺品种繁多,是中国传统十大名花之一,集绿化、美化、香化于一体的观赏与实用兼备的优良园林树种,桂花清可

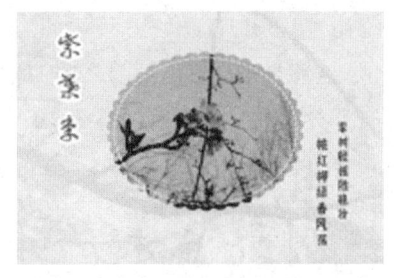

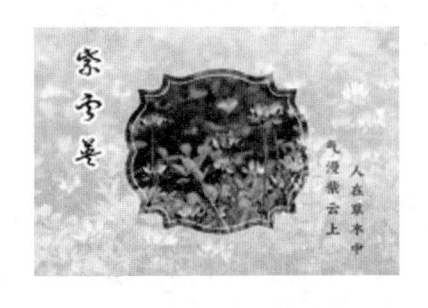

绝尘,浓能远溢,堪称一绝。尤其是仲秋时节,丛桂怒放,夜静轮圆之际,把酒赏桂,陈香扑鼻,令人神清气爽。花期9-10月上旬,果期翌年3月。

花语:崇高、美好、吉祥、友好

出没地点:理工楼附近

木芙蓉,又名芙蓉花、拒霜花、木莲、地芙蓉、华木。为我国久经栽培的园林观赏植物;花叶供药用,有清肺、凉血、散热和解毒之功效。其喜温暖、湿润环境,不耐寒,忌干旱,耐水湿。对土壤要求不高,瘠薄土地亦可生长。花期8-10月。

花语:纤细之美,贞操,纯洁

出没地点:行政楼后

茶花,又名山茶花,是山茶科、山茶属多种植物和园艺品种的通称。花瓣为碗形,分单瓣或重瓣,单瓣茶花多为原始花种,重瓣茶花的花瓣可多达60片。茶花有不同程度的红、紫、白、黄各色花种,甚至还有彩色斑纹茶花,而花枝最高可以达到4米。性喜温暖、湿润的环境。花期较长,从10月份到翌年5月份都有开放,盛花期通常在1-3月份。

花语:可爱、谦让、理想的爱、了不起的魅力

出没地点:理工楼附近

鸡冠刺桐,别称为巴西刺桐,鸡冠豆,深红色的总状花序,艳丽夺目,好似一串红色月牙。喜高温、多湿和光充足环境,不耐寒,稍耐阴,宜在排水良好、肥沃的沙壤土中生长。花期约4—7月。

花语:梦、童心

出没地点:知明楼,笃行楼附近

大好阳光的三月天,

美美的"校花"可不止这些!
等花都开好时,
小葵期待你来分享美图!
(PS:可以悄悄发送你拍摄的"校花"美照给小葵哦。)

案例八
《毒鸡汤|你以为考上大学就解脱了吗？别做梦了!》
发表于《福师大小葵》2016年9月13日

大学是梦幻而神秘的
然而,朦胧的面纱背后
却有着各种奇葩的真相

1、你知道为什么校门口开了那么多家咖啡厅吗？我一开始觉得,学校为我们安排了自习的好去处
——现在觉得,在咖啡厅啃狗粮也挺不错的,起码管饱。
2、好好开始,拾起以前没有机会拥有的一切,重温被高考打断的业余爱好
——只要你能战胜自己的床。
3、不要给家里人添负担,不要给家里人提太高的经济要求
——当你一口气清完购物车的时候,你会看着空空的钱包哭出声。
4、有些事你觉得委屈,可是就得承担
——想到暑假没有作业,就觉得生活好空虚。
5、撑起一把伞,在福州的烈日下保留一份阴凉
——可是该黑的皮肤,还是会黑的。
6、多一项技能,就多一条路
——有的时候,能一天取十几个快递,也是本事。
7、远行,家里人会给你送来厚厚的棉袄,希冀给你家的温暖
——不过在福州,棉袄最大的作用是让衣柜显得很有料。
8、你说好了找男朋友的标准
——可你却默默地爱上了宿舍。
9、其实大学就可以放松,期末考试不用认真背书的
——你可以等到下学期补考的时候再背的。
10、只要高考英语过130,四级根本无压力

——前提是,你还有高中的水平。
11、不管在人生的什么阶段,你都应该对自己的经济状况有个很好的把控
——就比如我,打完这份工,重修费就有着落了。
12、大学城是个好地方,有着优美的自然环境和浓厚的学风
——因为离市中心实在太远了。
13、喋喋不休的真实,未必好过一句宽慰的话语
——比如,你很美。

葵说

又到了开学收重修费的时候了,说了这么多就想告诉大家,在什么时间做什么事。所以,请认真学习,健康生活,做个合格的大学生。

第三章　价值共融:回归教育本身

习近平总书记在全国高校思政工作会议上曾指出,"要更加注重以文化人以文育人""开展形式多样、健康向上、格调高雅的校园文化活动""要运用新媒体新技术使工作活起来,推动思想政治工作传统优势同信息技术高度融合,增强时代感和吸引力。"有别于传统的教育手段,微信公众平台在教育范围、教育手段以及教育内容能够实现新的创新,一点对多点的传播方式保证了学校价值与学生价值的有效沟通,促进价值共融。

微信创始人,腾讯公司高级副总裁张小龙在2016廿微信公开课PRO版的演讲上,曾说过:"腾讯公司里面一直在强调的价值观,就是一切以用户价值为依归,用户价值是第一位的","公众平台的目标是要让真正有价值的东西发挥出它的价值","是想要给你的用户提供一些有价值的服务"。作为高校的微信公众平台,其价值理应与大学的价值保持一致,把承担教育责任、传承人文精神以及服务社会大众等职能作为公众平台运营的核心理念,通过发挥自身技术优势,促进大学功能更好地实现,实现教育的回归。

第一节　爱校荣校:将校园发展大事记作为教育主线

每一所高校都有许多可供挖掘的故事与历史,换言之,校史校事的发掘是微信公众平台价值传递最好的素材库。经常关注各大高校微公众号排行榜榜单,不难发现占据榜单的热文多事关学校发展大事。2018年5月,《中国青年报》微信公众平台发布的全国普通高校微信公众号月度最佳原创新媒体作品排名前三的分别是《北大,120岁生日快乐!》《刚刚,＜新闻联播＞报道,北航再创世界纪录 | 人类历史将记住这一天!》《今天,吉珠十四岁啦!》。可以说,大学本身就是一本翻不完的书,涵养着深厚的人文底蕴以及精神价值,蕴含着丰富的育人素材。

一、从学校历史传统中挖掘教育素材

以福建师范大学为例,福建师范大学是福建省人民政府与中华人民共和国教育部共建高校,福建省重点建设三所高水平大学之一,福建省"双一流"建设高校。学校为中国建校最早的师范大学之一,前身是1907年由清朝帝师陈宝琛创办的福建优级师范学堂,几经调整合并,于1972年易名为福建师范大学。学校有着悠久的办学历史以及深厚的人文底蕴,很多看似为人所知的校情校史在特定的节点以创新的方式推送,仍会取得不错的效果,福师大小葵曾推送一篇《师大简历》,短时间内就实现破万的阅读量。

需要注意的是,学生对校情校史的认识有其固定的视角,同时也缺乏发现特殊校情校史的资源与条件。每一所学校在发展进程中总有一些被时间冲淡的校园事迹,传递不为人所知的学校故事给平台用户,既充分挖掘了学校的历史与特色,同时也唤起青年学生的爱校情怀,增进其荣校情感,同时达到扩大学校影响力的效果。此外,校标、校徽、校训、校歌等校园文化传统标识融入了学校历史与学校特色,也是增加价值认同、引起群体共鸣的情感标识。

二、从学校发展大事中促进价值共鸣

高校微信平台的用户主体主要是本校学生。因此,在事关学校发展的重大事件上,如学科排名、参与区域重特大服务活动等,学生都有着很高的关注度与互动参与热情。要珍惜与爱护学生对学校的感情,及时分享学校发展大事,让学生及时地了解和知会,这种分享使得学生的参与感得到尊重、得到满足,学生自然会乐于转发评论至自己的朋友圈,进而扩大事件影响力,提升学生的自信心与自豪感。

2015年10月,福师大小葵推送的一篇《青春青运 | 师大抢镜央视,我们拼的是什么?颜值!》,时值学生参与第一届青运会开幕式及赛会志愿服务,当天就获得2万+的阅读量,第一时间引起强烈反响。2017年1月9日,艾瑞深中国校友会网发布的《2017中国大学评价研究报告》中,福建师范大学全国排名75,雄居艾瑞深中国校友会网2017中国非211工程大学排行榜100强榜首。隔天,福师大小葵抓住热点推送了《厉害了,我的福师大!2017中国非211工程大学排行榜位居第一名!》,短时间就获得2万+的阅读量。

三、在学校纪念庆典中实现价值提升

正如上文所提及的,根据《中国青年报》全国普通高校微信公众号2018年5月的排行榜,除了北京大学以及吉林大学珠海分校外,同期校庆的中国刑事警察学院、南通大学以及扬州大学的校庆推文也都创造了10万+的阅读量。2017年11月,时值福建师范大学建校110周年,福师大小葵推出校庆系列推文十余篇,获得23万+的阅读量,均篇阅读量1万+、点赞量近400,其中主推文章或是单推均篇阅读量超过3万+。

要策划一系列有影响力的校庆推送,首先在策略上要分清主次,为了营造校庆的氛围,有大量的文章和选材可供推送,但在具体操作上要选好主推文章。11月16日,福师大小葵共推了三篇文章,其中《独家!校庆文艺晚会节目单来了!》结合校庆晚会的举办抢到独家推送,作为主推文章,创造了近3万+的阅读量,并带动另外两篇的阅读量。其次,要充分利用校内已有的资源,如福师大小葵推送内容包括青春版校歌MV、预告师大校庆电影《百年长安》的播出时间、校庆剪纸、音乐节目《小葵来打call》等已有的校庆资源,整合上线,传播速度快,影响范围广。最后,要创意福利放送。除了校庆徽章、纪念徽章放送外,师大校庆推出的"校庆专属头像福利",通过小程序接入可以给自己的微信头像更换校庆框,在朋友圈营造了浓厚的校庆氛围,也为110周年校庆做了隐性线上推广宣传。

第二节 不教之教:将校园文化面貌作为教育幅面

《关于进一步加强和改进大学生思想政治教育的意见》指出,要全面加强校园网的建设,使网络成为弘扬主旋律、开展思想政治教育的重要手段。同时,意见还指出,要大力加强大学生文化素质教育,开展丰富多彩、积极向上的学术、科技、体育、艺术和娱乐活动,把德育与智育、体育、美育有机结合起来,寓教育于文化活动之中。

所谓"不教之教而胜于教",在于强调潜移默化的教育引导。高校微信公众平台作为高校开展思想政治教育的新手段、新办法、新途径,应该承担其育人功能。因此,高校微信公众平台在塑造、传播、推广以及弘扬校园文化方面要充分发挥作用,寓教育于文化活动之中,拓展思想政治教育的广度,实现以文化人、以文育人。

一、重教勤学,培育优良学风

新媒体平台虽然不具备第一课堂系统传授知识的教育功能,但也有人将新媒体平台称作大学的第五课堂,其在习惯养成、氛围营造上有着第一课堂无法比拟的优势。福师大小葵结合学校学风建设的实际,聚焦于专业学习、兴趣培养、学术科研和就业创业四个方面,不定期开展形式多样的线上学习养成活动,例如打卡福利、学霸代言、青椒荐书、过级教程、讲座推送等形式多样的线上活动,校园好评度高。

以英语四六级考级为例,福师大小葵邀请外国语学院师生推出英语四六级半年过关教程,推送学习材料,组织线上测试,帮助同学们互帮互助,持之以恒学习英语。除了学习内容与学习方法的推送,福师大小葵还推送过四六级考试成绩查询、自习教室查询、考试复习攻略等学习服务,帮助学生提升学习意识,倡导优良学风。此外,为培养同学的学习兴趣,结合专业推送的各学院版推文,对增进学生的专业认同也有所帮助。

二、"百团大战",培养文体兴趣

福建师范大学学生组织有着深厚的基础与良好的传统,在繁荣学生校园文化方面作用突出。目前,福建师范大学团委下属几大学生组织都有自己的主打活动,校学生会的"元旦嘉年华"、校社联的"社团巡礼月"、校青年通讯社的"校园辩论季"、校科协的"科技节"、校青年志愿者协会的"志愿服务月"等,每一个学生组织的主打活动都可以带动一个校园热点。

借助师大艺体学科的优势,校园文体氛围浓厚。福师大小葵注重兴趣导向,主推高雅艺术进校园、百炼之星评选以及三走活动,同时结合热点策划线上线下活动。在《人民的名义》热播之际,福建师范大学团委小葵微信推送微信运动排位赛活动,各学院联动转发,积极响应组织报名,此推文还被扬州大学社团联合会转载。通过兴趣引导,在全校形成人人拒做"宅一族",人人参与体育锻炼的校园风尚。

三、择善而从,发扬志愿精神

由于全社会志愿服务氛围日益浓厚,弘扬文明新风尚,大学生对志愿服务活动也有着浓厚的参与兴趣。福师大小葵充分发挥新媒体技术优势,在宣传志愿服务活动、弘扬志愿服务精神、助推志愿服务品牌走出校园等方面起到锦上添花的作用。

首先,在校内培育一批有影响力、反响良好的志愿服务品牌,例如在线上线下联动开展"光盘行动""节粮、节水、节电"行动等活动,推出新媒体公益行动"爱心纸"工程,倡导全校师生以生活、办公废纸换等价文具,并由合作企业捐出"绿色基金"用于开展志愿行动。其次,在校外大型赛会服务中,发挥宣传、动员、扩大影响等重要作用。2015年10月,福建师范大学团委推送的一篇《青春青运|师大抢镜央视,我们拼的是什么?颜值!》。时值福建师范大学学生参与第一届青运会开幕

式及赛会志愿服务,当天就获得2万+的阅读量,第一时间引起强烈反响。

第三节 立人达人:将校园人物故事作为教育亮点

中国工程院院士、四川大学校长谢和平教授曾指出:"大学文化是由一个特殊的社会群体'大学人'在对知识进行传承、整理、交流和创新的过程中形成的一种与大众文化或其他社会文化既相联系、又相区别的文化系统。"福建师范大学是一所具有百年积淀的学校,既有丰厚的校友资源,同时身边不断出现新的优秀师大人。宣传优秀校人物的事迹,对于学校形象宣传以及给师大青年树立优秀的奋斗榜样,有着不可比拟的教育优势。

一、毕业后,我就成了和你一样的师大人

如果把大学的发展比作浩瀚星空,而点亮夜空的便是毕业的一届届校友,或璀璨如星,或微若萤火,也正是一届一届的传承使得大学精神得到弘扬与继承。福建师范大学百年办学过程中,坚持师范特色,涌现出了一批批优秀的优秀校友。通过微信公众平台与学生分享校友事迹,让学生增进对校友的认识,其本身也是增进学生对学校文化与精神价值的认同,进而达到教育与引导的作用。优秀校友的事例不仅能够引起学生的共鸣、激励学生成长,同时正面积极的分享也能够提升平台的美誉度,有助于平台的塑造,弥补选材水平不足等问题。

2016年5月4日,福师大小葵结合青年节时间节点,推送的《五四"前传"│一个影响历史进程的福师大人,你知道吗?》,讲述了五四运动前期福建师范大学前身校私立福建法政专门学校的创办人林长民在《晨报》上发表《外交警报敬告国民》一文对五四运动爆发的影响,挖掘了五四运动与师大历史发展的关系,短时间内创造了1万+的阅读量,评论页面的也不乏激情澎湃的福师学子。

二、最熟悉的校园陌生人

学生对于校园陌生又熟悉,熟悉的是校园环境,陌生的是校园人物。受限于交际圈与生活经验,他们不容易发现校园中不为人知的人物或是故事。但每一个青年学生的交际圈重叠在一起就会发现很多不一样的校园新鲜人。福师大小葵在校园人物选材与采写上侧重多样化的选择,避免推送过多学生已有刻板印象的"又红又专"好青年。同时,将选材与采写交给青年学生,透过青年学生去发现身边"不一样"的青年学生,设置了"师大人"这一专栏,定期推送校园新鲜人的新

鲜事。

在"师大人"的选择上,既有青年学生喜爱的校园大神、优质学霸,也有不走"寻常路"、特色鲜明的校园怪才。此外,还会推送一些不被注意的校园后勤人。在推送形式上,既有常规图文推送,也会选择插入专门拍摄的专题视频,帮助青年学生更好地了解校园,提升校园情怀,增强情感牵绊。比如《师大人 | 白玛央宗,独立绽放在北纬29°的格桑花》《师大人 | 蒋子婧:我是大滚,签约天娱的独立原创音乐人》《师大人 | 谢黛濛:汉服作便装,有何不可?》《师大人 | 谢高凌:国家一级运动员+两年军旅生活=?》。

三、春风十里不如成长路上有你

2016年里约奥运会期间,时值暑假,福师大小葵推送的两篇文章《福师大健儿再为奥运添金!诠释中国女排精神!》《师大奥运首金!两破世界纪录!邓薇摘得女子举重63公斤级金牌!》收获了5万+的阅读量以及近千的点赞量,原本是高校微信阅读的淡季,参加里约奥运会的福建师范大学运动员加上奥运会热浪瞬间积聚人气。

除了五四评优先进集体外,每个高校都有自己的志愿者服务团队,都蕴含着丰富的可供挖掘的素材。以福建师范大学研究生西部支教团为例,平台既推送过他们的支教事迹,同时每年也会帮助研究生西部支教团开展线上公益活动,筹措资金,让学生参与到实在可感的校园公益中去。此外,福建师范大学的海外汉语教学志愿者、阳光助残服务队、青运会志愿者"小青果"、数字峰会志愿者"小茉莉"、特奥会志愿者等一批优秀的志愿服务团队都在平台上得到推广与宣传。

微信案例

案例一

《福建师大校歌青春版MV震撼首发|校歌响起,我们回家!》
发表于《福师大小葵》2017年11月8日

福建师范大学校歌青春版MV震撼首发
校歌响起,我们回家!

第三章 价值共融：回归教育本身

在某个时刻，
当我们一起唱起某一首歌，
这首歌就会给我们力量。

想家的时候
我们一起唱起这首歌

距离福州 2500 公里的甘肃漳县，
他们围着火炉，
唱起了福建师范大学校歌。

这是福建师范大学研究生西部支教团的同学们，
他们说：
"想家的时候，我们就在一起唱校歌，因为这是熟悉而温暖的母校力量。"

校歌响起 我想回家

远渡重洋
这个旋律依然感动

69

和福州时差 12 小时的美国纽约,
她和新认识的同学们,
正在为母校录制生日祝福。

福建师范大学交换生——外国语学院邓昌睿,
她说:
"在异国他乡,听到熟悉的旋律,真的会分外想念母校。"

校歌响起 等我回家

相隔千里
校歌将我们紧紧相连

在菲律宾红溪礼示大学孔子学院
汉语教师志愿者的带领下,
他们开始学唱校歌,
尽管中文词汇有限,但心中却已了然其深意。

这是福建师范大学海外教育学院的菲律宾学生,
他们说:
"在孔院听到校歌很激动,因为表示很快就要去中国读书了。"

第三章 价值共融：回归教育本身

校歌响起 回家真好

对我们来说
四年就是这一首歌

每年毕业典礼上，
主持人宣布，"全体起立，齐唱校歌。"
一晃经年，
上千学子齐唱校歌的场面，
仍然清晰在目。

文学院2007届毕业生"小王老师"，
她说：
"我还记得那天，校歌响起时，隔壁同学红了的双眼……"

校歌响起 一起回家

回不去的青春
忘不了的母校

71

"MV 讲的是四个校友接到 110 周年校庆的邀请,
回忆起各自的大学时光,一起奔向母校的场景。"

青春版校歌 MV 的主创团队,
他们说:
"拍摄这个 MV,是想找回所有师大人共同的青春记忆,
欢迎所有的学长学姐们常回母校看看。"

于他们而言,
于所有的师大人而言,
校歌,是与母校重要的情感联系!

百年校庆时,他创作了这首歌。
校歌的原作曲章绍同老师,
他说:
"校歌跟人生是连在一起的。
曾经在师大读过书或者是工作过的人,
都能在心里对这首歌留下印象,
他一定会在某一个时刻就自然地哼起来。"

10年过去,
章绍同老师的学生,
音乐学院王宇航老师,改编出了校歌青春版。

"这个版本很有活力,很有生命力。"
章绍同老师这样评价。

校歌响起
这是母校的召唤
@全体福师大人
我们回家

案例二
《青春青运 | 师大抢镜央视，我们拼的是什么？颜值！》
发表于《福师大小葵》2015年10月18日

在刚结束的全国第一届青年运动会开幕式直播中，在享受了一场极为震撼的视听盛宴之后，小伙伴们是否也被现场浓厚的青春气息吸引住了，你可知道这里面有多少逆天颜值团是来自福师大的呢，让小葵带你一起去认识下他们吧。

标兵

最先入场的是身穿"小青果"服装的1000余名女标兵，她们是来自师大各个学院的同学。在运动员代表团约一个小时的入场仪式中，这些女孩子们需要统一节奏做出相应的舞蹈动作，还要适时变换队形。

从8月16日，女标兵们便集中在师大东区室内田径场馆进行训练。在学习动作前，也是要从基本站姿开始练习起。在熟悉了整套动作后，便是要重复舞动，从一开始的五遍到七遍逐渐加量，一场仪式下来她们要循环十几遍。

"因为前期训练到位了，进入奥体彩排只是稍微变动下走位，相对轻松许多了。"小傅告诉小葵，几次彩排下来，同学们已经可以全程激情洋溢地舞动了。

因为参演人员众多，场地有限，标兵们经常只能在过道里用餐、休息。

引导员和旗手

引导员身高165cm以上，引领旗手身高180cm以上，不仅看容貌，此次选拔，身高也是硬要求。经过层层挑选，最终从师大各学院中挑选出了包括60名引导员、55名引领旗手和88名旗手（以上包括备选人员）。师大学子们可谓是此次开幕式的"颜值担当"。

绑起高马尾，穿上白色平底鞋，身着统一服装，手举代表团引导牌，一个个笑容甜美的女孩子陆续走向主席台。经过两个月的培训、排练，姑娘们组成了一道最亮丽的青春风景线。

第三章 价值共融：回归教育本身

值得一提的是，此次引导员的手腕和脖子上还配有由福州市花"茉莉花"串成的花环，花环底部还有颗刻着"福"字的珠子和中国结。

是不是被引导员们精彩的亮相吸引住了，贴心的小葵还给大家准备许多引导员们场下的合照美图哦。

图中坐在跑道上便是传播学院带队辅导员郭虎，几乎每次引导员们在奥体排练，郭导都会一起过来，负责同学们的后勤工作，国庆假期期间也不例外。

传播学院另一位细心的女辅导员游婧还会拍下彩排时大屏幕上引导员举牌时的照片，及时提出意见，帮助引导员做到尽善尽美。"这次辅导们跟着我们训练也很辛苦，平时坐公交车到奥体他们从来都是站着的，有时候晕车到吐了也坚持着。"引导员小许告诉小葵，因为担心地板凉，辅导员们还专门为同学们准备了垫子铺着坐。

在最初的训练方案中，引领旗手是与引导员共同带领运动员入场。但是在后期彩排中有所调整，旗帜由各代表团的运动员举旗入场，再交给引领旗手。为了弥补直播中缺少的镜头，小葵决定放一些旗手们的日常照片供大家欣赏。

师大学子们表现十分优秀，导演组临时决定给小伙伴们"加戏"，所以有些演员们同时参加了多个节目。下图便是旗手结束了自己任务后，继续搬运演出道具。

合唱团

　　开幕式中的合唱演员以及领唱歌手均来自师大仓山校区，经过了两个月培训，在开幕式上，他们将美妙的歌声与整齐划一的舞蹈动作展示在全国观众面前。小葵可是听得如痴如醉呢。

舞蹈演员

　　↑↑↑图中姿势优美的采茶舞演员，有不少师大舞蹈专业的学生，她们发挥自己的专业优势，用曼妙的舞姿吸足了观众的眼球。

　　小伙伴们看了这些,有没有觉得青运会开幕式很不错呢,有我们师大逆天的颜值团,怎么会不高大上呢?!

案例三

《福师大个人简历,你相中了吗?》
发表于《福师大小葵》2015年2月25日

个人资料

姓名:福建师范大学

英文名:Fujian Normal University

婚姻状况:未婚

出生日期:1907年11月17日

政治面貌:党员

学历:省部共建高校、研究生院、国家"2011计划"、福建省重点建设高水平大学

专业:综合(师范)类、研究教学型大学

户籍:福建福州

住址:福州市仓山区上三路8号、大学城科技路1号

家庭情况

父母:福建省人民政府

姐妹:台湾师范大学

子女:

全日制本专科生21000多人

各类研究生6000多人

专任教师1740名

博士学位教师660人

双聘院士3人

国际欧亚科学院院士1人

"长江学者奖励计划"特聘教授2人

国家级有突出贡献中青年专家7人

国务院学位委员会学科评议组召集人、成员3人

全国博士后管委会专家评审组召集人1人

国家杰出青年科学基金获得者1人

国家青年拔尖人才支持计划人选1人

教育部创新团队2个

国家级教学团队3个

国家级"教学名师"2 人
百千万人才工程国家级人选 6 人
教育部"高校优秀青年教师"3 人
教育部"新世纪优秀人才支持计划"入选者 19 人
教育部高等学校专业教学指导分委员会委员 14 人
"闽江学者"特聘教授和讲座教授 23 人
享受国务院政府特殊津贴专家 87 人
……
国家重点实验室培育基地 1 个
国家地方联合工程研究中心 1 个
国家科学研究和人才培养基地 4 个
国家级实验教学示范中心 2 个
国家级人才培养模式创新实验区 4 个
教育部人文社科重点研究基地 1 个……

朋友圈
北京师范大学
华东师范大学
东北师范大学
华中师范大学
陕西师范大学
南京师范大学
湖南师范大学
华南师范大学
首都师范大学
浙江师范大学
闽南师范大学
……

成长经历

清朝

　　福建师范大学前身为 1907 年由清朝帝师陈宝琛创办的福建优级师范学堂，辛亥革命后，福建优级师范学堂改称福建师范学校。

民国

1913年,福建师范学校更名为福建高等师范学校。1914年,福建高等师范学校高等师范科停办。1911年,私立福建法政学堂正式成立。1925年7月,私立福建法政专门学校改称福建大学。1929年,国民政府教育部正式明令废止专门学校,私立福建法政专门学校再次改办私立福建学院。1932年2月,福建学院正式获准立案。1936年8月,依据福建省政府实施整理本省教育方案,调整各大学相同科系,福建学院专办法科,农科归并私立福建协和大学。1941年在福建战时省会永安成立福建省立师范专科学校,唐守谦被任命为校长。1944年5月,国民政府开始在福建筹建大专学制的海疆学校,先设师范和行政两科。

新中国

1949年,省军管会接管该校,仍称福建省立师范专科学院。1950年9月,改称福建省立师范学院。1950年,海疆学校停办,师范科部分教师和学生并入福建省立师范学院。1950年年初,福建省研究院社会科学研究所归属厦门大学。1951年,福建省研究院教育心理研究室独立改为新教育研究所,动植物研究所和工业研究所合并为自然科学研究所,后归属原福州大学。

1951年4月,私立福建协和大学(1915－1951年)和华南女子文理学院(1908－1951年)合并成立福州大学。

至1952年6月,福州大学先后并入福建省立师范学院(1941－1952年)、福建省研究院(1939－1951年)、私立福建学院(1911年－1951年)等单位。

经中国高等院校1952年院系调整后,1953年9月,福州大学改称福建师范学院。1969年因"文化大革命"停办,1972年5月复校,更名为福建师范大学,并沿用至今。2003年,福建司法学校(1983－2003年)并入该校。2003年11月,福建师范大学确立为首批八所福建省重点建设高校。2007年11月,福建师范大学迎来百年华诞。

2012年11月,教育部与福建省政府在福州签署共建福建师范大学协议。福建师范大学正式进入省部共建大学行列。

2014年1月,福建师范大学确立为福建省重点建设三所高水平大学之一。2014年10月,由厦门大学牵头,复旦大学、福建师范大学、中国社会科学院台湾研究所等核心单位参与的"两岸关系和平发展协同创新中心"正式入选国家"2011计划",福建师范大学成为国家"2011计划"核心参与高校。性格特征座右铭:知明行笃,立诚致广风格:重教、勤学、求实、创新。

技能特长

技能:汉语言文学、经济学、音乐学、体育学、物理学、地理科学、光学工程等77个本科专业。

学科水平:共有博士后科研流动站19个,博士学位授权一级学科19个,硕士学位授权一级学科38个,硕士专业学位授权点12个;拥有国家重点学科1个、省高校优势学科创新平台(含培育)3个、省特色重点学科9个、省级重点学科26个。

工作经验

国家中小学教师继续教育工程培训基地

全国重点建设职业教育师资培训基地

现代远程教育试点

学校面向东南亚开展对外汉语教学培训基地

国家单独招收台湾地区学生试点

学校支持周边国家汉语教学重点学校

中国政府奖学金来华留学生接受院校

中国-东盟教育培训中心

教育部高校辅导员培训和研修基地

教育部基础教育课程研究中心

福建省高校师资培训中心等人才培养和科学研究基地

国家级专业综合改革试点2个

国家级特色专业建设点10个

国家级精品课程9门

国家级精品资源共享课程13门

国家级双语教学示范课程1门

全国基础教育改革实验研究项目优秀成果奖5项

省优秀教学成果特等奖和一、二等奖62项

获部省级以上科研成果奖500多项

承担各类国家级课题近400项,其他各类课题2300多项

荣誉"教育部优秀本科教学工作水平单位"称号

国家级优秀教学成果一、二等奖13项,全国优秀教材一、二、三等奖7项,独立或合作获国家三大奖18项国家"2011计划",全国高校民主管理先进单位,全国大学生社会实践先进单位,全国模范职工之家,全国公益明星学校……

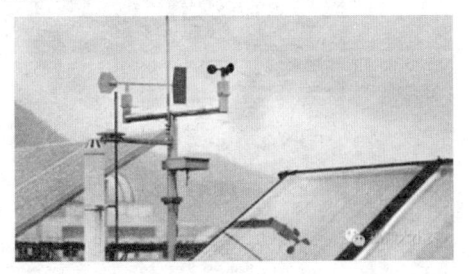

他人评价

武书连:2015中国大学综合实力100强,高校师大排名第91名。

求职意向

目标岗位:特色鲜明的高水平综合性大学。

到岗时间:随时到岗。

专属师大味道

快开学了,小伙伴们是否想起西门美食嘴馋了。

我为母校点赞

看完不禁为自己的母校点赞!虽然嘴里嫌弃师大仓山校区破旧,旗山校区遥远,但是福师大一直是我们心中的佼佼者!新的一年,祝福我们的师大越来越好!快开学,让我们带着满心期待与圆滚滚的身姿回到师大。

案例四

《独家！校庆文艺晚会节目单来了！》
发表于《福师大小葵》2017 年 11 月 16 日

首先为你独家呈现晚会节目单！

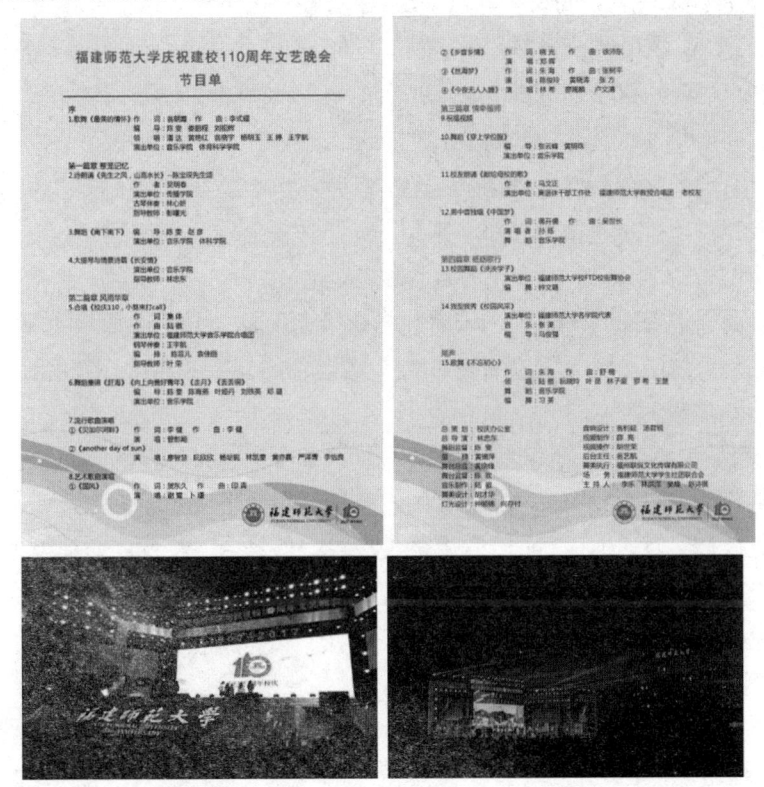

据说，这是一场属于师大人的狂欢盛宴，错过还要再等好多年；据说，抢票通道一经开放所有门票一抢而空，手速堪比"双 11"；据说，这次晚会将有重量级神秘嘉宾惊艳登场，绝对让你尖叫连连；据说，可容纳 4000 人的场地已经布置妥当，所有相关人员蓄势以待……

户外露天大舞台、演唱会级别的舞美音响、LED 屏全程追踪人物特写……这样一场高颜值、高质量、高水平的校庆晚会将满足您的一切期待。

今天，小葵来到晚会彩排现场探班，
为您揭秘台前幕后的故事
前方高能预警，一大波剧透正在袭来
请所有师大学子们准备接招

Part1 演出人员

来自音乐学院的几位资深声乐老师将在第二篇章为我们上演约十五分钟的歌曲集锦。谈到本次晚会印象深刻的地方，老师们纷纷表示本次户外晚会的效果令他们非常震撼。

"我们平常都是在音乐厅里演唱，音乐厅注重听觉，而户外晚会却是听觉与视觉的双重享受。刚才我们在舞台彩排的时候感觉整个场面明显更加宏大，我们演唱起来也会自然而然地提高自己声音的气场。户外舞台不仅使我们唱得尽兴，观众也看得更加过瘾。"

而对于明晚即将上台表演的同学来说，紧张的情绪仍然存在："为了这次上台，我们加紧排练了一个月，压力是有的，毕竟这是一个代表师大、献礼师大的晚会。马上要上台彩排了，现在我还是有点紧张。"将于明晚舞蹈集锦中表演节目《走月亮》的音乐学院舞蹈系同学笑着说。

Part2 现场工作人员

林楚杰在本次活动中负责场务工作，提到本次校庆晚会节目，他连连称赞：

"2017年我们校庆的节目真的是特别棒！这次晚会可以说是我见过的师大晚会里灯光最震撼的一次、用LED屏最多的一次。不夸张地说，真的跟演唱会有点相似！所以能成为这次晚会的工作人员，我觉得非常荣幸。"

说到彩排过程中的趣事，他透露："有跟音乐学院毕业的曾彭飚学长交流过，学长也是个小明星了，有发过自己的歌，也有参加过一些综艺，参加过激情唱响，还进入了全国十二强！"

Part3 导演组

"此次晚会的总导演林忠东老师与师大校庆非常有缘分。"福建师范大学音乐学院陈俊玲老师说。原来，2007年在旗山校区东区田径场举办的师大百年校庆晚会也是林忠东老师导演的。

而本次110周年晚会相较于十年前，保留了一个十年前的节目——穿上学士服舞蹈表演。晚会的导演组认为穿上学士服是一个非常神圣的时刻，许许多多毕业学子多年后回忆中印象最深的也是这个时刻，这不仅是一种仪式感，更是一种传承。

对比林忠东老师导演的"高雅音乐走进学生"活动，陈老师认为本次选择户外场地的重要原因是室外的公开环境更具震撼力，并且老师同学的参与度更高，观看人数也更多。而未能进场观看的老师同学在围栏外、高楼里、宿舍楼上也能够观看到我们的演出，做到真正的全民参与，全民观看。

1990年就来到师大，并在此学习、任教至今的陈俊玲老师对师大有着一份特殊的情感。"这27年我见证了师大的许多重要瞬间，所以我对师大有许许多多不能重来的爱，也祝我们师大越来越好。"

怎么样，这样看来明晚的校庆晚会是不是诚意十足、让人期待？从现场回来的小葵表示，想给导演组、摄影师、灯光师、全体演员和工作人员打电话！

同学们还可通过学校官网首页通道:进入福建师范大学官方网站,点击"进入直播"观看校庆晚会的直播!

案例五
《元旦嘉年华,福师大跨年夜,神秘大礼等你来!》
发表于《福师大小葵》2016 年 12 月 29 日

跨年夜,给我个接近你的机会
Happy New Year

最近,最美小编小葵我!老是被问到!

"跨年夜"
去哪?
去哪?
去哪?

不得了!
一年一度"师大春晚"的"元旦嘉年华"你不知道?
游园寻宝集齐印章兑换终极奖券你不知道?
大奖是"肾77777777"你不知道?
俊男美女劲歌热舞你不知道?
不?知道?
不知道!

好吧。
本葵通知:
"元旦嘉年华最!全!攻!略!"
宝宝们备好瓜子收下本葵的新年红包吧。

（谁教本葵这么善良美丽可爱动人呢。）

红红火火恍恍惚惚海报来袭，
本葵给各位看官拜个早年啦。

（十八般武艺都来了,校会哥哥很不错。）
时间？你竟然还在问我时间！
本葵都已经放下矜持约你了
你还敢记不住时间？嗯？
2016年12月31日18:30—2017年1月1日00:30
（旗山校区）
2016年12月30日18:00—21:30
（仓山校区）
地点
福建师范大学旗山校区共青团广场！
福建师范大学仓山校区物光篮球场！

壹——笑脸征集令
同学们,想让你的脸庞出现在晚会现场吗？想让师大学子们一睹你那或帅气或迷人的面孔吗？想让你那温暖如阳的笑脸驱散整个冬天的寒冷吗？那还等什么?!赶紧火速参加校会同学发起的元旦嘉年华"笑脸征集令"吧！新的一年,从

你的笑脸开始！

同学们，可以于12月24日至29日23：59将笑脸发给福师大校会同学QQ599991974或私信新浪微博福建师范大学学生会！

贰——藏宝图游园闯关

嘿！是时候拿出你的盖世神功来游园啦，只要你能在各个学院游园点过五关斩六将，就能获得一枚英雄专属印章，还有一份精美小礼品！

集齐所有学院的印章就可以到主会场兑换终极抽奖券一张或直接领取奖品！各学院关卡设置在此，请收好！

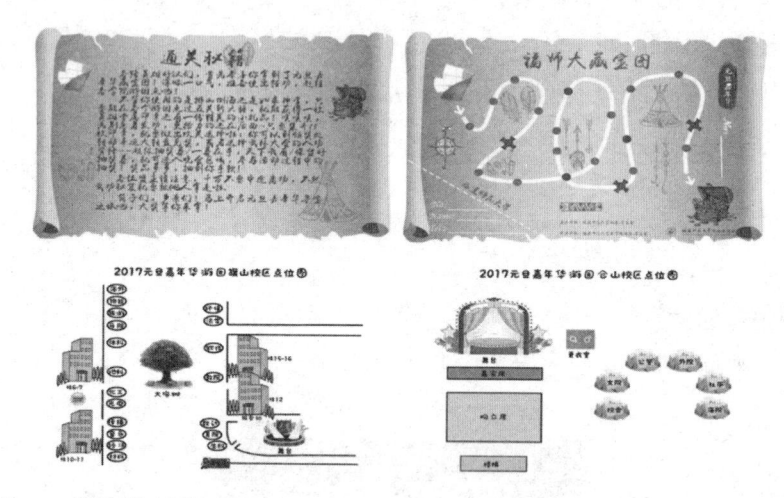

叁——绝密节目单

本葵可是使尽浑身解数，费尽九牛二虎之力从校会同学那里弄来了节目单哦，这场晚会厉害了，节目来自师大各个学院，精英荟萃，群星璀璨！劲歌热舞少不了，维蜜走秀也不缺，分分钟带你领略古今异域风情，秒秒钟让你的视听应接不暇！欢声笑语，独独缺你！还不来加入我们？

肆——你来许愿我来实现

人嘛,总是要有个梦想,保不准就实现了呢!你有什么小心愿呢?让你的心愿激励你前行!校会同学与你共进步呀!

即日起关注微博@福建师范大学学生会,私信说出自己的新年愿望和期待,或者添加福师大校会同学QQ:599991974为好友,私信说出自己的新年愿望,校会同学就会从中随机抽取,实现师大学子们的新年愿望!

伍——神秘福利享不停

我爱你,不是说说而已!**案例六**

《福建省政府"双一流"实施意见发布,福建师大入选五所重点建设高校!》

发表于《福师大小葵》2017年3月20日

福建师范大学的同学(葵粉)们:

你们好。

小葵这里有一个好消息要告诉你们!

福建省于2017年3月6日正式发布了《福建省人民政府关于建设一流大学和一流学科的实施意见》,计划提出十三五期间福建省每年将投入16亿建设双一流大学,而且建设资金根据实施情况还将逐步增加,五年的总投入将超过80亿,而且进入国家双一流的高校将获得重奖。

你可能会问这和我们有什么关系呢?

当然有关系啦!因为重点包括我们福建师范大学在内的五所福建高校将建设成为"双一流"大学!

具体内容,让小葵给你慢慢解释吧。

以师大为荣的小葵

关于双一流大学

双一流(Double First-rate)是世界一流大学和一流学科建设,2016年2月教育部印发《教育部2016年工作要点》的通知。通知要求,加快世界一流大学和一流学科建设,制订"双一流"实施办法。专家认为,启动实施的"统筹推进两个一流"战略,是中国大学冲刺国际前列、打造顶尖学府的"冲锋号"。

福建五所重点支持高校

在各省陆续出台高水平大学建设计划之际,福建省日前正式发布了《福建省人民政府关于建设一流大学和一流学科的实施意见》,提及将重点支持厦门大学、福州大学、福建师范大学、福建农林大学和华侨大学等建设双一流。

加快推进省属高水平大学建设,加大力度支持福建师范大学、福州大学、福建农林大学建成全国一流大学。

支持厦门大学对接国际一流标准和国家重大战略需求,全面建成世界知名高水平研究型大学。

将华侨大学纳入省属高水平大学建设项目,推动其建成特色鲜明、海内外著名的高水平大学。

看到师大能够越办越好,小葵真的无比自豪。

所有的师大人,让我们一起加油吧!

案例七

《校友暖心事|他们满怀深情的故事里,一定也有你的心声…》

发表于《福师大小葵》2017年11月16日

他们是平凡的人,时刻不忘母校恩情

他们是一个人,也是一个群体

校友、捐赠者……

他们更喜欢称自己为"福师大人"

<<< 第三章 价值共融:回归教育本身

他们园了恩师风范

一场揭牌仪式,
重回旧时光

11月15日下午15:00,福建师范大学体育科学学院鸣华武术馆、钟声散打馆冠名揭牌仪式在体科院综合楼楼前广场举行。

两百多名体科院的师生代表、嘉宾及校友汇聚在广场,鼓声震响,两只舞狮一跃而起。当盖在鸣华武术馆、钟声散打馆牌匾上的红布被揭开时,钟声散打队的队员们仿佛回到了20世纪80年代。

那时正年轻

郭鸣华老师是福建师范大学原体育系武术教研室主任,是福建师范大学武术学科的开创者。20世纪80年代,郭鸣华老师带着他的弟子们组建了钟声散打队。在艰苦的大环境下,郭鸣华老师仍坚持教导弟子,弟子们也从不轻言放弃。清晨,郭鸣华老师准时坐在那里,等待着他的弟子们。这从不缺席的身影,远比命令、奖惩更有效的言传身教,教会了弟子们自律,践行着"练武之人讲信义,言出必行,行之有骨"的信条。

美好的大学生活,有幸与名师相伴。年轻的散打队员们抱着一颗追求武术的心,一股韧劲往前冲,冲到了省赛、国赛,在散打的路上一路高歌。深受恩师影响,郭鸣华老师的弟子们有不少成了大学教授、中学校长、公安等各行业的优秀人才。

"钟声"代代相传

恩师虽已离去,弟子又添弟子,但习武的精神仍在传承。值此110周年校庆之际,钟声散打队的队员们以恩师之名冠名了鸣华武术馆、钟声散打馆,是为了感恩和追忆郭鸣华老师的教育和培养之恩,更是为了传承武术的精神。

走进钟声散打馆,郭鸣华老师的教诲犹在耳旁。

这位一生都献给武术的老师,他的一字一句,在告诉年轻的弟子:钟声,一是习武之人既会练武,更要懂武;二是听到钟声,晨起而练,终身追求;三是代代传承。

　　数十年后,钟声散打队的队员们仍牢记着这三句教诲,郭鸣华老师言传身教、爱生如子的高尚情操和甘为人梯、默默奉献的优秀品格一直在影响着弟子们。

他们怀揣赤子之心,
这是一位普通的老人,
他腼腆、低调、和善。
这是一位不平凡的校友,
他奉献,敬业,无私。

换种方式,把爱延续

　　陈启旭老师和他的爱人陈梅英老师同是数学与信息学院的退休教师,二人相识于长安山麓,而后相知相守。从孜孜求教的学生,到教书育人的老师,他们一直在师大,见证了师大的岁月变迁,辉煌发展。

　　退休后的陈启旭老师心中一直记挂着师大。在爱人陈梅英老师离世后,启旭老师将梅英老师在工资卡中留下的五万余元存款连同学校的抚恤金等共计107130元悉数捐献给林辰助学金(数学与信息学院于2011年设立林辰助学金,用于资助学院贫困生)。

　　启旭老师家并不富裕,但他仍坚持捐出这一大笔钱。在数学与信息学院为陈启旭、陈梅英老师颁发了林辰助学金捐赠证书时,启旭老师说:"当我们为学院的巨变感到由衷高兴的时候,也会想到自己还能做点什么,来支持学院的发展,我们已不能重返讲台和写科研论文了,但是还有别的途径可供选择,捐资助学就是一种选择,因此我用这种方式做了力所能及的事。"启旭老师捐献助学金的初衷和对师大未曾直言的感情尽在这段话里。

平淡生活,深情做人

　　捐献助学金不仅是因为对师大的爱,也是出于爱人的感情。师大是梅英老师学生时代的母校,也是她终生服务的岗位。在职期间,她热爱学生,全身心投入教书育人的工作,退休以后,她仍关心着学校和学院。"现在,我要让她再做最后一次贡献。"

　　退休之后,启旭老师仍以一种积极的心态面对生活。平日里,启旭老师和老同事共同探讨学科知识,练习电脑打字,在工会组织和退休教师们一起聊聊天。因为家住得离仓山校区很近,他有时还会到老校区看看母院的办公室。"我还参加了歌咏比赛呢!"启旭老师兴奋而略微腼腆地分享道。

　　时值师大110周年校庆,启旭老师感叹师大的辉煌发展,对母校也有许多祝愿,"希望学院的教育能办得越来越好,人才越来越多,这不光是对咱学院的期望,也是对整个师大的期望。"

　　校友捐赠不仅是支持福师大建设发展的善举,也是对母校无限依恋和冥冥之中的牵挂之情的表达。福师大陪伴着师大人走过人生中最重要的时光,师大人也怀着对福师大满满的关怀与奉献,从未离开过……

　　　　福师大还有许多暖心的故事,
　　　　　承载着无限的师大情,
　　　　这样的师大情随着师大的历史,
　　　　　延绵了一个多世纪。

　　　　或是对母校的歌颂和祝福,
　　　　　或是对恩师的致敬和感激,
　　　　或是对校园生活的留念和不舍……
　　他们满怀深情的故事里,一定也有你的心声。

第四章　资源整合：做好校园文化集散地

福师大小葵是一个基于团委平台的公众号,我们有大量的团学资源。福建师范大学团委下设 18 个部门,每学期开展各类型活动百余场。校团委下设院级团委及机关团委三十余个,团支部三百余个。每学年各学院团委至少开 2-3 次品牌活动,每个团支部每学期至少开展 3 次团日活动。此外,福建师范大学各部门每年主办、承办各类国家、省、市级文化活动、赛事,学校重要节庆和大型活动数十场。以上内容共同构成了福建师范大学内容极其丰富、形式及其多样的校园文化体系。背靠着每年数百场活动的这棵校园文化"大树",小葵微信公众号蓬勃发展。

第一节　背靠"大树"、资源共享

福师大小葵公众号成功的背后是强大的校园文化活动支撑。福师大小葵公众号正是充分吸收了校园文化这棵"大树"的给养,培育聚集效益和青年感召力,真正成为校园文化的集散地和输出地,得到粉丝群的喜爱和追捧。

一、新鲜活动　带你玩转福师大

福师大团委学生会下设众多机构,每学期开展丰富的活动。从开学初的各类迎新、假面舞会,到校十佳歌手大赛、迷你马拉松比赛、校园吉尼斯、高雅艺术进校园、社团巡礼,再到每学年年末的记者风采评选、校十佳志愿服务项目、十佳社团展示、学生表彰大会、寒暑期社会实践,不计其数。公众号的用户正是这些活动的对象和关注者。通过小葵平台,用户随时了解校园新鲜事,第一时间了解最新活动资讯以及说明指南。小葵已经切实成为了青年学生了解校园文化、玩转师大的可靠平台。每年新生入学之初,都会有许多疑问需要官方可靠的信息解答,福师大小葵作为团委官方微信正是充当了这样的角色,在学生中间积累了足够的信任度与知名度。今后,小葵还将继续发挥优势,为学生提供可靠的信息源来迅速了解学校,安排自己的校园生活。

二、关键节点 陪你度过大学的每个重要时刻

一个成功的校园微信公众号应是注重受众体验,兼具效率与更新频率、态度与温度的。福师大小葵正是把握了关键时间节点、及时发声并据此拉近与用户的心理距离,增强用户情感依赖进而达到增强用户粘性的目的。每年迎新季和毕业季都是小葵怒刷存在感的关键节点,小葵通过学习生活经验分享、校园各类介绍、各学生组织纳新等推文怒刷存在感并成功吸粉,每年迎新季都是小葵公众号粉丝数增长最快的时间。此外,小葵充分利用清明节、中秋节及端午节等传统节日和国庆节、青年节等重大节日,女生节、"5.20"、"双十一"等学生关注的新兴节日,推出有内涵、有文化底蕴的推文,为传统文化的推广发声;推出有态度、正能量的推文,为大学生思想政治教育发声;推出潮范儿、独特而有温度的推文,为青年人的个性发展代言。在大学里的每个关键节点,小葵微信公众号都能够有态度、有温度、敢发声、及时发声,自然会得到用户群体的信赖和支持。

三、学生组织 你在大学的好朋友们

首先基于平台优势,福师大小葵公众号可以联动学校的各个组织,以及各个学院的团委平台,较为全面地掌握学校的校园活动动态。每年学生组织的纳新及换届、品牌活动都成为报道的重要组成部分。2017年9月新生入学期间,小葵平台共发布各类纳新推送9篇;2018年5月学生组织换届期间发布的推文《又到换届季,这一次我不劝你们留下来了……》短时间内点击量7939,留言量上百。院级团委学生会、社团联合会组织也为小葵微信平台的推送提供了高质量的内容,例如每年美术学院团委的毕业设计展、音乐学院团委的跨年音乐会、文学院的年度话剧大戏等品牌活动,一经推送都收效良好。经过四年的发展,小葵公众账号已经依托各级各类学生组织,形成了结构清晰、来源丰富的推送网络,用户体验良好。

四、校园热点 紧跟师大步伐

"书记早餐会""校长面对面"是福师大团委学生会的重要品牌活动,是校领导与学生面对面互动,了解学生思想、解决学生问题的重要平台,不少学生关注的热点就源自于此。推文《书记早餐会|跟和平哥唠唠咱们福师大这一大家子的事……》阅读量5379,《点赞!"校长面对面"后第四天,这个提案就实现了……》

阅读量4450,点赞数217,一时得到学生的大量转发,反响热烈。此外,对校园大事件的播报也获得了学生的重点关注,平均浏览量均在4000以上。《热点丨2018年全国学校共青团新媒体工作年会在福师大开幕!》《穿越时空丨从1907跑进2017,奔向你,我的福师大!》,及时、准确、兼具新闻性和设计感的推文一经发出,立刻得到大量转发。一般来说,高校新媒体平台的用户最多的是本校的青年学生,他们关注自己的校园生活,关注学校发生的事情,好奇学校里的"八卦风云"。平台则根据受众关注点和痛点,立足他们的日常生活和热点,推出校园景色摄影推文《荷荷荷荷荷荷荷荷荷荷……》阅读量3634,毕业季校园回顾推文《毕业季我们不谈情怀,嗑点瓜子猜猜题》得到用户的热烈参与与积极回复。

五、师大"红人"带你与校园明星亲密接触

福师大小葵微信公众号的特色之一在于注重原创性、打造核心IP,其中重要的一个部分就是先进青年典型的塑造与推广。让平台阅读者感受先进的感召力量,从身边的"红人"身上汲取动力,拉近与粉丝的距离,提供互动平台。2018年4月推文《福建师范大学"十佳年度研究生"评选,你就是他们的全民制作人!》阅读量100000+,《福师大"记者"练习生,谁是你的1/12?》阅读量20000+。直击平台受众关注点,走在潮流"网红"前线的推文《时尚博主在师大丨值得偷学的穿搭指南,你知道吗?》阅读量4852,《今天,我们找了7个穿汉服的姑娘》阅读量5412。记录偶像成长历程的《惠若琪专访丨是大人绝不能错过的元气少女独家放送》阅读量7806,点赞数375。

在信息爆炸的全媒体时代,福师大小葵平台始终坚持对内容和原创性的要求。平台背靠每年数百上千场校园文化活动,有着近百个校园组织的支持,有着强大的信息供给。平台始终把握校园微信公众号的精准定位,针对平台的特征本身,对平台自身的优劣势进行自我评估,明确平台开通的目的是宣传和展示学校各方面的突出成果,传递校园正能量,最终达到思想引领,这是最终目的。同时认清用户需求,了解他们的痛点和关注点。随时分析用户的粘度和活跃度,不断调整平台的内容和形式,满足用户好奇心,做最及时、权威的推送。校园微信平台众多,但始终将"第一"作为不懈追求的态度,将"唯一"作为工作标准。

第二节　统一出口、点面传播

在全国层面,高校团委几乎覆盖了所有最新的新媒体平台。在福建师范大学,与学生工作相关的职能部门几乎也开通了微博和微信。这两个层面上,属性相同的平台,同质的内容,已经过于饱和。面对此类情况,"怎么做",让团委的平台能够真正吸引到青年学生,就必须在比较中去求同存异,建立平台个性化的特色。

"福师大小葵"微信公众号在福建师范大学官方微信开通运营之后,用户资源、内容资源等会出现一系列的重合与冲突。作为同一个学校的两个公众号,同质化内容的出现,一方面,从用户体验上讲,有弱化的效果;另一方面,从用户粘性上,用户的选择创造了更大的竞争。因此,当"福师大小葵"微信公众号不再是师大校园里的唯一后,比较定位可以避免资源冲突。基于学校团委组织架构上的微信公众号,它拥有校内团学组织的资源,拥有共青团系统内的各个高校团委用户,拥有更广大的青年学生用户,这是它的优势,因此更加明确地以青年学生用户的痛点作为首要考虑。而相比之下,学校官方微信,它承载着对校园重大历史性事件的第一时间报道的任务,在用户属性上,校友的比例高于"福师大小葵"微信公众号,从目的、用户的对比,来定位不同的平台,从而实现微传播深入校园的全部。

一、集群优势、集中力量办大事

与校园其他职能部门的微信公众号相比,小葵有着丰富的校园文化活动内容支持和强大的后备组织力量,将近百个学生组织的力量集中起来,其集群优势便快速地凸显出来。单单2017年迎新季,学校各类组织纳新、迎新文章就有16篇之多,学年总结期间,更是创造了14篇推文、近百万的阅读量。加之平日里精选学生组织品牌活动、各院团委学生会精品项目的推送,可谓异彩纷呈。福师大小葵校园微信平台正是在比较中明确自身定位,充分发挥团委学生会平台的优势,让小葵成为校园文化活动推送的第一和唯一平台。举全校团学系统之力打造精品平台;本着"宁缺毋滥"的模式,实现精品推送。坚持"传播内容有品质,服务师生有温度",主动设置正能量话题,牢牢把握舆论风向,讲好校园好故事,传递校园好声音,切实提升优质原创内容的策划和生产能力。

二、权威发布、注重内容筛选

福师大小葵是举全校上下团委学生会力量打造的微信平台,资源的整合促进聚集效应的产生,有了粉丝就有了强大的平台发展潜力。如何将福师大小葵平台打造成"唯一",成为影响平台发展潜力和发展速度的重要课题。当福师大小葵作为校园微信公众号的代表和品牌时,其发布的推文意义与其他同类别微信公众号早已不可同日而语。其话语在青年学生中的影响力亦要提升级别。

首先，作为官方微信，"权威发布"是保持唯一性最关键的要义。这就要求我们对平台营销的思路保持清醒，对推送的内容加强筛选。

一方面要注重推送文章的质量。分众理论认为，受众有着不同的属性；分属不同的社会群体，态度和行为受群体属性的制约。因此，在平台运营上，描绘用户画像，把用户信息标签化。在内容上，不应一味求多求全，造成用户混淆，不利于培养用户粘度。此外，内容选择也不能一味地迎合受众，重点还是要回归教育。突出实用性、通过技术手段丰富服务功能，提高平台的粘性。以"福师大小葵"微信公众号为例，微信下方菜单栏的设置是除了每日一期的推送之外，吸引用户的还有公众号下方菜单栏的设置。如图书查询、成绩查询、课表查询等教务功能，还设置了原创精品栏目，将一些原创的历史内容固定在菜单栏，供用户查阅，省去翻找的时间。二是要回归教育性。对于高校团委而言，教育引导是平台运营的最终目的。因此，在内容的选择上，要做到：有观点有态度，最终潜移默化地影响学生。(1)官微表态。尤其面对国家大事、社会舆论、学校新闻的内容时，官微第一时间的观点表态尤为重要。福师大小葵直播，在开通伊始，借用多场省级大型宣传思想活动的直播合作，传递了校园直播平台的思想导向。(2)意见互动。福师大小葵微信在重大时间节点积极发声，在日常服务中了解青年思潮，达到思想引领目的。同时利用平台对校内活动的转播，为感兴趣的学生提供表达的窗口。(3)深度报道。在吸粉涨粉的阶段，平台的内容需要一些夺人眼球的内容，然而，当平台发展到平稳阶段时，"深度"才能留住用户。

三、利用平台品牌优势反哺校园文化活动

"第一"和"唯一"的追求让福师大小葵公众账号的影响力和感召力不断加强，成为青年学生始终信赖、情感依赖的重要新媒体平台，也成为宣传校园文化、把握关键节点及时发声的"校园流量王"。福师大小葵微信平台的"小葵帮推""连线小葵"等栏目，正是利用平台在学生受众中的影响力，实现对受众的引导，促使他们关注校园热点，形成"广告效益"。如《帮推 | 2016年度"五个一百"网络正能量评选，我校入围的有……》《毕业展 | 来一场带艺术性的约会》《毕业音乐会 | Concert , You are invited !》都获得了2000+的浏览量。福师大小葵的打造离不开各级团学组织的内容和团队支持，举全校之力成功打造的品牌最终成为可以为学校发展服务的意见领袖，成为推动和宣传各院、各组织品牌活动的关键平台，形成了"背靠大树 反哺大树"的良性循环。这也为福师大小葵微信公众平台的新一轮螺旋式上升、成长提供了强有力的保障。

微信案例

案例一

《原创|校园十佳歌手大赛主题曲《U R my star》首发!》
发表于《福师大小葵》2017 年 5 月 5 日

也许你听过福师大版《小幸运》
也许你听过福师大版《福师姑娘》

但你绝对没有听过一首词曲纯原创
由怀着满腔热血的十佳歌手带来的
《U R my star》

他们用歌声书写梦想
用声音表达音乐疯狂
他们是永不言败的青春唱响家
是带给你我感动的十佳歌手代言人

学府路上步履不停
长安山下歌声不断
星雨湖旁唱出梦想
舞台中央你最闪亮

你将山川湖海唱成歌
我化日月星辰聆听你

这世间景色
或许会因沧海桑田而褪色

但你心中勇气
却因音乐梦想燎原不灭

You are my star
You are the brightest star tonight
You are my star
对梦想　充满期待

You are my star
我就要你闪亮
You are my star
带上希望飞翔
You are my star
让你尽情地唱
You are my star
让我们一起疯狂

汗水浸湿我的脸颊
我不会再迷茫
简单的挑战对我来说
真的太平凡
和灵感的约会
我带上 homie 一起玩
跳动的音符
让我把激情都点燃

将燃料注入我的血脉
是起飞的姿态
自成一派 保持期待
我的履历保持不败
骄傲地拿起麦克风
向前带着风的迈
蓄势待发
每一步的脚印将会带 fire

战火燎原
从学府路到长安山
散落星辰
集结光芒
照亮梦客栈

唱响青春的旋律
平凡咸鱼的翻身战
弹跳 要看得更高
Turn up 让音浪声到最大

挑战在继续
卸下面具品尝音乐的疯狂
浴火重生 精彩重温
音乐带着我飞翔
才华兼具
别犹豫 该让绝学开花
揭开奇迹脚步离地
迎接胜利爆发

十佳舞台 向我招手
旗山脚下 唱出抱负
谁来主宰 这 王者之路
谁来成为 十佳霸主
十佳舞台 向我招手
旗山脚下 唱出抱负
谁来主宰 这 王者之路
谁来成为 十佳霸主

心怀希望

梦想在路上

梦想即信仰 歌声即力量

也许你不知道

我到过最难忘的地方

是你用歌声

指引我去向的未来

而我听过最深情的一首歌

是你在大学

为十佳唱的歌

此刻 我将这首歌记在心里

等未来某天

当所有灯光褪去

我会唱给你听

感动如初

案例二

《又到换届季,这一次我不劝你们留下来了…》
发表于《福师大小葵》2018 年 5 月 29 日

又到换届季,这一次我不劝你们留下来了。

敲下这行字的时候,邮箱收到了部长团的工作邮件,叮咚的一声清响,在深夜里格外清晰。

知道换届这一天迟早会来,但没想到如此猝不及防。还没整理好手上要交接的工作文件,最后一个工作任务还没做完,"下次聚餐"的承诺还没兑现,关于换届的发文已经下达。

六月是换届季。

"大学重来一次,我还是愿意在那张报名表上写下自己的名字。"

已经有不少学校的学生组织陆陆续续开始换届,朋友圈里远程见证了几场,不同学校不同学院,断断续续的三言两语说不完这一年的心情,大抵是感恩相遇。

这是在学生组织待的第三年,每到下学期,队伍就开始"人心涣散"。

"学姐不好意思这学期课有点多。"

"学长不好意思,我想多花点时间陪女朋友。"

"学长我想了想,这不是我喜欢做的事"

……

当刚入学的激情满腔褪去,剩下的就是"谢谢参与"的体验,等待最后一纸干事证明。谁也都是从第一年的干事过来,了解你们不过是看到两年前的自己。

小可是我很看好的主席团人选,稳重,上进,交给她的事总是不用担心。从当时选她进部长团,就希望有一天她会从我这接过接力棒,直到某天深夜,她给我发了一段长消息:

"学姐,在这里的这两年我学到了很多,也很感谢这个平台,但是大三我还是想一下尝试一些其他领域的事。"

原来是没有人愿意留下来啊。

和小可的对话框删删减减,终究还是没发出去。每个人都有选择自己大学应该怎么过的权利,一年的时间,可以准备考研,可以专心写几篇论文,可以考几份资格证,让自己的人生多一种选择,而学生工作再好,也只是为大学锦上添花。

道理我们都懂,可当年不还是选择了留下?

一入校会,辗转成歌。我还没有看够你们的脸,但我早已把你们放在心上,看着在

校会有所收获和成长,真心为你们高兴。未来的路还很长,希望你们都能不忘初心,遇见更好的自己。四年时光莫负,校会许你灿烂一路。

——校学生会主席团

因为社联我们相遇,一场社联一场梦,一个组织一个家。套用习总书记的一句话,现在的青春是用来奋斗的,将来的青春是用来回忆的。我们现在正年少,还有时间有资本做梦追梦,世上最遗憾的事不是求而不得,而是我本可以。希望你们不去想,不去怕,只管踏歌而行。将校社联"仰望星空,脚踏实地"的精神用到你们人生中的每个环节,让你们闪闪发光。踏遍千山不忘初衷,有幸少年初识相逢。很高兴认识你,我的校社联!

——校学生社团联合会主席团　张勇

选择留下的这条路可能会很难,也会很累,也不会一蹴而就地给你带来巨大的变化,但请你一定坚持下去,在这个过程里,不只是能感受到努力的意义,更能在提升中发现永远保持活力、永远有无限可能的自己。愿学弟学妹们都能怀揣着当初进青协的目的一直坚持走下去,不忘初心,方能越走越远。亲爱的你们,希望你们能够不忘初心,牢记"随时随地,我们都是一名志愿者",同时也牢牢记住自己的使命和担当,用最初的心,做永远的事。5人+33人+200人=一个家,而你就是这个家的顶梁柱。

——校青年志愿者协会主席团

小黑说他已经把校电视台当成了家,而我说:校电视台是给我锻炼带我成长的地方。迎新、纳新、台庆……我陪校电视台走过了好多事情。走到现在,他说我该离开了,该去更宽的天地,但是校电视台永远在这……永远是我们爱的校电视台!

——校电视台主席团　张福萍

在易班工作的这一年,获得了很多的改变和成长,身份的改变也让我肩上承担起了应有的责任。

105

回想过去这一年,在跌跌撞撞中成长,收获了大学生活中最特别的经历和最美丽的记忆。感谢易班,希望易班越来越好。

——福建省易班发展中心主席团　许舒颖

前不久,一篇《我的舍友是主席》推文,煽动了许多学生干部的心。

"我在宿舍休息的时候,我的舍友可能要跑去另一个校区参加活动;

宿舍组团周末聚餐的时候,我的舍友可能要去组织活动;

组织里的部员做不好的工作,我的舍友要去收拾残局;

已经开始准备点宵夜的时候,我的舍友拎着外卖走进来说又开了一晚上的会;

而我为他做过最多的事,就是门禁过后,在楼下卡门……"

我相信,这是每一个学生干部的日常缩影,也将是你下一年的生活轨迹。

在这里长大

在组织的三年,从干事到部长团到主席团,像是一个打怪升级的过程,又有一点水到渠成,每个阶段该做什么想做什么,内心其实已经给出了答案。

从跟一场活动,拍了上百张照片可能只有一张能用的沮丧;一篇人物稿被写满了红色批注的质疑;到办完一场大活动后的如释重负。成长无法明码标价,它会在你之后的某个瞬间给你答案。

用一年的时间,跟一支队伍一起成长,磨合,直到合力完成每一个任务,这并不是什么浪费时间的事,纯粹地,毫无保留地去共同达成一个目标,这将是离开大学后少有的体验。

摄影、写稿、推送、办活动、写策划……这三年教会了太多的事,无论是对上对下的传达,又或是对内对外的沟通,已经无法从细枝末节去盘算。

你会在这里找到默契的搭档,合作无间的队友,工作之外友谊之上的老师。

你们会为了选题大吵,为了活动起争执,但无非是想把事情做好。

锻炼固然是有的,委屈也是肯定存在的,不停忙碌着,却不知道忙的是否有意义,不管是部长还是主席团,这样的体会,大家大概都会有吧。

或许你会牺牲很多看电影逛街娱乐的时间,但是你会收获更长效的满足感。

或许你的男/女朋友会抱怨你没有时间陪伴,但是你也证明了自己的责任感。

或许看到身边同学悠闲追剧你却在不断赶工作,虽然心有不甘,但当活动圆满结束的成就却是"全剧终"无法比拟的心情。

来到这个位置,被人劝过。站在现在这个角度,也劝过别人,但这一次,我决定不劝你们留下来了。

这是我喜欢的组织,大学的 3/4 在这里度过,我希望它能更好。

你们是我一路走来看着长大的干事/部长团,我也希望你们未来能有自己真正喜欢做的事。

如果不是真的喜欢,没有必要因为虚无缥缈的"责任"束缚自己,人情能绑架你们一时,但热爱才是长久之计。

我们只有明白别人为什么离开,才有可能看清自己为什么到来。

对于当时的决定,现在的我也不知道是对还是错,只是明白,无论对错,我都会接受,因为我享受这三年的学生工作。

我们的组织一直在这里,

如果你能来,就最好。

如果你不想留下,

我也会祝福你。

来日方长,再见。

案例三

《点赞!"校长面对面"后第四天,这个提案就实现了……》

发表于《福师大小葵》2018 年 4 月 11 日

记者现在来到的是福建师范大学仓山校区正门口,我们可以看到在伍氏面包店前方的马路上已被涂上了一条白色的斑马线,来往的行人络绎不绝,新漆斑马线让繁华的交叉路口逐渐变得井然有序。不知穿梭于车水马龙的师大仓山校门外的你有没有发现多了这一条新漆的白色斑马线呢?

据来往的学生反映,师大正门前的交通变得更有章法了。

不用再小心翼翼横穿整个柏油马路,也不用等三个红绿灯才能乘上对面的公交,更不要提心吊胆地在呼啸的鸣笛中穿梭。一条新添置的斑马线正悄然改变着仓山学子的出行习惯。

短短四天,这条举足轻重的斑马线是怎么来的呢?

谈及提案由来,何钜甫表示,没加设之前每次到对面乘坐公交,得经过三个红绿灯,浪费很多时间。有时候为了赶公交,只好跟着人群走还未新划斑马线的这个路径,每次都提心吊胆。恰逢学校有"校长面对面"这个交流平台,让长期苦恼于此的他看到了希望的曙光。

"为他们点赞!"

提案现场,由于现场提问人数太多,一直到倒数第二个,何钜甫才有了提问机会。保卫处的老师当时就对何钜甫同学的提案给予了极大的重视,并且在短时间内落实到位。

提案上交几天后,踩着新漆的斑马线,"为他们点赞!"何钜甫心里满是对学校和交管部门办事效率的赞叹。

"28日的校长面对面会议上一提出,次日交警部门的人就来实地勘察。第三天晚上人行道上的信号灯就装好,4月1日竣工。"提起斑马线,保卫处的黄老师嘴角满是笑意。

在问到"对于学生提案被采用,并迅速实行怎么看"这个问题时,师大文学院洪钟贤老师表示:"学生是学校工作的基本点,除了教学之外,生活、工作很多东西都是为了学生而设立,学生好,学校才能好。

国家提出让人民有"获得感",我认为学校工作的重点,就是让同学有"获得感",让学生觉得,背后有学校,可以勇敢前行。另外,对生命安全的关注,学校向来重视这一块,也很重要。"

斑马线的设立是保卫处注重同学们安全的一项重要举措。每天一次的查寝，每周一回的晚点，每月一趟的校检……学校对学生安全的保障一直在路上。保卫处办公室的李忠文老师告诉小葵，保卫处接下来还有四项大动作：

1. 处理外卖车辆在校园里面横冲直撞
2. 开展校园交通专项整治，解决违法车辆
3. 修护校园围墙的漏洞
4. 根据学校部署针对性开展安全教育

本着对学校以学生为本的承诺的信任，何钇甫同学积极献言，"只要是切实可行，与学生学习、生活密切相关的，学校都会帮我们解决的！"

学校没有辜负他的信任，也从不会辜负同学们的信任。

何钇甫同学的提案实现了，每一项福师大同学们的提案，学校也都在认真地倾听与解决！

为福师大点赞！

案例四
《热点 | 2018 年全国学校共青团新媒体工作年会在福师大开幕！》
发表于《福师大小葵》2018 年 4 月 25 日

4 月 25 日上午，以"融合、联动、服务、创新"为主题的 2018 年全国学校共青团新媒体工作年会在福建师范大学旗山校区隆重开幕。团中央学校部副部长李骥、中央网信办网络社会工作局网络文化处处长张光耀、团中央宣传部网络舆论处处长吴德祖、央视财经频道"厉害了我的国"项目组负责人张寄予、清博研究院执行副院长向安玲、全国学校共青团新媒体运营中心主任陈潇，福建师范大学校长王长平、党委副书记叶燊等出席开幕式。

校长王长平致辞

王长平校长对远道而来的嘉宾和高校师生代表表示热烈欢迎,对"福师大小葵"新媒体工作成绩予以肯定,"新媒体育人工作已成为我校重要的办学特色之一。"

他指出当代大学生是"网生代",几乎是无人不网、无日不网、无处不网。谁赢得了互联网,谁就赢得青年,赢得未来。

团中央学校部副部长李骥
2018 学校共青团新媒体专项工作计划部署

李骥部长从时代背景、青年需求、顶层设计以及内容供给四个维度出发,对 2018 年学校共青团新媒体专项工作做了专题部署。

他提出,未来学校共青团新媒体工作应重点深化四个方面的建设,即阵地平台建设、内容产品建设、能力建设和服务建设,着力打造学校新媒体资源管理服务平台,实现各类新媒体平台互动联动、资源共享。

同时,他强调各级团组织要合力推进学习党的十九大精神、改革开放四十周年、团的十八大、共青团改革和学校重点品牌活动五项工作的开展,推进团学新媒体转型与融合发展。

校团委书记陈志勇
福师大小葵原创产品发布会

"餐卡丢了,怎么办?不慌不慌不用慌,小葵小葵来帮忙"。一首活泼生动的原创歌曲《小葵来打 call》拉开小葵产品发布会帷幕。

3 种形态,5 大系列,小葵推出 560 余件网络文化产品;

总计获得 30 多项省级以上荣誉;

30 多个国家政府代表团来小葵馆参观;

60 余次在全国各地做小葵经验分享会;

420 多所高校来福建师范大学小葵馆交流。

校团委展示了学校在网络文化供给方面的丰硕成果,发布了福师大小葵最新系列原创产品,包括新思想研习传播系列、社会主义核心价值观系列、团宣系列、爱校荣校系列等网络文化产品,以及《小葵模式》新书正式发布等。陈志勇老师现场介绍了学校探索在青年学生中实现主流价值有效传导的经验做法,并发布了小

葵未来行动计划。

干货在放送
团中央宣传部网络舆论处处长　吴德祖

吴德祖处长用丰富的新媒体工作案例从"共青团中央"看新媒体时代的网络舆论热点和青年群众工作。

他介绍道，共青团中央目前主要有微信、微博、知乎、网易、B站、空间等多个新媒体平台，或展示深度智慧，或抒发文艺情怀，或展现温暖积极，分别以不同的风格影响不同的受众。

他提出，共青团新媒体工作者要"有一双发现美的眼睛"，发现身边的正能量，传递给更多人，并以"高举理想不懈怠，快速反应扁平化，不拘一格用人才"总结了青年思想引领工作的要点。

清博研究院执行副院长　向安玲

向安玲院长指出，在信息供给过载，注意力稀缺的当下，谁能最大限度去占领用户的时间，谁就能成为最大流量入口。

她认为，我们可以利用数据思维解决问题，从内容运营、用户运营、渠道运营、产品运营四个维度进行考量。

全国学联办副主任、微博校园和微博职场高级总监孔令旭

孔令旭就高校新媒体运营模式、舆情演变及应对建议做了专题报告。

他指出，在共青团改革的时代背景下，要肩负起新的时代使命，不断探索新的运营模式。根据时下热点事件从正反两方面对讲解舆情演变路径、舆论发展特点。他强调，要建立制度化、规范化、常态化舆情应对机制；尊重群众知情权；加强互动服务，消解舆情隐患。

全国学校共青团新媒体运营中心主任　陈潇

陈潇主任对全国学校共青团新媒体资源管理服务平台做出了介绍。他提出，安全性、及时性、便捷性是平台的三大特色亮点，各高校传媒要专注内容生产，做好内容的原创化，积极打造品牌，并积极向央媒投稿，借助更大的平台进行宣传。

此外，他还介绍了全国学校共青团新媒体精英培养计划，该计划将致力于为全国团学新媒体建设提供有效支持与服务。

本次年会由团中央学校部主办，福建师范大学、全国学校共青团新媒体运营

中心承办,旨在进一步深化团学改革,加强团学新媒体工作体系和产品内容建设,创新做好网上青年工作。来自全国各省级团委学校部代表、2018年度新媒体专业工作室负责人、部分高校团委宣传工作负责人、2017年网络文明促进会高校理事长单位代表以及来自全国200多所高校近300名高校新媒体战线同仁受邀参加了本次会议。

明天还有更精彩的内容哦,敬请期待!

案例五

《荷荷荷荷荷荷荷荷荷荷……》

发表于《福师大小葵》2018年5月23日

五月
的荷

雨后清新,漫步师大,
举目四顾,目光所及,
尽是旖旎风光。

过了湖畔,
忽现绿意满塘、青葱片片,
翠得晶莹,绿得清净。

近了池塘，
又见一抹粉，似那淡淡胭脂，
惹人心醉。

荷叶或相互依偎，或倚靠着向上，
看它们相聚，欢喜地摇曳。

不忍眨眼，凝视这似画美景，
用眼捕捉，用心记录每一个细节。

夏荷初绽，想起师大

当夏荷初绽，又想起过往的她。想起一个个执笔奋战的时日，扶持鼓舞着继续向前；想起那些嬉笑闲散的星星点点，驱赶劳累与疲惫；想起四年光阴岁月，师大校园，念起四年同窗往事。

相伴朝朝暮暮，友谊天长地久，难忘怀。

夏荷初绽，想起故乡

当夏荷初绽，又想起远方的她。那里的荷花盛开了吗，是否同样生机满满；含苞的荷花开了几朵，是否已经绽得精彩；远方的家是哪般光景，是否同样雨后晴阳……

是距家千里、离乡数日，是好景已至，却格外念家。

风吹动一池生意，吹远阵阵飘香，
让我寄一封无纸的思念给她。

观荷地点
福师大旗山校区立诚楼后，音乐厅旁

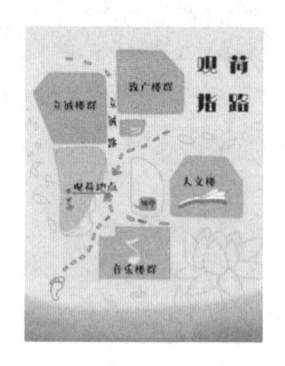

案例六

《毕业展｜来一场带艺术性的约会》
发表于《福师人小葵》2017年4月27日

"毕业季"活动以"阅水成川"冠名，取自西晋学人陆机《叹逝赋》："川阅水以成川，水滔滔而日度"。

"阅"为总聚汇集之意。从此出发，福建师大美院广大师生是滔滔江水之一分子，正是由于滔滔之江水汇聚成日后的江河湖海。

2017年是福建师范大学建校110周年，也是美术学院创办76周年。5月15日我们将迎来毕业季，还有《福建师范大学美术学院515阅水成川毕业展》开幕。

　　四年弹指一挥间

　　毕业展即将开始

　　这可能是一个终点

　　但它并不是终点

　　它是一个新的起点

　　愿你历尽千帆，归来仍是少年

2017年《"阅水成川"5.15毕业展》安排

（包含研究生与本科生）

5月14日晚

服装与服饰设计方向毕业设计汇演。

　　地点：福建师范大学旗山校区图书馆大礼堂（注：一人一票，凭票进入）

5月15日

美术学、美术专业（包括中国画、油画、综合绘画、漆画、漆艺、雕塑、书法方向）毕业创作展览。

　　地点：福建师范大学美术学院一、二、三展厅

5月23日

设计学、艺术设计专业（包括视觉传达设计、环境艺术设计、服装设计与工程、动画方向）毕业设计展览。

　　地点：福建师范大学美术学院一、二、三展厅

你好

再见

案例七

《时尚博主在师大 | 值得偷学的穿搭指南，你知道吗?》
发表于《福师大小葵》2018年4月4日

最是一年春好处

换上新装 出门踏青

时尚博主小葵

赠你

小葵的穿搭攻略

想做引领潮流的时尚人士却还苦于每日穿搭？

想穿出自己独特的风格却不知从何下手？

以下是师大学子们的专属穿衣风格

请注意查收

怪你过分美丽

小姐姐的这身打扮真是十分干净利落。宝蓝色的套装既修身又显肤色,高腰的裤子显得腿又直又长,深V领的衣服更是增添了一分成熟。裸色的平底鞋和简约大方的小挎包,都是搭配的亮点哦。细细的金属项链简直是搭配的救星,不仅时髦,还可以修饰颈部线条呢!小姐姐手上的小腕表,低调而不失奢华。单鞋的方形头配上流畅优美的弧线设计,前卫而又时尚,很好地修饰脚型,浅色的反绒面料尽显复古文艺气息。

你值得期待

白色T恤外加蓝色的条纹衫很有草食系特有的简单舒服的感觉。色彩上的相对和谐并没有让人把眼光停留在一个地方上,而是看出了很多细节上的出众,棕色系暖化了大面积冷色系的穿搭,更显温和友善。浅棕色的皮革制表带,标有罗马数字的白色表盘,复古而又大气。深棕色的手提包设计简洁,线条干净利索,是永远不会过时的经典款!而且皮质品更显高级感,英伦风略深棕色的高帮皮鞋,更是帅气中透着一点高贵,而且随意绑上的鞋带简约而不简单,随手拿的一个原木风水杯也让人觉得品位十足。

(科普:"洛丽塔",lolita,是欧洲古典洋裙发展到现代的一种服装风格。因为lolita的特殊风格,一般要搭配复古的上衣或者内搭、符合裙子主题的连裤袜和皮鞋。有必要的话,还会搭配同系列的手袖、边夹、发带或是装饰性大檐帽。)

　　宽大的裙摆,配合裙撑营造出少女洋装的可爱风格。高腰设计更显腿长和娇小可爱,较高的腰线可以带来更好的舒适度,比例也会很出彩。裙摆上星形图案由多边形棱角构成,不落俗套,渐变的绀色也能压住这种繁复的花纹。简约的链条款银坠上的星形恰好吻合裙子主题,整体风格十分协调,更显细节出众。戒指上坠有的精致蔷薇,同荆棘和星尘的意象也很搭配。

或许,你喜欢自由风吗

　　军绿色的翻领马甲,胸前的大口袋完美修饰,肩头的几个圈洞也为你增添不羁的气息,利用一件简单的黑T作为内搭,显出干净利落的风格。流行的破洞牛仔裤,更是增添几许活泼的运动色彩!自上而下逐渐变暖变轻的色调,颜色却不显得杂乱,而让人有独特的视觉体验,这样的搭配是男生必备的自由风。

你这么美!

一身浅棕的毫无装饰花样的过膝长裙,简单又大气的装扮十分博人眼球。挎包上的叶状的金色装饰左右整齐排列,配合欧式风格的卷绳,和插空点上的黑钻扣子,在整齐端庄之余却不显得刻板呆滞。尤其是缀在下方的单个流苏,为本是古典风韵的包平添了几丝俏皮与活力,可适合各个年龄段的女孩穿戴。耳环上黑色的珠子与颈带和发色相得益彰,衬托得皮肤更加雪白。低低的鞋帮将脚踝完全露出,是无形中显小腿修长的一大好办法!简单的大扣更显示质感,是一款充满朝气的街头范皮鞋!

哎哟，不错哦

  这一身基础性冷色调黑灰色搭配非常简约，但仔细观察，会发现其中的小心机。头戴式耳机，两侧的银色小圆盘更显个性。简约大方的斜挎包，再加上一定带有刺绣字幕的渔夫帽，实在是十分有范了。同学！你真的不是要去参加街舞大会的？镜托的弧度也很讲究，很好地修饰了脸型。从整体到细节，没有丝毫拖沓多余，棒球外套加上工装风内搭，层次感也十分显著！

甜甜小学妹

  淑女风的穿搭，清新优雅，青春气息扑面而来。有质感的素色上衣搭配稍显活泼的英伦方格长裙,显瘦显高,效果可以说是立竿见影了!搭配时尚单品"小白鞋",粉色的线条又凸显出了与众不同的特色。腰际的黑色小皮包与橘色金属扣相呼应,略显硬朗的线条中和到整体中,时尚感增加了不少!手中拿着书本,走在校园中,欣赏春天的景色,一天好心情由此开始。

看了以上几位时尚达人的穿衣搭配
你感觉到成为潮流达人的技能了吗?

清明降温提示
清明小长假期间,前暖后冷
6—7 日受强冷空气影响
大部分地区有明显降温和降雨
大家要注意保暖!

案例八
　　　　《福师大迎新之最,最不能没有你!》
　　　　发表于《福师大小葵》2017 年 9 月 16 日

"我曾幻想过 100 种遇见你时的样子,却唯独没想过初次见面,就已一见倾心"。

进入大学的第一天,心情就像一瓶咕噜咕噜冒着气泡的苏打饮料,遇见的每一个人都清新,看见的每一道风景都靓丽,那些最贴心、最温情、最亲切、最霸气的人和事……都成为长途跋涉后最暖心的慰藉。

今晚,小葵带你盘点福师大迎新之"最火热""最担当""最师大"……

最火热

38°的天气，40°的温度，7000多名新生……太阳的热度消磨不了新生的热情。家长的车辆、专属的校车、爆满的小白来回穿梭于校园中。即使因为天热而不断流汗，新生也依旧目光灼灼，脸上满是对新生活的期盼。又是一年迎新季，校园里又是一番火热的场景。

最贴心

"放下，我来。"这是学长对学弟学妹们最贴心的照顾。

"走进我们的宿舍楼，别让我看到拿着行李的家长。"从新生入学的第一刻，接过家长手中的行李开始，"贴心"便成为迎新当天随处可见的标签。

38°的烈日下，随处可见学姐学长们翘首以待的身影，每一个目光可及的地方，都有各大组织、学院的迎新点，为新生答疑解惑。

陪你逛一圈校园，从南到北……小葵专列号贴心地载着新生的行李与对大学生活的无限向往，驶向即将生活四年的宿舍楼，这是一趟四年可能只坐一次的车。

最温情

"同学，可以帮我们拍张合照吗?"一家三口在合影区留下了与师大的第一张全家福。照片上，天很蓝，树很绿，女儿笑容灿烂，妈妈看女儿的眼神温柔似水。

银发苍苍的老人提着大包小包来送孙女;稚气未脱的男孩提着有他半人高的行李箱来送姐姐。在别人眼中，她们是学生，是同学，是成年人。但在家人眼中，她们永远是个孩子。

最文艺

"光是在迎新点看你一眼,足以让人止步不前。"

伴着优雅绵长的大提琴旋律,置身百年师大的文化长廊,应该是今天最有气质新生报道了吧。闽水泱泱,弦歌萦耳。福师大的110周年,欢迎别具一格的你们。

最亲切

"我带你们去吧,往这边走。"无数家长和新生,面对着偌大的校园不知所措。这时,总会有热情的学长学姐适时出现,接过行李,亲切指路。

2016年新学期入学时,他们也是这样迷茫,等待被指路的新生;今年,他们将这份亲切传承下来,成为一名"指路人"。

最霸气

一张硕果累累的科技成果展,铺开在新生及家长眼前;

一面充满科研气息的展板,展现自然学科独具特色的育人理念;

一扇古色古香的门墙,将浓厚的人文底蕴展现得淋漓尽致;

这是最霸气的新生报到处。

最潮流

漂亮的女生为何举着手机眉飞色舞边走边说?帅气的男生为何突然出现又在尬舞后立刻消失?

你能想到的最潮流的迎新方式,都在福师大新生报到日,看直播与快闪激烈碰撞下

的迎新火花!

线上迎新也疯狂!团委微博话题"我在福师大等你"今日阅读量190.8万,4510人次参与话题讨论,当日微博其他榜位居榜首!有100名新生收到了小葵新生大礼包。

小葵迎新直播总观看量94.9万,收获了216.8万的点赞。

最担当

用臂膀扛起沉重的行李,是父亲的担当;用双手托起陌生孩子,是社会的担当;担当,是责任感,也是象征,更是一种形象代表……

听说,有一名刚刚报到的新生给辛苦的学长学姐带来了暖心牌椰子,新生暖男担当非他莫属!然而,福师大迎新日,你又是哪一种担当呢?

最脑洞

高校迎新标语哪家强?就数咱们福师大!

最师大

自今日起,此后四年。"我在福师大"变成了世界上最动听的五个字。亲爱的2017级学弟学妹们,很幸运在福师大110周年校庆之际,遇见你。

我们的大家长林和平书记、王长平校长今天也来到了各个迎新点与同学们亲切互动。"希望你们能够愉快地度过在这里的四年乃至更长的时光,请家长们放心,我们会用百年老校的底蕴来浇灌他们、抚育他们,使他们能够茁壮成长。"王长平校长在接受小葵直播采访时说道。

迎新,于师大而言,是迎来新鲜力量,为即将到来的百年校庆注入新的血液;于新生而言,这是他们人生中的崭新开始,这一天将成为他们往后漫漫人生中一个具体而微的转折点。

亲爱的父母们,当你们站在小路的这一端,目送着孩子拉着行李箱渐行渐远的背影,看着他逐渐消失在小路转弯的地方,不要担心,这是您不善言辞的孩子,在用背影默默告诉你,不必追,他们长大了。

今天以后,请放心地把孩子交给我们,未来四年,将由我们陪伴着他们,守护着他们,让百年师大见证他们的成长。

欢迎2017级的你们!

第五章 原创吸睛：品质内容+爆款产品

第一节 温度：围绕校园新鲜事

一个有热度和粘性的微信公众平台应当是了解用户需求、能够直击用户痛点、有温度的平台。温度的体现有两个方面：时间和情感。首先，温度体现在对重要时间节点的感知和对实效的追求上。在重大时间节点，微信公众平台要及时发声，推送内容紧跟当下热点、击打痛点，让用户体验到平台在每个关键时刻对用户的陪伴。同时，要让用户认识到平台与他们一起关注着这个时代，关注身边事、关注潮流，更贴近他们，真正明白他们的需求。其次，温度体现在平台推送对用户情感的关注和抚慰。一个兼具效率和频率、有热度的微信公众平台可以不断吸粉、涨粉，而一个关注用户情感需求、有温度的平台却可以提升用户的粘性，用情感上的关照和抚慰吸引用户，让他们期待公众平台推送，积极与平台互动，甚至将平台作为生活中不可或缺的部分。

一、每个重要时刻，做有温度的陪伴

随着校园微信公众平台数量的不断增加，福师大小葵公众号也面临着更激烈的竞争。与职能部门不同的是，小葵微信公众平台的推送不只是通知、公示以及新闻报道，逐渐开发新的栏目，用富有创意的原创取胜，引领校园微信潮流的同时加强深度报道，拉近与用户的情感距离。如六一期间的推送《重返七岁｜人生的第一张毕业照，你还记得吗？》充分利用幼儿园毕业和大学毕业季校园拍摄的良机，通过"时空穿梭照"的创意，让学生在七岁和二十二岁同款照片的对比之下回忆美好童年，引发用户的大量转发点赞。母亲节期间，小葵平台推送《你嫌弃我所有的细枝末节，可我依然爱你》《母亲节｜所有物是人非的风景里，我最爱你们》等多篇风格各异的推送文章，通过与母亲的聊天记录、对学生采访视频带领学生回

忆与母亲相处的点滴,同时引导学生学会感恩,引发学生情感共鸣。推文《福师大版〈守护〉上线,致敬这样一群人》在五一劳动节即将到来之际发布学校后勤工作者宣传视频,让学生看到与他们朝夕相处的楼管、保安、食堂厨师的工作态度和辛苦付出,感恩生活中的点滴。此外,每年的迎新、毕业、学年表彰大会之际,福师大小葵微信平台也全程保持记录,让占比90%以上的学生用户感知他们的成长、他们的每一个重要时刻都有着小葵有温度的陪伴。

二、网络热搜、时下潮流中恰当的 follow

福师大小葵微信公众平台的另一个优势在于关注青年所关注,关注时下最热概念,是学生心目中的"潮流葵"。以2018年为例,"pick""戏精""福师大(偶像)练习生""C位出道""确认过眼神"等时下最热词汇随处可见。当看到高校团委官方微信公众号推送出如此富有潮流气息的文章和标题之时,用户内心的认同感便油然而生。然而小葵微信公众平台的潮远不止于做"标题党",更有在内容和形式上的创新。推文《小葵美妆丨福师大2018年最新口红色号爆款,速来种草》将年轻女生们的爱美之心、经典口红色号同师大的春日美景相结合,既紧跟潮流又让人意想不到,创意十足。用户留言"都好喜欢,好难选,种草福星","让师大化妆品研发中心开发师大十二个月系列口红!!!",文章阅读量也达到了3807,反响热烈。推文《时尚博主在师大丨值得偷学的穿搭指南,你知道吗?》基于学校女生众多、暮春时节换新装的特点进行创意发想,用身边的事例论证可行性,用时尚博主、细节控的视角选取不同搭配风格进行展示,得到大量转发。在对热点话题和潮流的把握中,小葵确立了"潮范儿",也正因为这一点,小葵拉近了同青年学生的心理距离,让他们更容易接受小葵的话语体系和推送风格。在分享潮流心得的过程中,用户认为小葵同他们一样是追求时尚的"年轻人",了解他们所想,可以同他们沟通,这也正是小葵的温度之所在。

三、随时随地 陪伴常在

一个有温度的公众账号的运营,除大型、特色活动外,更多的是日常推送中的细水长流,将内容运营和品牌打造融入每一次的推送,让用户感受到重视。如推文《我保证!这场特殊的盛宴中,一定有你的"菜"》根据校园活动的特点,将其比作"粤广早茶""火锅杂烩",将丰富的校园活动视作文化饕餮,保证校园活动在学生中间的活跃度。推文《"潮"人小葵!带你去看南方的"湿"和远方》在梅雨时节与学生分享南方春季的体验和祛湿良方,给学生带去生活小建议,反馈良好。推文《声临师大,一场是大人的摸底考试》通过上课铃、语音播报,让学生声临其境地走过师大的每一片风景，总有一种熟悉的声音唤起学生对学校的记忆，进而增强对师大的归属感和对校园文化氛围的感知。多种形式、富有创意、常态化的推送让用户习惯小葵微信公众平台的存在与陪伴，并期待着小葵的每一次原创推送。长期高质量的推送让用户对福师大小葵微信公众平台的粘性不断提升。用户的大量转发、口碑相传也让小葵的热度和粉丝数量螺旋式上升发展。

第二节　态度：紧跟社会热点

如今，作为一种新兴的传播和市场推广手段，事件营销已成为一种强有力的营销武器。它能够在最短的时间里，用最快的速度赢得最好的效果，制造出最大的影响力。事件营销指的是在保证真实及不损害用户利益的基础上，进行相应的策划、制造、举办或利用具有一定宣传价值的时间和活动。通过"热点新闻效应"来吸引用户的注意力，引起广泛的兴趣。

为什么要"蹭热点"？最重要的原因在于"热点"备受人们关注和分享。社会热点话题的基本属性和前提条件是"关注"，关注者基数决定了热点的吸引力的大小。只有话题受到关注才能从根本上解决公众号读者感兴趣的问题，进而才能成为众多人讨论的"话题"。

如何"蹭热点"？在了解蹭热点的方法前，我们必须先解读一下"热点"这个词。所谓"热点"，就是在一定时期内，容易受到人们关注话题或信息，主要包括两个方面的内容：一是现实生活中刚发生的或是还在持续进行的新闻热点，二是比较容易受人们欢迎的某些地域热点。在关注者众多的条件下，"福师大小葵"公众号的原创软文常在标题和内容撰写时注重嵌入热点话题，借用"热点事件"的营销，借事发力，极大地提升软文的搜索率，实现软文引流的目的。

根据"热点"的时间要素，可以将"热点"分为临时性热点和可预测热点。临时性"热点"指的是社会上突然出现的引发大众关注的话题或事件，往往具有突发性。可预测"热点"通常指的是一些重要的时间节点，可以预见这一节点出现时可能引发的社会关注。而从"热点"的传播要素来解析"热点"，可以分为纵向深入和横向延伸。"热点"的纵向深入是指一个时间段内的热点事件中的某一深入热点。"热点"的横向延伸是指与热点具有关联性的横向延伸的扩展热点。

根据"热点"的这两个要素，"福师大小葵"微信公众账号在内容策划过程中，将"热点"的上述四个要素进行组合，构建了四种切入"热点"的模式：

一、临时性热点的纵向深入

校园微信公众账号可以增加对热点事件的深度报道和发起具有深度思想内涵的讨论来引导学生舆论，逐步形成共鸣，输出引导学生理性思考的文化产品，从而吸引关注此"热点"事件的粉丝。2017年寒假期间，陆续有更多共享单车品牌入驻大学城——永安行、DDbike、mobike、hellobike。一时间，共享单车成了大学城的热议话题。小葵就此进行了一次深入调查，就对高校引入共享单车事件采访了同学们的意见，对学校引入共享单车可能引发的校园安全、环境管理等方面问题进行了评论。众多同学在微信平台中留言，发表自己的看法。

二、临时性热点的横向延伸

"福师大小葵"在撰写软文时，常常精准地抓住"热点"关键的话题和词汇，将其用之于标题和内容的写作。热点充当了软文的标题或内容的一部分，就如同一个触发点，起到影响力延伸的作用，把热点的关注度引到对软文的关注中来，从而提高阅读量。而对软文的内容而言，它是话题的主体，充当着媒介机制扩散的作用，让"热点"继续不断"升温"，借由"热点"的温度起到增加软文内容的宣传与扩散的作用。例如《人民的名义》热播时，"福师大小葵"微信公众账号推送《你好，请跟我们到反瘫局走一趟》（微信运动排位赛活动），以热点关键词为触发点，激发受众兴趣，再以"排位赛"为内容，实现内容的不断关注。此推文还被扬州大学社团联合会转载。

三、可预测热点的纵向深入

在一些重要节日，微信平台发布与节日相关的话题是很有必要的，一方面可以烘托节日的气氛，另一方面能让读者感受到过节的气氛。在节日期间，发布与节日相关的内容往往要比其他普通内容宣传效果更好。比如"五一"、"十一"、中秋节等能够进行策划的热点，应当在其来临之前进行相关方面的准备工作，时刻关注社会动态，把握"热点"，针对这一时间节点进行造势，开展活动，把对这一"热点"的讨论扩大到最大。每年的教师节对于高校师生而言都是一个重大节日，到处洋溢着对老师的赞美、感激之情。但是2016年的教师节，小葵"逆势而为"，一改往日"高大上"的赞美之词，以"我为什么不想当老师"为标题，通过组图漫画搭配教师内心独白式的话语，将人民教师在工作岗位上遇到的心酸、苦楚与不解——道出，让读者不由自主地为之动容。这篇软文借着教师节的热点，还原了教师有辛苦、有难处、有抱怨的真实形象，从侧面让人对老师肃然起敬。

四、可预测热点的横向延伸

抓住可预测热点的"热度"还可以热点为引子,以软文形式延伸出其他话题,目的是借助热点为软文的推广营造一种热烈的氛围,从而为软文的扩大和延伸关注创造条件。例如,每年的"双十一"都是学生的购物狂欢节,为了抢到自己心仪的商品,同学们守着淘宝抢优惠券、拼团购买、准点抢购……无所不用。为了赶上这一波流量潮,小葵在"双十一"前夕推出《双十一,上淘宝不如来夜跑》的软文,以"淘宝客服体"的对话方式进行编辑,号召同学们参加荧光夜跑活动。这一软文在标题编写时就"蹭"足了"双十一"的热点,赚足许多热衷"双十一"同学的眼球。

总之,在微信公众平台的运营中,"热点事件"营销往往能够发挥"四两拨千斤"的功效。微信运营者应该善于把握和抓住时机,采取各种手段来抓住用户"注意力"这个稀缺资源,不要让"热点"从身边悄悄飘过,从而错失推广和营销的良机。

微信案例

案例一

《福师大"记者"练习生,谁是你的 1/12?》
发表于《福师大小葵》2018 年 5 月 2 日

你有没有……
刚追完偶像练习生
又开始追创造 101
既然这样的话:
小葵也有话说

第十四届记者风采大赛
由校青年通讯社承办的福建师范大学第十四届记者风采大赛终极战将在 5 月 5 日(周六)正式开赛!
小伙伴们准备好感受全新的对决了吗!小葵可是迫不及待了!这些十二强选手,你确定不了解一下?
各位选手的亲友团确认好了吗,快来参与小葵微信线上投票——选上对的人吧!

01 陈雪雅
大家好,
我是来自青通采编部
16级播音与主持艺术的陈雪雅,
一个善于发现新闻点
乐于采访探索新闻更深处的校园记者。
我为校园记者点赞,谢谢。
个人宣言:确认过眼神,是可以投票的人。

02 王军利
喜欢采访,
喜欢和陌生的人接触,
去了解他们的世界。

个人宣言:采访是一种抵达。
而我,永远在路上!

03 王文芳
汉语言文学专业2016级学生,
中文系大二生。
时常赞美世界,
偶尔抱怨生活。
对温柔的人以礼相待,
不温柔的人以理相待。
善于发现新鲜事物,敢于挑战,
有所为有所不为。

个人宣言:太阳尚远,但必有太阳。
不想沉默,要为你发声。

04 李新燕
我是二号选手李新燕,
来自旅游学院2016级酒店管理专业。
作为一名校报记者
我很荣幸进入本次记者节决赛,
希望通过这次比赛收获到各种各样的惊喜,
感谢大家的支持。

个人宣言:怀有赤子之心,期待精彩未来。

05 黄慧茹
大家好,我是黄慧茹,
来自传播学院2017级新闻传播学专业。

个人宣言:做一个普通的人、强大的记者。

06 张楚君
大家好,我来自河北。
大大咧咧的姑娘也可以有细腻敏感的内心,
热爱文字,热爱记者行业。

个人宣言:在课上学理科知识,
在课下做文科工作,
立志当最会做物理题的记者。

07 郑效莹
一个来自文学院的吃货,
喜欢火锅喜欢拍照喜欢旅行,
喜欢走在不同的风景中看不同的人和事。
当然最喜欢的

还是和朋友或者家人一起吃火锅,
一起聊天欢笑。
接受热闹也享受孤独,
尤爱深夜一个人在床上刷帖看书。

个人宣言:时间在手中,道路在脚下。

08 翁瑾
我怀有对新闻传播的热情和期待,
希望能够通过自己的记录和感触,
通过文字和图片的结合,
反映社会现实,
传播有温度有感情的文字,
传递积极向上价值观念。

个人宣言:用文字记录生活,
用心灵感受世界。

09 徐辰凡
一个坚定决心学习新闻,
并终身追求的未来广电狗。
一个对这次比赛抱着学习目的,
围观大佬的潜水女孩。
一个会继续努力,
拥抱孙杨的虚假女记者。

个人宣言:From small beginnings comes great things.
用自己的渺小成就世界的伟大。

10 辛笑颖
我是辛笑颖,来自传播学院
2016级广播电视学专业,
我喜欢漫威里总能战胜黑暗势力的超级英雄、

喜欢感受纪录片里每个人物的相对真实、
喜欢体验新鲜发生的事物,
所以综上,
我对记者这个行业报以很深的敬仰倾慕之情。

个人宣言:越努力越幸运!

11 彭雨馨
校庆晚会,校长面对面,
各类现场都有我参与采写的身影。
脑洞清奇,能写会玩,
最终极的理想是去南北极。
能进入决赛非常开心,
很幸运能跟各位同学同台竞技。

个人宣言:希望若干年后再见之时,
我还像今天一样喜欢报道新闻。

12 钟迪
法学院2016级法学专业学生钟迪。

个人宣言:杨意不逢,抚凌云而自惜,
钟期既遇,奏流水以何惭。

有人说:
记者是铁肩担道义,妙手著文章
他们的记者梦从这里起航,
希望也能遇见你⋯
在5月5日的模拟法庭

案例二

《报告辅导员！没有我，我们村可能会输！》
发表于《福师大小葵》2017 年 4 月 18 日

听说……
四月下旬你们都很忙！所以要请假？

那么……
就@一下辅导员吧！

化学与化工学院
亲爱的辅导员：
我做实验把化学试剂滴到手上了！如果没有我，爸妈会很担心的。

数学与计算机科学学院
亲爱的辅导员：
我想再去算算哥德巴赫猜想。如果没有我，这可能永远只是个猜想。

公共管理学院
亲爱的辅导员：
我想请个假，我觉得这符合马斯洛的需求层次中我的自我实现的需要。如果没有我，这个理论永远不会付诸实践。

生命科学学院

亲爱的辅导员：

坐姿状态下工作时，应采取有110度后仰靠背的座椅，从而可以减小体重对脊柱的压力。考虑到我实在过重，故申请以更为科学的躺卧姿势度过今天。如果没有床，我的脊柱无法度过今天。

教育学院

亲爱的辅导员：

家里有妹妹要参加五一的幼儿园才艺表演，需要我回去教她唱歌跳舞画画。如果没有我，她会怯场。

法学院

亲爱的辅导员：

最近美联航的被起诉的新闻全民热议，我需要回去看看航空法的书了，争取早日为人民服务。如果没有我，这个案子就无法解决。

体育科学学院

亲爱的辅导员：

我们福建人四月份有抵抗广东人大赛，我要请假回去保卫庄园。如果没有我，我们村可能会被广东人吃光。

光电与信息工程学院

亲爱的辅导员：

为了响应学校号召，我们团队搞了一个创业项目，口号都有了——"贴膜贴膜，为了生活"，就差实践了。如果没有我，我们就没有了实践的经验。

环境科学与工程学院

亲爱的辅导员：

由于雾霾的严重性，需要归乡协助治霾，如果没有我，雾霾可能会更严重。

马克思主义学院

亲爱的辅导员：

在上了专业课后，我觉得我的思想有了极大的提升。对于"我从哪里来"这个问题，我终于有了体会！我从家乡来，要回家乡去，建设社会主义新农村！如果没有我，我们村无法走向富强。

文学院

亲爱的辅导员：

近日不慎偶感风寒，咽喉疼痛不已。因而求假返家，愿君批准。

物理与能源学院

亲爱的辅导员：

新校园网已经投入使用了，在学院学的知识不能白学，我决定亲自去测试一下校园 wifi。如果没有我，校园 wifi 无法正常使用。

材料科学与工程学院

亲爱的辅导员：

最近我一直在思考，床板的材质与教室桌椅的材质哪个更符合与体表接触的要求。都说实践是检验真理的唯一标准，如果没有我，同学们就不知如何睡得更好。

软件学院

亲爱的辅导员：

我的身体程序已出现问题，需要及时修复。如果没有修复，我的问题会越来越多。

海外教育学院

亲爱的辅导员：

我可能需要请个假考虑一下是去 Kazakhstan 还是 kyrghyizstan。如果没有我，大家会搞混这个单词。

地理科学学院

亲爱的辅导员：

开学以来，我发现自己还是有些水土不服，需要回家修养。如果没有我，家里的水土就没有了真正的用途。

经济学院

亲爱的辅导员：

五一来临，是时候要看看市场的消费情况，看看这段时间政府对市场的调控措施，研究一下汇率波动。如果没有我，我们就不能领悟到市场对经济影响的实质。

音乐学院

亲爱的辅导员：

经过长时间的学习，我对贝多芬的一切充满兴趣，需要仔细钻研。如果没有我，贝多芬的音乐就不能更好地传播。

美术学院

亲爱的辅导员：

画完了学校的景色，我需要回家描绘家乡的景色。不回家看看，没有灵感的涌现。如果没有我，家乡的景色就失去了意义。

传播学院

亲爱的辅导员：

为了我的家乡发展，我要回去制作宣传片。如果没有我，我们家乡可能会经济落后。

社会历史学院

亲爱的辅导员：

为了我的学习，我要回家深入了解和传播家乡的文化历史。如果没有我，家乡的文化会石沉大海。

旅游学院

亲爱的辅导员：

我们要造福广大师生,为大家规划合理的旅游线路,需实地游览,特此请假。如果没有我,同学出门可能找不到北。

召唤师峡谷七日游

外国语学院

亲爱的辅导员:

今日はゆっくり休もうと思う。

准备好假条回家吧!
但是……
辅导员准假吗?
。
。
。
。
。
当然是

亲爱的同学们:
你们的请假条我已经收到了,可是咱们学校四月份要举办"吹牛不打草稿"比赛,我怕没有你的话咱们学院可能会输,所以请你们务必不要请假。

——很爱你们的辅导员

最后,有点温馨的小提示
假期不远啦,同学们要好好珍惜现在的学习时间!

141

珍惜课堂的时间，努力地学习吧！

祝同学们都沉迷于学习无法自拔！

案例三

《旗山转来了一位新朋友，这是他的自我介绍……》

发表于《福师大小葵》2017 年 11 月 27 日

2016 年 12 月，福建师范大学星雨湖南岸的一块区域被围住施工，随着时间的流逝一栋典雅优美的高大建筑渐渐呈现在了师生们面前。想必大家都很好奇，这个师大旗山楼群出现的新伙伴到底是谁建造的，它的用途又是什么？

今天，让小葵给大家揭秘这位旗山校区的新伙伴吧！

你的名字

这个伙伴的名字叫做"领先楼"，未来领先楼将会成为社会历史学院的办公楼。领先楼已在师大 110 周年校庆之际落成并交接，这是社历的盛事，更是师大校庆盛典的献礼。

你在何处

领先楼西侧毗邻音乐厅、东面与艺术学院相邻。站在领先楼上临窗北望，就是星雨湖的荷风美景，向西远眺便是幽幽溪源江。领先楼优越的地理位置，浓厚的人文艺术气息，怡人的风景，非常令人向往！

你的风格

"建筑整体效果起伏有序,天际线优美。"

"屋顶借鉴老式大旧楼,错落有致、简约大气。"

"抱脚和一层以精致的米色、灰色相间的石材铺砌,厚重沉稳。"

"楼顶同时设计了敞开式景观阳台和室内绿化休闲空间。"

这些介绍听着就很高端大气上档次!领先楼共有五层,总建筑面积6346平方米,主要传承师大南台山老教学楼建筑风格,并以现代建筑设计手法对其提炼。

有爱的损赠者

捐建者贾小平先生是福建师范大学社会历史学院78级校友,为人低调,"不为虚,仅为实"。

即使贾先生现居海外,却心系祖国和母校,便捐此大楼并用其母亲名字命名。"常棣之华,鄂不韡韡",我们福师大人来自五湖四海,毕业后会散向四面八方,但是我们所有师大人都会在这里并蒂同根,师大学子们此生会与母校有着不可分割的情感联系。

贾小平先生(左二)

告白祝福

福建师范大学百年来栉风沐雨,为社会培养、输送无数优秀的人才,传承着朴实而崇高的教育使命。最后祝愿师大:积历史之厚蕴,更展宏图,再谱华章!

案例四

《蓝香菇,我以为,我上了大学就不再是一个人》
发表于《福师大小葵》2016 年 10 月 12 日

蓝香菇。你为什莫要说这种话。
香蓝瘦。本来今颠高兴兴。

葵说

你说你单身的空间朋友圈,最近被一个东西占据了……

看到这些虐狗的文字,我想说的是……我以为我上了大学就会谈恋爱,可是

自从那天开始,一切都变了……

那天我拉着行李箱走进了福建师范大学,我就知道我大学不会再谈恋爱了。

学校太大,对方拒绝说因为南北区太远不想谈异地恋,更别说,我在旗山而你在仓山。

教室太多,害怕对方说在立诚楼自习,结果我绕了一个小时还没找到人。

图书馆书太多,没有读完,我怎么能谈恋爱呢?
不用害怕冬天没有温暖的守候,每栋教学楼都有提供热水……

我害怕每天因为去哪一个食堂吃而吵架。
星雨湖最需要的就是晨读英语的人,这种事,我不做谁做!在仓山的时候害怕每次约她出去,她都责怪我嫌她胖故意带她爬长安山。

去一趟文化街,想为她买一件衣服发现店太多逛不过来,想为他买一件衣服发现没有店可以逛。

葵说:
大学最重要的确是学习比初高中更深更宽阔的知识。
当然也可能会遇见那个相守到头的人。
如果遇到了,请深爱;如果没遇到,珍惜自己就好。

案例五

《评论124小时通宵自习室,你怎么看?》
发表于《福师大小葵》2017年6月4日

据了解,福州大学、福建工程学院开设24小时通宵自习室,在师大的你是怎样看待通宵自习室的呢?是否期待师大也开设通宵自习室呢?

通宵自习,是一种美丽的消耗

时代在变化,对通宵学习有需求的学生群体在扩大。在宿舍深夜学习会影响到浅眠的舍友,但又有延长学习时间的客观需要,如此两难的情况下,通宵自习室的出现如久旱逢甘霖。

通宵学习给人思想层面所带来的撼动是润物细无声的。通宵学习给同学们一段思考自我的时间,学生一天的许多时间被无谓的社交、琐事所占据,而深夜正是与自己独处的好时机。一夜的阅读,能够开拓心胸;一宿的刷题,能够提升自我认可度;一夜的思考,能更深入地了解自身,体会到有所得的自我成就感。

通宵学习也让忍受孤独变得容易一些。"脱去"平日里"热闹的外套"后,也许难以招架独处的孤独感。但看到周围也是在忍受孤独的路上慢慢成长的人,便会感受到周国平先生所说"在朝圣路上并肩而行的感动"。从某种程度上来说,通宵自习室是一种成长催化剂。

尽管有人会说,通宵是对青春的透支,但是不妨将其看成一种美丽的消耗。在适当的通宵学习中,提高自我成就感,获取满足感,进一步深化对自我的认知。这便是通宵自习室存在的理由。

通宵自习室存在的人身安全隐患

通宵自习室存在的人身安全隐患不仅不能让同学们安心学习,还为一些不法分子提供了可乘之机。其次,当同学们身处通宵自习室时,他们的财产安全也面临着威胁。虽然说是通宵,可大部分同学难以做到一直保持清醒,财产极易失窃。并且,同学们在走夜路时遭到抢劫的可能性也极高。

通宵自习室的存在也为想要夜不归宿在外玩乐的同学提供了好的借口。这不仅钻了查寝制度的漏洞,更使同学们的人身安全无法得到保障。

通宵学习的危害之大却是显而易见

首先,熬夜易导致肥胖。睡眠时间越少,BMI(体质指数)越高。据一项跟踪500人13年的调查显示,每天睡眠时间少于6个小时,BMI较高的可能性是其他正常人的7.5倍。

其次,心血管疾病风险增加。熬夜会扰乱生物钟,造成神经系统功能紊乱,熬夜时人处于应激状态,会造成血管收缩异常,极易引起血压升高。

再者,易造成视力模糊。长时间超负荷用眼,会使眼睛出现疼痛、干涩、发胀等问题,甚至使人患上干眼症。倘若长期熬夜、劳累还可能诱发中心性浆液性视网膜炎。

因而,为学生准备的通宵自习室,就像是给爱乱花钱的人提供的小额贷款。可以满足当下之需,但是将来总要偿还。不一样的是,贷款用钱财还,而这种学习方式只能用健康还了。

学生因不同的年级与专业,需要通宵自习室

　　学生分为不同的年级与专业,作业情况差别较大,一定程度上存在需要通宵自习室的情况,例如为了完成紧急作业、处于备考时期等。另外,学生规模庞大,也不乏存在偏爱深夜通宵复习或看书的人,他们需要通宵自习室。或许这一人群只是少数,但"存在即合理",他们的需求也不能被忽视。

　　对于即使是少数学生的需要,高校依然不漠视,是现代大学应有的情怀和职责,体现的是学校为学生服务的精神。设置通宵自习室就是这种精神的体现。

　　通宵自习室既有利也有弊,众说纷纭。无论是否在我们学校实施,都应注重学习与健康的同等,只有拥有健康,我们才能飞上属于我们自己的蓝天。

案例七

《我为什么不想当老师？》
发表于《福师大小葵》2016年9月10日

我不想当老师。

我不想在仍然单身的时候，就成了三四十名孩子的妈妈，天微亮时便要起床，赶到学校看着那些小脑袋摇摇晃晃地早读。我不想即使无比疲惫的时候，仍然要挂着笑脸给孩子们讲课。我不想批改孩子们没有好好完成的作业，压抑着失望之情难以宣泄。我不想在与孩子们的相处中过分地小心翼翼，从各种角度去体谅他们的心情。也不想深夜改作业、备课，反反复复修改课件，不断完善授课思路，生怕孩子们无法接受新知识。这些都会让我十分烦躁。

我不明白，为什么要让一群本该在生命中匆匆而过的孩子们，来成为生活的中心？为什么要让这些仍然懵懂不成熟的孩子不断牵动着我的喜怒哀乐？我知道，如果成为一名老师，将来自己的孩子也许会因我的忙碌而难过。在事业和家庭的抉择中，我更想做一个好妈妈、一个好妻子。

我讨厌为考试出卷，更不想去面对拿到成绩单的孩子们。花上大把的时间来和他们谈心、找问题，我也会疲倦。家长的委托，同事间的比较，和领导的严格要求，这都会让我喘不过气来。肩上的重担会让我的每一步走得不安心，三四十个家庭的希望，三四十个人的未来，大概会面对很多个夜不能寐的夜晚。

责任和奉献，也许已经被大家认定为教师的天性，而我所能做的便是不断靠近大家理想中的模样。会不会有一天，在这样的岗位上我丢掉了最初的自己。

春蚕、蜡烛、园丁又如何？很多人在歌颂着老师，但性价比不高却是这份工作难以改变的属性。总有那么一些时候，我会面对老同学们的飞黄腾达黯然神伤，为"买房梦"而不断努力。奔走在大街小巷的教师，一点也没有灵魂工程师的气质，看起来并不神圣，并不闪闪发光，普通又平凡，同样会为生计发愁。

如果我走上了这一岗位，未来会是怎样？时光会随着一届一届毕业生的离去而不断加快，每天沾着满脸的粉笔灰，不知不觉中便白了头发，慢慢地，板书写不到最上边的黑板，戴上了厚厚的老花镜，腰再也直不起来。而孩子们真的会记住我吗？我带给他们的，会是感激，还是埋怨，或者只是空白。

我有很多理由不去当老师。但我知道，最后还是会输给孩子们的纯真。

我想，我会很喜欢和孩子们共同成长的感觉。同样早起，他们为奔赴未来而努力着，而我就是他们勇敢前行的见证者。我会把我的所学所想同他们分享，希望他们会因为我而成为更棒的人。而最能打动我的，应该会是孩子们满满的活力吧，是那么可爱又调皮的年纪，日子一定会因为他们而生动起来。

没什么会比他们的笑容更加温暖，他们的眼睛一定会盛着信任和感激。最残忍的大概是时光流逝之感，送走一拨拨的孩子们，自己也将一年一年地老去。可这恰

150

恰是最动人之处。好像是身体里那些跳动的花火，可以不息地燃烧着，传承着。

　　让他们成为我生活的中心，好像也并不糟糕。第三排的长发女孩上课时总皱着眉，时不时便盯着课本嘟嘴，我便会把上一个知识点更细致地解说一遍。而后排的那个黑衣男生，今天上课又打瞌睡了，笔记也落下了，总要找个时间和他谈谈。那个齐耳短发女生一直很认真，那个戴着眼镜的男生上课会走神，高高束起马尾的那个女孩打了不少哈欠，一定是没有休息好，而那个平头男孩能跟上我的节奏……

　　慢慢地，他们会变成我最熟悉的人，我能读懂他们的每一个表情，终会变成一份难以割舍的牵挂。

　　成为教师，也许有很多我只能接受而无力改变，但我可以爱我所选择的职业。生有涯愿无尽，传道授业解惑而已。

　　最后，最想和我的老师说辛苦啦。还能记得，老师讲课时的温柔笑容，总爱偏着头敲敲自己的脑袋，还有我掉眼泪时老师递来的餐巾纸。陪我走出低谷，和我定下的十年之约，大概是透支了很多运气才能遇到你吧。我来到了老师的母校，经常也会想，以后要成为像老师一样的人。

　　好像从来没落落大方对老师说过谢谢，也不知道要怎么表达自己的感激最合适。现在觉得，将来我走上讲台的模样会是给老师最大的回报。希望每个拥有教师梦想的人，都会始终心怀期待，在自己行走的路上步伐坚定，相信这些信念都会化为我们每一天的勇气。

第六章　活动吸引:线上与线上共同合力

O2O(即 Online to Offline,线上对线下)的营销模式,是微信最火爆的营销概念,不管我们将其解释成从线下到线上,还是解释成从线上到线下,还是进一步解释成从线上到线下多次重复博弈的互动,都是真正的线上线下双向借力的营销模式。基于"福师大小葵"平台的影响力,我们已经拥有了一定规模的用户数,这些用户既是我们的"客户",也是我们的内容"生产者"。新媒体时代,不断盲目追求用户的数量往往不利于增强用户黏性,只有明确用户群体的范围和特征,通过线上线下有效互动,提升用户的参与度,进一步增强用户黏性,才能使互联网虚拟世界中的"粉丝数"转化为看得见、摸得着的"粉丝社群",也才能探索出适合自己的推广模式,实现自媒体的可持续发展。

第一节　地推造势:"怒刷"存在感

对微信公众号来说,自身的曝光率是至关重要的。要想在众多新媒体平台中脱颖而出,首先要被人知道,才能吸引人关注。而提高曝光率,最重要的是要推广你的微信公众号,让它被更多的人看到、知道和了解。"福师大小葵"微信公众号营销自身的创新之举是策划丰富多彩的线上线下互动活动,让微信公众账号不仅活在虚拟的网络世界中,更通过线下的宣传活动吸引更多的粉丝,实现自我的不断营销。虽然学校的微信公众平台不含有商业目的,但"福师大小葵"也借鉴了商业营销模式中"地推造势"的方式,采取"摆摊设点"的方法在线下策划了多种模式为自己加油打气。

一、各学院宣讲

为了让更多人知道"福师大小葵"微信公众账号,运营团队利用每个星期晚点时间进入各学院、各年级,向同学们讲解"福师大小葵"的平台性质、内容推送、活动组织等,让大家全方位地了解"福师大小葵"这一平台。可以说,进入各学院进行实地推广是推广"福师大小葵"最常用也是最实用的方法。"福师大小葵"微信平台绝不是单纯地存在于虚拟网络,尤其是作为高校的新媒体平台,我们的主要用户是实际的、看得到在校学生,所以直接面对同学,向同学阐述、接受同学咨询,进行线下互动,真正做到"从学生中来,到学生中去"是必不可少的。此种做法能够增强微信平台的真实度,快速地提高人气,让用户有实实在在的参与感。

二、赠送小礼物

我们经常看到超市里某样商品开展"购买即赠送储蓄罐"之类的活动,很多消费者就会蜂拥而上,甚至很多原本打算购买其他产品的消费者也会改变自己的主意。可见,免费获取礼物对于人们有很大吸引力。当人们关注微信公众号之后,就可以在线下举办一些"回馈顾客"的活动,赠送小产品。"福师大小葵"在每年新生入学之季,都会在 B 区共青团广场摆摊做活动,送出小葵的文创产品,比如钥匙扣、手机架、书签等。通过关注"福师大小葵"微信公众账号还能获得意外收获,这非常容易让新用户产生好感,甚至还会主动向周边的同学展示自己的收获,从而使更多的潜在用户转化为现实用户。

三、出现在现场

通过赠送奖品的方式提高粉丝数在短期内的确能吸引用户,但是用户领完奖品后取消了关注,空欢喜一场。所以,为了能够让用户长久关注,不仅仅要关注"如何增粉",还要注重"如何增加有效粉丝",强调粉丝的忠诚度。在这里,我们需要强调一下增加曝光率的"场景"。为了将"福师大小葵"这一网络形象实体化,我们制作了"小葵"玩偶,出现在学校各种重大活动及各学生组织的活动场景中,融入学生活动,走进学生队伍之中,营造"小葵无处不在"的存在感。各种线上线下的新颖、时尚的活动设计增强了"小葵"的时代感与青春活力,让小葵在学生的生活场景中留下实实在在的"印记",从而全面激发出的学生热情和创造性让"福师大小葵"的影响力持续扩大。

2018 年 3 月,前中国女排队长惠若琪到福建师范大学进行公益巡讲,现场挤满了观众,燃爆全场。在这样一个盛大、有活力又有大量粉丝在场的活动中,"福师大小葵"玩偶也到现场和学生们一起参与互动,成功地引起了到场所有同学的关注,为自己赢得了一大票粉丝。2018 年五四青年节上,全场 1000 多名团员参加了表彰大会,"小葵"玩偶同样"亲临"现场,再次成功吸引了 1000 多人的目光。通过一次次参加线下活动,"福师大小葵"的玩偶形象不断出现在不同群体的活动中,"之前没有见过的人见到了小葵,见过小葵的人又见了一面","小葵"通过不断提高自身的曝光率,仿佛在不同时段给自己播放广告,不断营销形象。

第二节 借力互补:"取悦"粉丝

线上线下的借力互补,实现了活动资源的整合。在线上,微信平台的回复功能是洞悉用户需求的利器之一,起到稳定和发展微信平台粉丝的作用。我们可以通过后台的评论、留言、回复,了解小葵用户的真实感受和需求,再以线下活动的方式加强用户的使用体验;我们也会在线上征集留言、故事,整合推送在平台上,当用户看到自己的留言出现在推文中时,参与感提升,且会感觉自己受到重视,没有被忽略,满足感也会随之上升;同样地,我们还在线上发起投票,在互动过程中将主导权转移至用户手中,他们根据自己的喜好参与到内容输出的环节中,用自己的参与改变结果……目前,"福师大小葵"依托校园文化活动这一得天独厚的资源,策划了多种线上与线下互动的方式赢得粉丝的好感,建立良好的平台形象。

一、报名活动:抓住"赢"的心理

报名类活动是在主题性活动基础上,在线上开展的互动形式。在"福师大小葵"平台上,报名类的活动更多是基于团委、各学生组织的线下活动开展,将线下活动的某一环节搬上线上,强调"抢夺先机""先报先得",通过限时策略充分引起用户的关注和重视,激发用户的"赢"在时间上的欲望,从而实现扩大传统活动声势的效果。福建师范大学"书记早餐会""校长与青年学生面对面"是学校学生会搭建师生沟通桥梁、参与学校服务的品牌活动,在学生中有较大的影响力。福师大小葵充分发挥线上平台的作用,在微信发起组织报名,并线上收集提案,参与者十分踊跃,不仅推广了活动,也增加了平台的权威性和公信力。

二、投票活动:抓住"赞"的心理

投票类活动对微信公众号来说不仅仅是吸粉,还可以引爆粉丝、活跃用户、创造阅读量最直接的方式。被评选的学生为了获得"人气"会不断将投票推文扩散至各个不同的圈子,就像平静的湖水中扔进一块石头,便会激起一层层的水波,不断向外扩张;而学生也会为了自己所要支持的被评选人不断阅读推文。投票活动最直观的效果就是"涨粉",正因如此,对于高校微信公众号而言,要做出10万+阅读量,往往需要"投票活动"来助力。

目前,"福师大小葵"投票类活动基本是相关校级层面品牌性项目,如"学校自强之星""年度学生人物""校园十佳歌手赛"。但是投票的展示方式多种多样,如十佳歌手,以盲听形式来展示歌手;十佳志愿者评选,则票选最美志愿者。当然,要想将"投票"效果最大化,就不能局限于投票环节本身,而是要将投票与线下活动有机配合,在投票的当下一定会创造出一个特定时间点的热门话题,再通过线下活动的造势,可以扩大整个活动的影响。当然在活动推广过程中,要注意榜样宣传为主体,投票是一种宣传的方式,投票活动也不宜过多,避免产生反效果,影响平台形象。

三、福利活动:抓住"赚"的心理

对于学生群体而言,能够获得心仪的礼物、实用的用品便是一件开心的事。如果在线下活动开展的过程中,能通过线上的互动让学生有"赚头",就能更有效地吸引学生。这也是"福师大小葵"推出线上福利活动的目的。针对高校学生用户,在福利上的设置,既要有趣又要有新意,要有足够的"魅力",追求精品活动。福利性活动最好结合主题教育,千万不要为了活动而活动,为了福利而福利。

"福师大小葵"线上福利活动有两种表现手法:一是直接表达,二是含蓄表达。直接表达的手法往往在文章标题上直接写有"内含福利"字样,让读者一看就知道该文章包含有福利,从标题上赚足"眼球"。富有"好奇心"的同学便会点击浏览,从而提高阅读推文阅读量,也为线下活动做好宣传。含蓄表达法不直接将"福利"二字写在标题上,而是通过与福利一词具有一样表达意思的其他词语代替表达出来。如《答对一题换4件实用小礼品! 小鹰带小葵学宪法!》就是用了含蓄表达法。

在诸多"福师大小葵"福利活动中,小葵先后送出了电影票、演唱会票、明星签售活动门票、小葵文创产品……2016年校青年志愿者协会的纳新活动推文中,以师大地图为小礼品,吸引新生前来报名加入志愿者协会。《福利|小葵任性甩出100张票,送你一场校园演唱会!》这一期推文中,把握青年学生酷爱流行音乐的需求,以"夜行小分队"流行乐队的门票以福利形式送出,提前吸引众多学生"围观"。

四、征集活动:抓住"荣"的心理

高校微信公众平台之所以"各显其招"地吸引青年学生,最终目的就是要留住粉丝,从而实现高校核心价值观的输出,进行引导和教育。所以,除了上述几种互动方式外,"福师大小葵"还抓住学生崇尚"荣光"的自豪心理,创新线上征集活动,让感人的事迹、动人的故事、优秀的人物通过微信平台推送的方式传播于校内,弘扬典型,传播先进。2003年,第一批学生从老校区搬迁至新校区。如今,这一届学生已经毕业十周年。2017年,"福师大小葵"向全校各个专业征集2003级毕业十周年的感言、图文资料,回顾师大他们在新校区"开疆扩土"的青春回忆。这一推送引起了众多师生的关注,以青春的校园回忆博得众多共鸣。

对于高校微信公众账号而言,"福师大小葵"形成了独特的"线上做广告－线下做体验"的互动模式。线上活动为线下活动提前"预热",起到预告、宣传的"广告效果";线下活动则强调用户的实体体验,把线上虚拟的宣传效果转化为线下用户可看、可听、可感的接触。

将虚拟网络的用户引导至线下的校园活动,拓宽校园活动的参与面,活络校园文化;也能将大量线下的学生引流到微信上,帮助微信公众账号获取大量粉丝,有利于用户忠诚度的提升,达到事半功倍的"双赢"效果。只有通过线上线下有效互动,提升用户的参与度,进一步增强用户黏性,才能使互联网虚拟世界中的"粉丝数"转化为看得见、摸得着的"粉丝社群",也才能探索出适合自己的盈利模式,实现自媒体的可持续发展。

微信案例

案例一

《穿越时空 | 从1907跑进2017,奔向你,我的福师大!》
发表于《福师大小葵》2017年11月6日

一场穿越时空的长跑
一份预祝校庆的献礼
一群热血沸腾的师大人

11月5日上午,由校团委主办,校学生社团联合会、校青年通讯社承办的"奔向你,我的福师大"庆祝建校110周年健康跑活动在旗山校区共青团广场开跑啦!一场穿越时空之旅,让我们一齐见证!

献礼校庆,跑过百年校史

本次健康跑从共青团广场开始,沿路经过西区田径场、教学区、图书馆、学生之家等地。美丽的校园风景摇身一变成为师大历史进程中重要的历史节点,从1907起跑,穿越时空的长廊奔向2017,奔向师大新未来。

"今天举办的健康跑,响应校庆号召,将校庆元素渗透进整个健康跑活动,补给站、地标的设置寓意着让师大人重走学校发展历程，一起奔向终点：师大新未来。"

——校社联主席张勇

跑前热身，精彩表演助威

跑步开始前，一曲《奔跑》点燃现场的氛围，令参与跑步的同学们热血沸腾！校舞蹈协会更是献上一支舞蹈《worth it》，用精彩的表演为健康跑助威。

跟随健身教练和小葵做完热身操，调整至最佳状态后，同学们在工作人员的引导下有序地移步到起跑处。随着一声枪响，3，2，1！奔跑吧，少年！

"这是我第三次参加跑步活动，心情激动又期待。明年就大四了，这次我要拿出最好的状态，为母校献礼，也让自己的青春无憾！"

——15级海外教育学院汉语国际教育李囡囡

"三协"护航，更具动力

第六章 活动吸引：线上与线上共同合力

本次健康跑活动由跑步协会举旗领跑，轮滑协会、自行车协会为选手们全程护航。

同时，5公里长跑路上设着极具校庆特色的补给点，提供能量补给和休息停驻，为选手的安全全程护航。工作人员也在路旁等候，为选手加油呐喊！

"这个里程数对我来说是个挑战，但沿途的加油呐喊让我有了坚持的勇气和动力，挺感动的。"

——化学与材料学院2017级裘晨阳

奔跑中感受师大百年历程

110年的风风雨雨，110年的春华秋实，都化作今日校园里奔跑的身影，我们追随历史的脚步，从1907起跑，穿越时空的长廊奔向2017，奔向师大美好明天。风雨飘摇百十载，师大学子习得师大坚韧的品质，在奔跑中体现出来。

"坚持一下，再坚持一下……这样不断地告诉自己。旁边的伙伴虽然嘴里念叨着不行,但是大家的脚步都没停下,毕竟胜利就在前方。"
——海外教育学院2017级汉语国际教育专业王琼凤

用奔跑向母校致敬

体育科学学院2016级的黄佳栋第一个举旗冲过终点线,成为此次健康跑的冠军。他挥舞旗帜,表达师大学子用奔跑完成对母校的祝愿。

<<< 第六章 活动吸引:线上与线上共同合力

"努力跑得快一点,再快一点,以此祝母校生日快乐。"
——健康跑冠军 体育科学学院2016级黄佳栋

校庆来临之际,
 我们用奔跑祝福母校,
  用青春活力的心庆贺校庆。

案例二
《疯狂打气欢庆！小葵动漫微作品再出代表作！》
发表于《福师大小葵》2017年9月21日

　　日前，由中组部党员教育和干部测评中心、福建省委组织部联合制作，福建师范大学小葵新媒体工作室协助制作的动漫作品《准则大家学》《条例轻松学》，一经共产党员网、共产党员微信公众号等平台推出，受到广泛好评。
　　厉害了！我的葵！

动漫介绍

　　本次动漫作品分别为13集、7集，共20集，每集3分钟左右。两部微视频以十八届六中全会通过的《关于新形势下党内政治生活的若干准则》《中国共产党党内监督条例》为创作内容，通过通俗易懂、生动活泼的动漫形式，将文字创作为形象的画面，利用精准简短的语言解读《准则》《条例》，阐释深刻内涵，适合广大党员特别是年轻党员群体学习观看。

准则大家学

　　（"准则大家学"部分动漫可点击文末"阅读原文"观看）
1、准则大家学之总论

总论

办好中国的事情 关键在党
关键在党要管党 从严治党
怎么管 怎么治呢
首先要把党建设好
要把党的建设的基础打牢

2、准则大家学之坚定理想信念

坚定理想信念

理想信念是中国共产党人的
精神支柱和政治灵魂
我们必须把对马克思主义的信仰
对社会主义和共产主义的信念
作为毕生追求

3、准则大家学之坚持党的基本路线

坚持党的基本路线

党的基本路线概括起来就是

"一个中心 两个基本点"

要把以经济建设为中心

同坚持四项基本原则 坚持改革开放

统一于中国特色社会主义伟大实践

任何时候 都不能有丝毫的偏离和动摇

4、准则大家学之坚决维护党中央权威

坚决维护党中央权威

坚决维护党中央权威

保证全党令行禁止

是党和国家前途命运所系

是全国各族人民根本利益所在

是加强和规范党内政治生活的重要目的

5、准则大家学之严明党的政治纪律

严明党的政治纪律

纪律严明是全党统一意志 统一行动

步调一致前进的重要保障

必须把纪律挺在前面

用铁的纪律从严治党

6、准则大家学之保持党同人民群众的血肉联系

保持党同人民群众的血肉联系

人民立场是党的根本政治立场

人民群众是党的力量源泉

坚持全心全意为人民服务的根本宗旨

保持党同人民群众的血肉联系

是加强和规范党内政治生活的根本要求

7、准则大家学之坚持民主集中制原则

坚持民主集中制原则

民主集中制的党的根本组织原则

是党内政治生活正常开展的重要制度保障

是民主基础上的集中和集中指导下的民主相结合

8、准则大家学之发扬党内民主和保障党员权利

发扬党内民主和保障党员权利

党内民主是党的生命

是党内政治生活积极健康的重要基础

要坚持和完善党内民主各项制度

提高党内民主质量

9、准则大家学之坚持正确选人用人导向

坚持正确选人用人导向

坚持正确选人用人导向

是严肃党内政治生活的组织保证

选拔任用干部

必须坚持党章规定的干部条件

10、准则大家学之严格党的组织生活制度

严格党的组织生活制度

党的组织生活

是党内政治生活的重要内容和载体

是党组织对党员进行教育管理监督的重要形式

必须坚持党的组织生活各项制度

创新方式方法 增强党的组织生活活力

11、准则大家学之开展批评和自我批评

开展批评和自我批评

批评和自我批评是我们党

强身治病 保持肌体健康的

锐利武器

也是加强和规范党内政治生活的重要手段

12、准则大家学之加强对权利运行的制约和监督

加强对权利运行的制约和监督

监督是权利正确运行的根本保证

是加强和规范党内政治生活的重要举措

必须加强对领导干部的监督

党内不允许有不受制约的权利

也不允许有不受监督的特殊党员

13、准则大家学之保持清正廉洁的政治本色

保持清正廉洁的政治本色

建设廉洁政治

坚决反对腐败

是加强和规范党内政治生活的重要任务

必须筑牢拒腐防变的思想防线和制度防线

构建不敢腐 不能腐 不想腐的体制机制

保持党的肌体健康和队伍纯洁

条例轻松学

1、条例轻松学之总则

总则

信任不能代替监督

对权力的制约监督

一直是人类政治生活中的一件大事

党的十八届六中全会通过的

《中国共产党党内监督条例》

发出了对权力监督的时代强音

2、条例轻松学之党的中央组织的监督

党的中央组织的监督

强化党内监督

要从中央委员会和中央政治局做起

《条例》将党的中央组织的监督专列一章

规定了党中央在党内监督的地位

作用和职责要求

3、条例轻松学之党委(党组)的监督

党委(党组)的监督

党委(党组)

在党内监督中负主体责任

书记是第一责任人

党委常委会委员

党组成员和党委委员在职责范围内履行监督职责

4、条例轻松学之党的纪律检查委员会的监督

党的纪律检查委员会的监督

党的各级纪律检查委员会

　　　　　　　是党内监督的专责机关
　　　　　　　履行监督执纪问责职责
　　　　　　　是管党治党的重要力量
5、条例轻松学之党的基层组织和党员的监督
　　　　　　党的基层组织和党员的监督
　　　　　　　基础不牢 地动山摇
　　　　　　贯彻党要管党 从严治党方针
　　　　　　　　必须扎实做好
　　　　　　　抓基层 打基础的工作
　　　　使每个基层党组织都成为坚强战斗堡垒
6、条例轻松学之党内监督和外部监督相结合
　　　　　　党内监督和外部监督相结合
　　　　　　　　党的执政地位
　　　　　　　　决定了党内监督
　　　　　　在党和国家各种监督形式中
　　　　　　　是最基本的,第一位的
　　　　　　　　党内监督失效
　　　　　　　其他监督必然失灵
7、条例轻松学之整改和保障
　　　　　　　　整改和保障
　　　　　　　要用好党内监督
　　　　　　　发现的问题和线索
　　　　　　使之形成强有力的震慑
　　　　　　如果对发现的问题和线索
　　　　不管不问 听之任之 未能处置和解决
　　　　党内监督的权威性和实效性就无从谈起

葵说

　　通过活泼的动漫形式,将文字创作为形象的画面是不是吸引到了屏幕对面的你呢?

　　快快和小葵一起来看吧!

案例三

《适逢国庆,献礼福师大,我们这么过节!》
发表于《福师大小葵》2017 年 10 月 2 日

"闽水泱泱,长安葱葱,旗山莽苍苍……"
当祖国母亲 68 周岁生日,遇上师大 110 周年校庆……于是……

▲Q:学校的校训是什么?
▲Q:师大第一任校长是谁?
▲Q:师大在一百年前叫什么?
▲Q:旗山校区四个百年分别是什么?
▲Q:仓山校区有哪几栋以人的名字命名的建筑?
▲Q:学校的校训是什么?

……

问题那么多,你们都知道吗?
看来今年的国庆游园显得格外不一样

十月一日清晨时分,师大仓旗两校区就响起了校歌的声音,开始了热热闹闹举国同庆的一天。2017 年国庆游园暨庆祝建校 110 周年学生活动日也正式拉开了序幕,校领导林和平书记、叶燊副书记也来到活动现场,与同学们一起欢度国庆。

"国庆游园,又刚好赶上110周年校庆真的很有纪念意义,各个学院的活动又好玩又涨知识,长假不能回家的怅然都被这股热情取代了。"

看来我们的游园会是真的很有意思,下面就让小葵带你去国庆游园会现场一睹为快吧!

高潮迭起

在仓山校区,"流行歌曲猜猜猜"和"红歌最嘹亮"这两个小游戏吸引了众多同学去展现自己的歌喉,外国语学院的机智应答游戏让同学们发现自己的反应能力也是超群的。双龙珠接力赛和踩气球大赛将全场气氛推向高潮,同学们的欢呼声响彻整个物光篮球场!

有爱

公管院的留言板写满大家对母校的祝福,文院用他们独有的闽江文学社的书签记录下了大家为母校祝福的话语。

文院活动负责人说:"虽然辛苦,但同学们开心的笑脸就是我们的最大动力!"一场热闹的游园活动,背后是有很多人在默默付出。但能让大家满意开心,就是最好的回报了,游戏参与者龙克凤同学说:"游戏玩得意犹未尽,同时作为新生,我也了解到了学校很多的历史,这场活动让我对福师大的感情更深了。"

有"趣"

生命科学学院的夏日夹心要求两名参与者用脸夹住水杯,原地转 5 圈,然后一起走到指定区域,既考验了两个人的默契程度又能增进友谊,十分值得参与。

"今夜月明人尽望,这是什么啊?""这个'夫妻国庆放鞭炮'我知道!是'二十一点'!""'月光似水水似天'谁猜得出来啊?"……数学与信息学院的趣味灯谜难度很高,吸引了一大群人围在帐篷前绞尽脑汁。

教育学院的九点筑梦、环境与工程学院的正句反说也都是有趣的代名词。

贴切

和平书记与同学们一起体验游园游戏

为了游园会的丰富有趣，各个学院的负责人都大开脑洞，为了想出贴合学院特色的趣味游戏也是煞费苦心。

化学与材料学院无疑是其中佼佼者——他们的元素拼拼拼要求参与者先用飞镖投中拆分元素，然后再成功拼出需要的元素，毕竟化学里的不同元素组合在一起是可以产生不同反应的。

提到明察秋毫第一个想到的自然是提倡严谨细致的法学院，他们的游戏也都与这有关，比如眼力比拼、明察秋毫、一反常态等游戏都是贴合他们学院特色的。

<<< 第六章　活动吸引：线上与线上共同合力

"正"经

今年既是 68 周年华诞，又是我们师大 110 周年校庆，在游园会上自然少不了对祖国对师大的祝福了，游戏也要又红又正才好！

提到"正"自然要去参加校史知识一站到底，通过组内抢答、随机答题、优胜者再竞争等几轮比赛决出最终优胜者，得到了奖品的同时也对师大有了更深的了解。

环境与工程学院的猜红歌游戏让小葵想起了听说过的革命先烈的故事和祖国一步步强大起来经历的喜怒哀乐。

"将'福师大110周年快乐'放进纸杯中,加入混淆词,找出正确的纸杯排序就过关",光电学院的纸杯里的祝福给了师大莘莘学子一个光明正大祝福母校的机会。

"有名"

你想表达出你对祖国对师大的爱吗?

你想在68华诞祝福祖国吗?

你对师大下一个百年有什么期许吗?

你对自己的未来有什么希望吗?

……

那就来签名墙写下来吧!

写下你想对祖国想对师大想对父母亲人想对自己说的话,然后签下你的名字,让所有人看到你的爱。

校学生会、光电学院、化学与材料学院、教育学院等都有设置签名墙,许多参加国庆游园的同学都在墙上留下了自己的笔迹。

在游园现场,校学生会和校青协面向全体学生,发出110周年校庆志愿者招募倡议:

我们要全身心投入到110周年校庆志愿服务中,展现师大学子风采,我们要全员参与校庆,全心奉献校庆,全情服务校庆,当好学校精神和文化的传播者,弘扬者和实践者,彰显师大人的情怀和担当!

百年师大,明日辉煌。见证和参与母校110周年校庆,是每一位福建师大人的幸运。校庆志愿者的队伍期待你的加入!

68年看祖国繁荣昌盛,110见师大桃李芬芳。无论我们身在何方,无论我们经受了多少风吹雨打,母校都是我们灵魂深处的圣地,祖国是带领我们不断前进的明灯。我们祝福祖国繁荣昌盛,祝福母校誉遍瀛洲!

或许现在谈建设祖国还太勉强,
但未来的中国,
需要现在每一年轻的你。

而110岁的师大,很高兴遇见你。

案例四
《致青年|传承五四精神 表彰青年典型》
发表于《福师大小葵》2017年5月3日

"我们是五月的花海,
用青春拥抱时代;
我们是初升的太阳,
用生命点燃未来……"

青春喜迎十九大,不忘初心跟党走

今年是中国共青团成立95周年,是纪念五四运动98周年。1919年前的五四运动,是青年人,举起民族旗帜,开创民族独立新纪元;是青年人,为真理抛头颅洒热血,救时代民族于水火之中。

98年后的今天,新的历史时期已经到来,"五四"火炬已经光荣地传到我们手中,实现中国梦的责任也已经光荣地落到我们肩上。

不忘初心,方得始终,五四的精神从未远去。5月3日下午,我校隆重召开纪念中国共青团成立95周年暨2017年五四表彰大会。

快跟小葵一起到现场看一看吧。

林和平书记寄语青年学生

在表彰大会中,和平哥不仅为我们梳理了一年来共青团工作的主要成绩,也对新时期师大青年的成长提出了新的要求。

来自和平哥的寄语:

希望青年学生要坚定理想信念,争做有为青年;严格要求自己,争做勤学青年;不拘泥现状,争做创新青年。

梦想属于每一个人,书记也鼓励所有师大学子,做信仰坚定的接班人、做奋斗路上的追梦人、做勇于创新的新青年。

选树典型,表彰先进
组织建设篇

团学组织稳基固本,激发活力;团员青年勇担使命,奋发有为;网络新媒体工作推陈出新,继续领航。和小葵一起为组织建设篇章中获奖的优秀集体和个人点赞吧。

2016年度中国大学生自强之星提名奖

2016年团中央全国高校"活力团支部"

第十四届福建青年五四奖章

福建省五四红旗团委

……………

第一篇章:组织建设篇颁奖
素质拓展篇

志愿服务中,彰显爱心,撒播温暖;实践服务中,磨炼品质,锻炼成长。实践出真知,服务促发展。素质拓展篇中获奖的师大学子们都是好样的!

第三届中国青年志愿服务项目大赛银奖

2016年全国大中专学生志愿者暑期"三下乡"社会实践活动表彰优秀活动单位

2016年"青春爱唱响"第八届全国大学生社会实践奖

全国二等奖、全国优秀团队

第四批福建省大学生社会实践基地

……………

第二篇章：素质拓展篇颁奖
科技创新篇

"挑战杯"赛事中摘金夺银,创新创业的热土中大显身手。青年学生中创新创业的佼佼者,在当代新浪潮中充分展现了我们师大学子的科技创新新能量。

2016年"创青春"全国大学生创业大赛第十届"挑战杯"大学生创业计划竞赛金奖1项,铜奖2项

2016年"创青春"全国大学生创业大赛创业实践挑战赛铜奖2项

2016年"创青春"全国大学生创业大赛公益创业竞赛铜奖1项

2016年"创青春"第九届"挑战杯"福建省大学生创业计划竞赛金奖4项、银奖6项、铜奖3项

……

第三篇章：科技创新篇颁奖
青年分享

姚丽芳:美术学院2013级学生。2017年福建省五四青年个人奖章获得者,2016年福建省"向上向善好青年"。

"耐过残冬,便无需蛰伏;落尽寒梅,便能企盼新春。"

"生活总不会风平浪静,要有点波澜才会更精彩。"

"命运在让我领教痛苦的同时,也让我更加深刻体会到幸福的涵义。"

"亲爱的学弟学妹们,当前摆在我们面前的道路有很多,时常让我们犹豫不

决。但无论如何,请记住,只有一条路不能选择:那就是放弃的路;只有一条路不能拒绝:那就是成长的路。不是有希望才努力,而是努力过后才会有希望,有收获!"

姚丽芳的分享,让我们感受到满满的正能量。小葵也觉得,人生之路很长,前进途中,平川高山,缓流险滩,都是必经之路。心中有阳光,脚下有力量,为了理想能坚持、不懈怠,才能创造无愧于时代的人生。

青年之问,什么是中国

诗朗诵《什么是中国》

五千年的文明生生不息,代代相传,

每一次浩劫衰落,都会继之卧薪尝胆,精卫填海

每一次浴血抗击,都会引来鲲鹏展翅,凤鸣岐山

无论多少不肖子孙,叛臣国贼

都会在历史的耻辱柱上成为笑柄

中国是屈原,李白,杜甫,是文天祥,辛弃疾,方孝孺,

中国是岳飞,戚继光,林则徐,是孙中山,李大钊,鲁迅

是千千万万个不知名的仁人志士

是亿万同胞坚定顽强的中国性格

就算华夏奔突异族铁骑,就算神州横流屠城之血,依旧会有无数壮士豪迈,忠臣义烈

他们挺直脊梁,仰首青天,锵然唱一首黄钟大吕:

待从头,收拾旧山河,朝天阙!

重温誓词 同唱团歌

"我志愿加入中国共产主义青年团,坚决拥护中国共产党的领导,遵守团的章程,执行团的决议,履行团员义务,严守团的纪律,勤奋学习,积极工作,吃苦在前,

享受在后,为共产主义事业而奋斗。"

五四精神永远是我们坚定追随的信仰力量。组织入团一生一次,思想入团一生一世。参与表彰大会的师生们共同重温入团誓词,齐唱《光荣啊！中国共青团》,共同响应中国共青团的号召,做合格共青团员。

重温入团誓词

齐唱《光荣啊！中国共青团》
青年之志

习近平总书记今天考察中国政法大学时,说"立志是一切开始的前提,青年要立志做大事,不要立志做大官"。青年兴则国家兴,青年强则国家强,我们全体师大学子们也要勇于肩负起时代赋予的重任,志存高远,脚踏实地,在实现中国梦和强校梦的生动实践中不断求索,小葵会和大家一起努力拼搏,共同放飞青春梦想！

祝大家五四青年节快乐！

案例五
《校庆110,小葵来庆贺,还有谁？！|独家视频和歌词来啦》
发表于《福师大小葵》2017年11月20日

云山苍苍,江水泱泱,

先生之风,山高水长!
南下南下,长安情,
校庆110,小葵来庆贺。
献给母校的歌,不忘初心,有福师大!

11月17日与11月18日,福建师范大学庆祝建校110周年文艺晚会在旗山校区东区足球场以及仓山校区综合体育馆拉开帷幕。精妙绝伦的校庆晚会不仅给我们留下了视觉的冲击,更让我们感受到了师大的厚重与传承。百又十年,传承与青春,师大正焕发着新的活力!

小葵节目
融合多样的色彩

《校庆110,小葵来庆贺》歌词
在福州的夏天里
仿佛身体被掏空
(旁白)苍天啊
热到窒息 热到变形
什么时候能有空调
哎(叹息声)
在福州的夏天里
仿佛身体被掏空
热到窒息 热到变形
什么时候能有空调
小葵小葵 来帮忙
早餐会上 坐一坐
面对面来 谈一谈
学校发展,有你有我

179

同学心声，我听你说
学校发展，有你有我
同学心声，我听你说
学校发展有你有我
同学心声来诉说
想空调 有空调
小葵真是棒
餐卡丢了 莫着急
小葵帮忙来登记
看好时间和地点
补办一张就好了
找工作 非易事
来和小葵谈一谈
静下心再想一想
再接再厉莫沮丧
想就业 还是想考研
想出国 还是想留学
别着急 别着急 别着急 别着急
小葵为你出谋划策
做你永远永远的后盾
（旁白）小葵呀
（旁白）我有好多话想对学校说
（旁白）层层反应让人心慌
不慌不慌 不用慌
小葵小葵 来帮忙
微博矩阵联动加强
只要一个网址
让学校都能找到你的点

十九大 喜迎它
团日活动 欢庆吧
心慌慌 急忙忙
不知道该怎么办

不慌不慌 不用慌

小葵小葵 来帮忙

又红又专青年担当

视频动漫网络文化

一键一键来切换

严肃枯燥？

不存在的！

小葵在手怕是没有什么虚的

严肃枯燥？

不存在的！

学不会党的主流思想 算我输

有问题 找小葵

小葵小葵 十分强

上热搜 上头条

微博排行居前三

先进单位获荣誉

走向世界得表扬

领导为我们竖拇指

还有全国小伙伴

无不说我们

棒棒棒

（旁白）小葵，稳！

"与传统的合唱不同，《校庆110，小葵来打call》增添了爵士、卡通、现代的元素，可爱的小葵也出现在了晚会的屏幕上。这样可以让更多的人产生共鸣，更好地去感受师大的魅力。"

——表演者音乐学院16级许广蓬。

所谓"台上一分钟,台下十年功"。合唱团的演员们一结束"高雅艺术进学生"的十场表演,就马上投入对校庆演出的训练中。

　　此外,合唱团指挥叶荣老师向我们透露:"这首歌是由我们学校1996级学生陆徽作曲、小葵工作室集体作词完成的。和以往对比,我感觉这次校庆有了很大的不同。一方面这次晚会的参与面更广,有更多的校友回到师大或是发来视频;另一方面就是节目越来越新颖,越来越有趣。"

　　这一切的准备,最后呈现于舞台上则是丰富又极具感染力的合唱。合唱团的表演掀起全场热潮,加上现场灯光的完美配合,全场气氛霎那间被点燃。

　　欣赏完了小葵送上的节目《校庆110,小葵来打call》,下面一起来看看晚会背后的故事吧!

晚会背后的故事
倒计时的期待

　　"期待看到百年校庆的节目《学位服》再次回到舞台,呈现出不一样的感觉,我感受到了帅大的传承。"

——传播学院2016级　雷凯

　　"我大三时就看过《南下南下》,超级喜欢。昨天听到彩排的声音,立刻认出了这个音乐!"

——教育学院2017级研究生　王惠涵

"我已经毕业了,还是想常回师大看看。今晚最期待歌舞类的表演。"

——2011级毕业生 邓康康

5,4,3,2,1!

晚会在19:30分准时开场!现场灯光灿若星河,璀璨的光芒一下子迸发开来,整个足球场蓦然被光晕笼罩。开场一曲《最美的情怀》,回答了师大薪火相传、一脉相承的渊源,拉开了整台晚会的帷幕。

舞动继承的序章

"我希望'南下人'可以成为师大的一个符号,一届届地传下去。"校庆节目《南下南下》的编导兼表演者、音乐学院的陈雯老师说道。

节目《南下南下》以一对母子为主线,以"南下服务团"为载体,讲述了解放初期一大批青年离开家乡随军南下支援建设福建的故事,生动地反映红色革命的主旋律,把高尚的舞蹈立意和高超的舞姿美感渗透到心灵深处,激发了大学生对历史的崇敬之意以及对真、善、美的热爱之情。

通过剖析舞蹈作品的历史、意境、情感和风格来培养大学生们的良好心态和思想品质,充分体现出当代大学生的爱国情怀和积极向上的人生信念。激励当代大学生更好地去践行社会主义核心价值观,去实现当代青年的中国梦。

校友献给母校的歌

"当年的太阳没有离去,我的恩师还在!"1963级中文系老校友陈端坤在《献给母校的歌》中的一声声诵读里传递着对90多岁恩师陈祥耀的感激。老一辈师大人觉得,无论过了多少年,这里依旧是他们的港湾。

时光流水,滔滔不绝。母校矗立着,等候每一位学子归来。母校的光辉驻留在记忆之中,不曾褪色;恩师的教诲时常浮现在眼前,永远不会忘却!

师大人,欢迎回家!

跳动青春的脉搏

"我想,每一位毕业的学子都会是当年的样子。"晚会的总导演林忠东老师谈及舞蹈《穿上学位服》,"这个节目十年前演过,如今再次被演绎,我希望它是一个对过往的延续与传承。"

10年前,学子们穿着学位服表演舞蹈。10年后,一批新的师大学子重新演绎经典,为《穿上学位服》注入新鲜的血液。师大这个充满理想与激情的地方,她在继承发展,也将走得更长更远。

无论从前或现在,不管青涩亦成熟,那些曾是人生青春符号的事物,都一直跳动在你我心中。

不同的身份相同的热爱

本次晚会的主持人之一林洪洋,也曾主持百年校庆晚会。时隔十年,时光荏苒,当年的师大学子成为湖北卫视主持人。他再一次登上110周年校庆晚会的舞台,为师大送上祝福。"作为2004级的毕业生,走上工作岗位之后,特别感谢传播学院的各位老师和师大对我的专业上的培养。我这次回来不仅是主持晚会,更多是表达对母校的想念。"

精彩台前精心幕后

　　"作为大一新生,能够参加校庆晚会志愿者感到很自豪。"虽然只是简单的引导工作,地理科学学院2017级学生邱迷雨依旧精心准备,反复去记观众席的位置,为校友和观众提供优质的服务,以这种方式为师大110周年送上祝福。

　　晚会中享受到的每一次服务,都来自这些志愿者默默无闻的付出与坚守。

　　"我认为校庆并不只是在校学生的校庆,它是所有师大人的校庆。"总导演林忠东老师正是抱着这样的想法,筹备着精彩的校庆晚会。

　　"无论是何时毕业,走出校园,师大人始终是师大人;无论是处于一个什么样的年纪,师大会是一个始终不会想要撕掉的标签。"

　　师大的历史,110年的时光足以让每个人的记忆变得弥足珍贵起来。

　　身为师大人,我们承担着这份厚重的历史责任,也为这份厚重而感到自豪。

　　师大,传承,延续,110年的底蕴值得每一个师大人珍惜。

　　　　　　吾师大之学子,仰宝琛之大义。

不忘初心，砥砺前行！

案例六
《惠若琪专访|师大人决不能错过的元气少女独家大放送!》
发表于《福师大小葵》2018年3月30日

如果说从小与排球结下的缘,给她带来了人生最美好的"上半场",那么,这么多年来对体育事业的热爱和纯真善良的心,引领她走进了人生的"下半场"——踏入了公益支教的大门。

2018年3月23日,福州。

惠若琪来到了她第四个公益巡讲的学校——福建师范大学

她说,她选择"从心"

一米九二的个子,一身运动服配上利索的马尾,无论是面对镜头或是台下的观众,惠若琪都十分亲切活泼、平易近人。

"我渴望把我在奥运赛场,在体育世界里收获的勇气传递给他们,让他们更加勇敢去面对人生的艰难。"

在谈及为何在退役后选择公益,惠若琪说到:"很多人都会问我这样的一个问题,家里人也会在担心说退役后,是从政,还是从商,但我的答案是,从心。"

正因体育的力量,这位偶像般的体育人开始了她人生的新起点。"体育改变的不仅仅是体能,它更能改变一个人的内心,让他学会坚强与拼搏,这是一生受用的东西。"

关于她的体育公益

2017 年 4 月 26 日"惠若琪女排发展基金"成立。

"我们的目标是希望体育成为解决社会问题的一把钥匙,而现在我希望我们每个人都能成为传递这把钥匙的人。"

"1+1"体育支教项目

为保障支教老师在支教期间的正常生活,惠若琪女排发展基金会为支教老师提供一个月 2800 元的基础工资。

除此之外,培训、体检、路费等费用也将由基金全负责。评估老师一学年的教学成果后,还将提供相应的奖学金作为奖励。

她是身高一米九二的中国女排精英,

也是爱笑心善的元气少女。

她坚守与孩子们的承诺,

冒着寒冷和高原反应的困难,赶赴青海。

她用自己的力量,影响这个世界,
为那遥远的地方,送上自己最真切的帮助。

她是坚守本心的体育人——惠若琪。

DuangDuangDuang!
你错过了和惠若琪的这一次相遇?没关系!
小葵告诉你,我们为你准备了神秘大礼!
欢迎小伙伴们评论区留言分享心得,留言获赞第一名的同学即可获得一份神秘大礼!
留言获赞第2-10名可获得小葵准备的运动套装一份!小葵期待你精彩的留言!

案例七
《围观!福师大17级新生军训场地惊现4只暖心萌宠!》
发表于《福师大小葵》2017年9月24日

军训第六日,小葵携手好伙伴社俐俐、莱特与能仔为2017级的新生们送出"快闪"活动。

休息军哨被欢快的音乐代替,突然到来的两只小萌宠给操场上的小兵们带来惊喜。学姐们跳跃的舞姿吸引来小葵和社俐俐的摇摆,左手右手一个大动作。此外小葵还携手能仔、莱特为新生们送去"夏日清凉"西瓜。

解暑神器 冰凉夏日
就如一说军训
九月也起了高温的念头
不见秋风乍起，白露尚未来临
连枝叶儿
也擦着汗，在阳光下垂首
立定，迈步，徐走
扯起嗓子喊几句
这炎热的日子里
也适合高歌

站成一株游吟的植物吧
阳光下生长，清风中繁盛
亮出青春的绿色

第六章　活动吸引：线上与线上共同合力

淡盐水，冰西瓜，
小葵、莱特与熊仔
美好的事物
该让它永远地定格

青年们的汗水
滴在了塑胶跑道上
路过的人都将承接几分热气
用应有的方式
捍卫山河

191

快乐青春 闪出能量

来时恰逢榕城孟秋九月天，
熏风摇着迷彩汗丝遮人眼。
军训盈了满心久违的疲倦，
社俐俐摇摇摆摆来打军拳。
又有小葵体贴相伴动心弦，
快闪青春坚信能量无极限。

　　胸怀感恩，心纳理想。我们看到每一个舞姿都充满力量，每份"军训西瓜"都是青春的正能量。相信我们2017的小伙伴，在接下来的军训乃至之后的学习生活中也定能做到每一步扎实有力，绽放青春，活出能量！

　　2017，福师大加油！

　　案例八
　　　《师大最火爆的活动来啦，你在不在这里！》
　　　发表于《福师大小葵》2016年10月23日

900 * 5000 米的征途

900＊100分的关爱

900人的努力

5000米的征途

100分的爱心

学校的路可能不止5000米,跑步的人不止900个,但你们每个人的爱心,都是满分!

10月23日清晨,福建师范大学一年一度的迷你马拉松比赛在校共青团广场隆重开赛了!小葵也在太阳公公的召唤下,跟大家一起运动!

虽然迷你马拉松年年有,但今年的可谓是更上一层楼。参与的人数高达1600人,路程距离也达五公里!接下来,让小葵带大家细数这次迷你马拉松的亮点吧!

"红"尘做伴,策"马"奔腾

今年恰逢是长征80周年的纪念年,我们的迷你马拉松也全是红色元素!今年迷你马拉松的主题是红的——青春C80红色健康跑;迷你马拉松的路线是红的——模拟长征路线,什么长汀站,会宁站,遵义站……小葵乍眼一看,真是一脸懵逼!"我觉得一边跑的时候会一边想着当年长征的路线,看看那些站名,就像在参与长征,这样安排让我们更感同身受!"参与者杨郑睿是这样跟小葵分享的。

起跑线

南门拱桥

图书馆

签名墙

迈着步伐,
奔走在师大的校园,
奔走在长征的途中,
奔走在爱心的道路。
最美的时代,最棒的我们。

为爱奔跑,赛出公益

传承以往福师大迷你马拉松的宗旨,今年迷你马拉松当然还是将运动与公益相结合了哦!每有一名挑战者完成挑战赞助商将向失聪儿童捐献100元!
"这样我们既可以锻炼,又能力所能及地做公益,这样真的很有意义!"

——研究生二年级马克思主义学院詹红燕

"三协"相助,迷你马拉松有护

接下来,小葵不得不提我们师大迷你马拉松的大亮点——自行车协会、轮滑协会以及跑步协会的强强联手!跑步协会举旗领跑,轮滑协会为你开路,自行车协会来护航,三者有条不紊地维持着迷你马拉松的安全秩序!
"我觉得我们的介入可以更好地保护运动员的安全,维持交通状况,也能使活动更精彩,更有观赏性!"

——自行车协会的部长林川景

关于迷你马拉松,我有看法

活动结束后,很多同学都跟小葵分享了体会。职业技术学院的刘发瓦以19分4秒的成绩获得冠军。

"我感觉这次比赛很有意义,因为它不仅让所有的参赛选手都能通过自己的行动做出一份公益,更重要的是,通过这次活动能带动更多的人出门进行锻炼!"

——刘发瓦

据小葵所知,刘发瓦同学去年也是迷你马拉松冠军,为他点赞!
"在跑的很累时能有人递水给你,帮你喊加油,感觉很体贴!"

——协和学院林永辉

听了小葵的回顾,参加迷你马拉松的同学是不是回味无穷,没有参加的有没有感到遗憾呢？不怕，还有接下来的三场迷你马拉松等着你们！错过了这次，就和小葵相约下一场的迷你马拉松吧！

时间:10月29日上午
地点:仓山校区物光篮球场
活动主题:公益健康跑

小葵与你不见不散

案例九
《请回答2003:毕业十年,少年归来》
发表于《福师大小葵》2017年8月10日

记得当时年纪小
你爱谈天我爱笑
有一回并肩坐在桃树下
风在林梢鸟在叫
我们不知怎样睡着了
梦里花落知多少

那一年/2003年/夏天

他们第一次踏入这个全新的校园,自嘲为"拓荒者"。
四年后,黄土地长出了鲜艳的花草,他们站在又玄图书馆门前,穿着宽松的学士袍,笑容如6月的阳光灿烂温暖。十年为期,他们回到母校,回想起"拓荒"的那四年……

"当年高三老师给我们描绘的大学生活是塑胶跑道,图书馆,自习室和学长,我们眼前有的只是土场,架空层的简易图书室以及随处可见一脸蒙蔽的同年级同学。"

——卢燕君,原先就读学院:社会历史学院,专业:历史教育,现就职单位:福建师范大学

"逛街吃饭的地方少,改善伙食只能在校外'美食街',现在的孩子们幸福多啦!怀念2003年的那一片黄土地,怀念钟楼前的草地,怀念每天窝在不同教室自习的日子。"

——陈林婕,原先就读学院:数学与计算机科学学院,专业:信息与计算科学,现就职单位:福建师范大学

"那一年,图书馆永远找不到教授们所列的书目;一上车就要拼了老命肉搏的唯一一路公交978。"

——仙风道骨,原先就读学院:文学院,专业:汉语言文学,现就职单位:福州某高职院校

"倒是不远数十公里来上课的老师们,经常对我们表示同情和安慰,常说的一句话就是"所谓大学者,非谓有大楼之谓也,有大师之谓也"。但私底下大家心里想的还是高楼广厦也是必须的。有失必有得,新校区孤悬荒外,与灯红酒绿、光怪陆离的市井社会相对隔离,不失为一个清静读书的好地方,同学们也因此较单纯而少世故,基本上都乖得很,这正是师长们所喜闻乐见的。"

——搬字工老蔡,原先就读学院:文学院,专业:汉语言文学,现就职单位:"加班是义务的地方"

没有校园网,上网只能去校外的网吧。没有智能手机,年级开展活动,班委只能到一间间宿舍敲门通知。食堂只有百草园,独此一家无法满足味蕾。

但是,也正因为选择太少,那时候的故事简单得多,快乐也变得纯粹。

"虽然什么都不完备,但是感觉有更多的时间和同学、舍友一起,也并不觉得无聊。"

——涂莹,原先就读学院:公共管理学院,专业:思想政治教育,现就职单位:福建师范大学

"最开心的记忆就是舍友相约去莲花池旁的'阿姨水果店'买水果。"
"当时很傻很天真,一副不知天高地厚的样子,每天穷开心,压根不知道'烦恼'二字怎么写。"

那时总说,
外面的世界很美好,
其实,你也甘愿爱着这片荒凉。

那年
"有好奇又善交游的同学花了几天把大学城各学校走了一遍,得出一个结论:师大像教堂、医大像药房、福大像工厂,这句恰到好处的点评口耳相传,迅速成为大学城的经典语录。"

是的
2003年的大学城
没有班次有序的43路车
没有人头攒动的学生街
没有琳琅满目的小吃
没有菜肴丰富的食堂
没有设施完善的宿舍
4G网络是什么
支付宝、微信、又是什么
没有智能手机
没有淘宝
没有动车、高铁

当然和现在比起来,
物质贫瘠、生活单调,
但是他们的18岁,
就这样开始了,
这就是2003级的青春

那事

"那一年,天空很高,风很清澈,从头到脚趾都快乐。"而如今,"当年给路旁的小树挡太阳的稚嫩少年,如今走在树荫下乘凉。"

青春是走在校园里能偶遇慵懒散步的黄牛,
"拓荒者"体验了一把田野牧歌的情调。
青春是军训时沙地场上扬起的一抹黄沙,
是9月的烈日下运动场的一把汗雨。

青春是在百草园吃到腻味,
某个周末和舍友一起出趟"远门",
到老区的学生街改善伙食。
青春是在没有4G网络,
没有微信的年代,买一张实惠的电话卡,
站在通信流畅的楼道与远方的朋友煲电话粥。

青春是晚上从自习室回到宿舍,
一定要和同学结伴同行。
天色一暗便一片漆黑的校园,
安静的只能听到蝉虫窸窸窣窣的叫声。
青春是冬天在大草坪上边晒太阳,
边背着知识提纲,备战期末考试。
那时钟楼前的大草坪是校园里最有生机的地方。

青春是和舍友拼了命"肉搏"也要挤上978路。
"小黄车"像沙丁鱼罐头挤满了兴奋的大学生,
汗臭味、吵闹声弥漫了整个车厢,
就算这样阻挡不了出门"探索世界"的热情。

青春是看着小树苗一天天长大,
看着黄土地飞扬的尘土慢慢落定。

毕业十年他们说:
"对母校永远热爱,无以言表!"

——叶睿,原先就读学院:数学与计算机科学学院,专业:计算机科学与技术,现就职单位:银行

"来师大,你不会后悔的。"

——陈林婕

"亲爱的学弟学妹们,你们很幸运,眼前的校园如此美,各种设备都很完善,还有空调吹,还有什么理由不努力?!如果还有什么不满意的,想想14年前你们的学长学姐们吧!"

——卢燕君

"时常关注母校的消息,希望母校越来越好!"

——老蔡

"多读书多读书多读书!以后纯粹读书的日子太少了。朝同一个方向眺望,读书恋爱可以两不误的。"

——仙风道骨

"科学认准一个目标,为之不懈努力,总有你要的精彩。"

——张惠娟,原先就读学院:社会历史学院,专业:历史学专业,现就职单位:福建幼高专

四年青春,你为师大拓荒建设。
十载春去秋来,归来您仍是少年。
如今,母校即将迎来110周年校庆。
亲爱的2003级学长学姐们,
毕业十周年快乐,
110周年欢迎你们回家看看!

2007年他们离开校园。
1997年、1987年……
转眼如今已经2017年。
110周年的师大,
很想你们。

逢7毕业的学长学姐,
还记得与师大初相见的那天吗?

案例十

《据说 99% 的人手机里都会有一张这样的照片……》
发表于《福师大小葵》2017 年 5 月 23 日

曾经有人告诉我：
"时光会走远，影像能长存。"
所以哪怕拥有的是 16G 手机，
也不敢删掉任何一张相片。
普通人的记忆能力有限，
偏偏我想记住全部故事情节。
还好，照片上的我们依旧是最好的模样。

第一次和你同框，
是将距离定格在第二排和第五排那张毕业照。
在他的演唱会上，
荧光棒投射的光好像真的能照到舞台中央。
没毕业前在路上
遇到有点帅的小哥哥还能和室友分享。
有一天和父母聊天时
不小心甩出一套可以让空气安静的表情包。
……
每张照片如果会说话，
我想让它给你讲述那天到底发生了什么，
我想让它告诉你我心里到底在想些什么。

带你看时间都去了哪里

8 岁生日那天，我许了一个愿：希望周末爸妈能同意我们一起去动物园。后来，它真的实现了。18 岁生日那天，我许了一个愿：希望结婚时的伴娘是你们。后来……

——HH

年轻人什么时候才能感受到时间真正在流逝？

对于我,应该是翻看这些全家福吧。有离开的老一辈,有成长的小一辈,我所有的软肋和铠甲们。

——就是想匿名

高考完最想找数学老师邀功:那道立体几何题我竟然算出来了！后来在空荡荡的教室门口遇到了,但没说出口。撕下贴在宿舍墙上的誓言,整理完试卷和课本,就离开了。

——黑加仑

你会不会和我一样,有一个名叫"童年的回忆"的笔记本？收藏了曾经最爱炫耀的全套贴纸,限量版卡片……它一直没丢失过,只是很久没有翻开了。

——咯咯

都说毕业遥遥无期,转眼却各奔东西。四年过得很慢,够我装满知识,扬帆起航;四年又过得很快,春夏秋冬,转瞬即逝。四年不悔,不负青春,爱你,我的福师大！

——老学姐

带你找寻最动人的瞬间

距离真的很可怕吗？
还好吧,不过,
几个小时的车程会让人疲惫是真的。
但,在出站口看到手拿奶茶的你,
那一瞬间也还是有点开心的。

——TXS

我不是一个迷信的人,
但喜欢对自己进行心理暗示。
那天遇到了当时认定过不去的坎,
抬头看到那朵发光的云。
一直保存在手机里的"圣光",
好运一定会在不经意时出现。

——好心情

那一场篮球赛,
一同见证了你创造历史,
任何人都无法阻挡你追求胜利的脚步。
只想说一句:
你强任你强,我有丁彦宇航。
加油,我的丁神!
加油,我的山东男篮!

——他说随便

直到迈入厦大的校门,
才发现身后的路已走了很久。
从传播到历史,
很多人不理解我为什么这样选择。
但我想说,正是由于热爱,
也正如你们对于师大的那般热爱。

——小绵羊

带你回到最简单的生活
很想把试卷都填满,
向老师展现我的实力。
当卷子翻了十分钟以后,
发现自己只有两栏会写。
那就是——姓名和学号。

@小小小小鹰

傍晚的师大简直美得不像话,
星雨湖倒映着紫红的晚霞,
点缀着教学楼星点的灯光,
只想轻轻的感受,
不负这静谧时光。

@FSD

2017年第一次打牌就遇上了所谓的"天牌"。
那看来今年运气一定不会差。
可是,还有一句话是"赌场得意,情场失意"。
哎,看样今年又要过双十一了。

@ 运气好到爆

"你的屏幕上有一根头发",想把这种小创意分享给每一个朋友。
收到一个带来满满挫败感的回复。
大概是年纪大了,字体都设置最大号,感受不了年轻人的快乐了。

@ 两个太阳

胖了二十年,
也想感受一下
变瘦的滋味。
面包果汁
搭配跑步健身。
没什么,
只想让自己变得更好。

@ LULULU

"我始终相信照片是有魔力的。"
它定格住时间,记录下最不愿忘记的画面。

你是否也有那些永远不愿删除的相片?
是否也想回到那个瞬间,再看一眼当时的你们?
是否再重复一遍当时的对话,或者再改变些什么?

翻开相册,那些有故事的照片还在。
你并不孤单,我们都一样。

案例十一

《福师大仙女专属礼包,了解一下?》
发表于《福师大小葵》2018 年 3 月 7 日

三七,味甘,微苦,性温。
三七啊,是种药,可以治病。
三月七,是个节,女生节女神节反正不是妇女节。
Hey!
今天你变精致了吗?
还…还是没有吗?
那同小葵一起来看看我们的同党猪猪女孩的日常吧!

猪猪女孩日记之粗糙篇

@慕斯:觉得上了大学,周围的人儿都很精致,大家走在一起,我是除了下雨从来不撑伞的,化妆觉得不自然,天天素颜朝天……

@木木:那天,室友拿着新买的口红,美滋滋地看着我。
她问:"看看是什么颜色的?"
我:"红色。"
室友卒。

@well:其实我一直在坚持,坚持活得粗糙。

猪猪女孩日记之"直男"篇

@我看你回收到了:每天就知道吃吃吃,胖成那样也别想着减肥,家里的恩格尔系数无限接近于1,大写的直男我本人了。

@soi:上课前二十分钟起床,迅速换完衣服刷牙洗脸,早餐都没吃,冲向教室的时候觉得自己真的像是个直男。

205

@小格调:当看到别人自拍的时候……还有当别人问我要照片的时候,翻来翻去竟然只找出一张证件照?!

@茶山:看到别的女孩子撒娇时候,想想自己,默默叹了一口气走开了,觉得自己学不来。

此外,精致的男生们也有话说

@青衫:男生应勤换衣服,指甲修短,发丝干净;衣服风格统一,宽松有度,不紧身,看起来干干净净的;平时做事有条理,东西收纳放好。

@养生同学:震惊!某位不愿透露姓名的男同学抽屉里有五只唇膏!

活得不精致?
没关系!
小葵有两个让你变精致的方法!

你以为这样就结束了吗?
NO!NO!NO!

旗山校区还有一辆女生专属小白,
今天,小姐姐们乘坐都是免费的哦!

今日互动话题:
你的学院怎么过女生节?
(快快在留言区和小葵聊起来)
小葵祝这世上独一无二的你永远青春!

案例十二
《2017 倒计时,今天我们来谈谈成长的那些小事!》
发表于《福师大小葵》2017 年 12 月 5 日

2017 年的长廊尽头就在不远的前方,转眼迎来充满希望的 2018,年龄也要在原基础再长一岁……

成长是缓缓流淌的溪流。悄然地,我们就长大了。

你呢?在什么时候,你才认为自己真正长大,年龄就变成了不再限制你的东西。

成长是为了照顾更多的人

@阿黄:那时候奶奶年纪大了,血压高居不下,去医院住院了。那几天父母无法从工作中脱身,就由放暑假的我来照顾奶奶,住院期间,每天一大早就去陪奶奶打点滴。

穿梭在医院的大楼,我的瘦小身躯在人海中挤得几乎可以忽略不计。那是我第一次走完挂号、拿报告单、排队拿药、付款的全过程。等奶奶恢复后,我就这样长大了。

@鹿岛游:老家有一片海,一到夏天就特别多的人去游泳。在我小学三年级的时候,有天妈妈带着我、表哥和妹妹一起去那里玩。我们坐着摩托车过去,车一停妈妈和哥哥还在原地算钱,我就牵着妹妹的手朝沙滩飞奔,冲向沙滩和海水相连的地方。

还没站稳,就来了一阵大浪,眼见妹妹就要被潮水卷走。我慌忙死死地抓紧妹妹的手,妈妈和哥哥看到这一幕连鞋也没脱就冲了下来,我第一次知道她也能跑得那么快。万幸,妹妹被拉住了。

我们马上就被带回了家,迎接我的是一顿暴打。现在我记不太清,只知道妈妈那时候一边哭一边用鞭子抽我。虽然痛得眼泪直流,但我却懂得妈妈打我的原因,或许这就是我的第一次成长吧。

成长在失去的一瞬间

@RICE&SHINE:"xx,你回去一下,你外公,出事了。"班主任冲开教室前门,顾不上喘气。木然地,我直起身子,条件反射般走出校门。

小时候我寄住在外公家,每天放学,我朝楼上呼喊:"阿公,开门。"书房总传来慢悠悠的方言应答,只不过这次,任凭怎样地歇斯底里,再没人回答了,他嶙峋的手,再也无法挥毫。

长趋入灵堂,未曾染烟的舅舅蹲在墙角默然,地上遍布烟蒂,妈妈无力地靠在我的肩头,只是无声抽噎。影影绰绰之中,那些曾在我心中笔直的脊背,而今被哀伤攻陷,一瞬间,我竟成了梁柱。没有人告诉我关于成长这个话题。然后忽然有一天命运以一种近乎残酷的方式拉扯着我长大,才发现我早已不是个小孩。只是,这种方式未免太疼痛了些。

那些我以为的成长

@海马区:那个冬夜其实很冷,我的心不知道出于什么原因酸酸的,打着哆嗦。因为早恋晚自习时班主任请来了父亲,父亲在门外一直等到放学,带着忐忑心情走出教室的门。

父亲迎上来,我以为接下来迎接我的是羞耻的一巴掌,但近了他说:"最近怎么样?天气冷了要添衣。"这句话其实是更有力的一掌,惩罚了我那颗叛逆无知的心,也是那个寒风里的冬夜,唤醒了我那沉睡的成长种子。

@洪爆炸:是什么时候突然长大呢?回想走过的一二十年,发现成长不仅仅只在一瞬间,不是大的变故,不是轰轰烈烈的青春斗争。

好像就在为朋友换位思考,包容理解的那一刻;在成绩不理想时不再流泪而是静静反思,整理后继续前行;在争吵之后勇敢地主动道歉,提出和解;在错误结果面前不再辩解,而是积极改正;在幸运降临,取得成果不再欢呼雀跃,而是会心一笑,给自己一个小奖励……就是这些星星点点伴随着我成长。一切都慢,可能连成长也慢吧。

成长才能照顾好自己

@一:都说上大学来到新的城市,从此故乡只有冬夏再无春秋,确实。而我就在独自踏上求学路的那瞬间开始学会了照顾自己。从此自己取票进站搬运行李,自己装被套,自己在肠胃炎时到医院挂号排队……这就是我长大了吧。

@酷女孩:记得那时冒着要迟到的风险也要等着小伙伴整理好行装再一起出发;记得偶尔遇上小伙伴请假回家,吃饭没了伴不想去食堂;记得那时一个人走路时总要不自觉加快步伐;记得那时上厕所也要拉帮结派,相约同行……

现在独自一人时也能把日子过得自然有趣,不是说朋友们不再重要,也不是独自一人就更加舒适,而是独处时开始变得很充实,不再浮躁、害怕空虚,沉稳了起来。

记得刘墉说,成长是一种美丽的痛。可以说成长是一个蜕变的过程,由简单到复杂,由幼稚到成熟。每蜕去一层躯壳,痛苦在所难免。但又如何,这痛充满美的元素不是吗?

当我们离开父母身边,独自一人面对所有事情,我们知道我们该长大了;当我们未成熟时总渴望自由,只有独自一人在外时,方知个人力量的渺小……

成长的故事很多很多,成长的岁月很长很长,对自己说一句:我喜欢现在的自己,我怀念过去的我们。

听说现在要用酒才可以交换故事
没有酒的小葵也想听……
那么你能否在评论区里留下你的成长瞬间呢?

案例十三
《听说和这些专业的人做朋友特别容易有故事……》
发表于《福师大小葵》2017年10月25日

开学初期,专业认知的开始,也是不小心掉进"各类陷阱"的高峰期。那高价贩卖低劣商品的不良商贩,那凭借着三寸不烂之舌欲说服你的店员,那售后服务真假难辨的店家,遇到这种情况,专业就应该拿来打败如此异军!不信,且看各路同学教你如何用专业生存!

01
"欢迎你,未来法治中国的建设者"

@枫叶长:前几天,我买的伞架居然被风刮弯了,还没过保修期。商家说这是不可抗力,拒绝保修让我出 60 元寄回换新。我说:保修期内,你以这种理由拒绝我,我可以告你,现在你所说的每一句话都将成为呈堂证供,根据……第二天,商家免费给我寄回了一把新伞。

02
"以海纳百川之胸怀,笑迎全国各地生"

@波波是小可爱:爸妈出去旅游,交了 500 元的保险金,说好返程回来即退,结果一个多月都没退。我带妈妈去旅行社,让她退钱,支支吾吾不退。后来我用旅游法反驳她,她无话可说,当场退钱。

03
"心怀天下,格物致理,心理学院欢迎你"

@sweet 琪仔:有次,朋友在路边被算命的半哄半骗弄走了 300 元钱。我一听不乐意了,第二天去找那个算命的,聊了两句不经意间套出了他的家庭情况,又从他的神态动作、眼神交流中推断出了很多东西,那时候真觉得自己的行为心理学没白学。最后他一口一个大师,拉着我的手,非要做我徒弟。

04
"春风十里不如外院有你,四海八荒唯有外院无双"

@走乖:在商场逛街,经常有英语培训机构的人拦着我,问:要不要学成人英语?我开口飚了几句英文说:雅思 7.5,你们要请我做老师吗?他们愣了一下走开了。

05
"做自己的王者,成传播的荣耀"

@五行缺丑:大街上遇到那种骗子,痛哭流涕说自己没钱吃饭,让我给点钱填填肚子。我说:我是记者,我采访一下你吧,让你上电视,然后会有更多的人帮助你的。她一听溜得很快。

06
"聚经天纬地之贤,育济世安邦之才"

@胡桃甫子:有个老板高价卖东西,还说现在营业税收得高,没办法。我说:老板别蒙我了,我学会计的,给人报税的,早就都营改增了,别拿这个骗我。老板说:啊,给你打折给你打折,五折?四折……

07
"意气风发生科人,杉杉翘首等你来"

@花落成蚀:和一个学生物的朋友去吃烤鱼,点了青鱼,上来一看,不对啊,明明是草鱼,找老板说道,不认。朋友一脸无奈地告诉他:我是学生物的,你看看这个叫咽齿,草鱼吃草,咽齿像把梳子一样;青鱼吃螺蛳,咽齿就像个磨子。讲完后老板目瞪口呆,这顿,免单了。

08
"'化'洪荒之力,'学'万物本质,做栋梁好'材',传薪火佳'料'"

@三竖就是川:给女朋友买锁骨链,店员说这个是镶钻的。我说:不就是立方氧化锆嘛,常温下不稳定,需要百分之三的氧化钇才稳定,而且这锆石是氧化锆和氧化硅的复合相。店员不说话了……我的化学知识好用吧,给女朋友买这种配饰从不上当!

09
"你们来的这一天,阳光很好,但很少"

@超咩咩超人:我投诉家里的宽带经常中断且网速不稳定,客服说我不懂比特和字节的计算关系,我接住话头给她讲了一节课,并指出光缆的问题,以及运营商限速、欺骗用户等问题。最后半年的宽带费都给我免了。

谁说的专业不对口,谁说的专业不过课堂功夫,一个专业无所谓冷热门之分,既成为专业必有其功用,这不就是吗?学好本专业,出门排雷军;掉入陷阱,不存在的。打败你的不是天真,不是无邪,正是我的专业。

案例十四
《我在福建,离家 110 公里外的另一个港湾...》
发表于《福师大小葵》2017 年 9 月 12 日

望着父母慈爱的目光
我呀真的不想走
行囊里装上一把呀
门前的红泥土
我要把深深的牵挂
带上跟我走

家不会在意距离多远

家是归宿

@一点也不矫情:我在福建,我离家 839.3 公里,那一天我离开了那个温馨的地方,舍不得说再见,慈爱的父母、舒爽的大床,那只很丑我却喜欢的大肥狗……让我们来一个短暂的告别吧!

@real:我在福建,我离家 183.5 公里,因为有妈妈,无论爸爸在外面有多累,总是能够在回到家的时候,卸下所有重担,展开笑颜……

家是勇气

@小可爱:我在福建,我离家 246.7 公里。谢谢家人每次都在我难过伤心的时候鼓励我,在我挫败的时候给我重新站起来的勇气,给我最坚实的后盾……

@ 爱哭鼻子的小兔子:我在福建,我已上车离家 2141.3 公里。难忘每次在被窝里哭的时候,妈妈总是不问缘由地给我一杯温牛奶,在我哭完的时候安心睡去,然后在第二天在我出门的时候对我说一句"加油",简短的两个字足以让我重新拾起信心。

家是动力

@樱桃小丸子:我在福建,我已经离家2688.4公里。还记得高考那一年,压力很大,妈妈来陪读,解决我所有的后顾之忧,从不对我多说关于成绩的事情,"不要紧张,尽力就好",虽然我知道,这句话说的很轻松,但也包含了很多期待,只是默默地藏在了心底,走了才发现心里少了一块东西。

@梦想的飞翔:我在福建,我已经上车离家1760.6公里。每次回家之前都会想着一大堆菜名,当父亲看到我时,慈爱的笑甜进心里,可口的饭菜总是那么温暖,离开的时候才发现我是多么的不舍。

一生走过千万条路,风景各异
可唯有离家的路,永远清晰
一生看过无数美景
可最难忘的还是离家路上的风景

因为
路的这头,是苦涩的学业
路的那头,是无限的思念

离家的你
背上大包小包的行李
几件衣物,一份特产
却格外沉重

背包里包着的是
裹着蜜的问候
混合着芥末的思念

家是无论你失败多少次
依旧选择支持你、相信你

家是当你破茧成蝶的时候
你第一眼望去的方向

家是当你迷失方向的时候
永远让你停靠的港湾。

每次离家去学校的时光
最难的不是到了学校以后
而是迈出家门的那一步

对家的恋恋不舍
对未知的惆怅
对陌生事物的担忧
但也必然要踏上旅途

求学在外,安全是一个永恒不变的真理,希望所有同学谨记"安全第一,生命可贵"。新学年新气象,既然已经辗转至学校,我们就应该暂时放下思念,拼尽全力,用学业的丰硕成果回报父母。

欢迎大家在评论区晒出自己离家的距离,和小葵互动!

案例十五
《夏味 | 怎么去拥抱一夏天的风》
发表于《福师大小葵》2017 年 8 月 2 日

立秋已过
却仍是夏天的样子
夏天的风 暖暖的
夏天的云 懒懒的

夜色和蝉鸣于小葵而言是夏天的专属味道
每个人的家乡都有其独特的夏天味道
你那里的夏天又是什么味的呢？

水果味
陈芬甘
漳州的夏天是水果味的。
各种新鲜的水果就像团团满满的多肉一样可爱，就连空气也是水果味的。
大鱼
南平建阳的夏天是葡萄味的。
夏日湿热的晚风里，蓝紫的葡萄般的天空，乡间里藤蔓下弥漫的香甜葡萄气息。

@ position
宁德的夏天是荔枝味的。
一回家，家里冰箱里没少过的就是荔枝，仿佛没有它的夏天是不完整的。
鲨鱼与猫
河南商丘的夏天是西瓜味的。
一毛钱一斤，还有什么比这更便宜。

@ 勾玉
秦皇岛的夏天是冰镇西瓜味的。
无论是清凉的海风还是刺激的水上活动，都能感受小岛的酷炫凉意；无论是沙滩的家人聚餐还是同游美景古迹，都能体味西瓜般的甜蜜。

@ 郭诗梦
山西太原的夏天是橙子味的。
酸酸甜甜，炎热的天气给人一种酸涩的感觉，而每当夜幕降临，街道上手挽着手悠闲漫步的情侣为这里添上了甜蜜的味道。

@ 李欣然
合肥的夏天是麻辣味的。
大街小巷，寻常巷陌，一到夏天，小贩们便争先恐后地将自己的一方小摊位迅速摆放整齐。一串串烧烤,一斤斤龙虾,在炎热夏天的合肥中,更添了一份热气与热情。再加上一些孜然与胡椒,在享受麻辣味道的同时,也能感受到了合肥人的热情。

@ 是不是傻啊
湖南的夏天是辣椒味的。

夏天是辣椒成熟的季节,成片的辣椒摘下来之后,家家户户要晒干椒,制辣酱,做剁椒。空气中充斥着新鲜的辣味。

@ 叮叮
贵州省从江县的夏天是辣味的。

家乡人爱吃辣,火辣的天气和香辣的辣椒碰撞出来的激情和汗水,成为整个夏天空气里弥漫的味道。

@ 宋以阳
重庆的夏天是麻辣味的。

高温持续不下,太阳晒在人的身上火辣辣的疼,就好比吃了几框辣椒上火了!但重庆人民对火锅的喜爱不会因为天气炎热而有半分减少,火锅店从街头开到街尾。人们三五成群,一边烫火锅一边侃大山,从红日当头热闹到渔火升起。锅底和碗筷都是火辣辣的,嘴巴和心底也是。

@ 邹邹邹
漳州的夏天是四果汤味的。

世间唯有美食是不可辜负的。无论这个夏天热或不热,只有那句:等会去干吗?四果汤?走吧!

@ 青山人
莆田的夏天是山珍海味的。

我的家乡靠海邻山,收获似乎从这个季节就开始了。外婆家的蛏子,自己家的花生构成了这个夏天的味道。

@ 帅气晗
安徽宿州的夏天是面皮味的。

作为安徽省最北方的城市,宿州市今年的气温一直居高不下。面皮,是我们当地最有名的小吃,没有之一。夏天,一碗酸甜微辣的面皮简直令人食欲大开。如果宿州市的夏天有口味的话,对于我一定是面皮口味。至于面皮到底什么味道,那就欢迎来品尝吧。

@ 耶耶
广西柳州的夏天是螺蛳粉味的。
身为网红小吃螺蛳粉的故乡,每隔几里就有一家小店,熬着浓郁的螺丝汤。辣爽鲜酸弥漫在空气里,令人垂涎欲滴。

@ foam-之夏
广西桂林的夏天是亦热亦凉亦美味的。
家乡的夏天白天是火热的,晚上吹着夏风也是很凉爽的,适逢遇到下雨天,天气更是舒服!要说家乡的美味,当然是吃上一碗桂林米粉或螺蛳粉配上一杯奶茶,还要来一碗解暑食物,清补凉,美滋滋!

@ 柏
贵州的夏天是酸甜味的。
贵州的凉粉类似透明果冻,打成小块,加入红糖和醋,酸酸甜甜的,是家乡夏季的解暑佳品。

@ 阿眉
福州的夏天是西瓜味的。
福州作为一颗冉冉升起的"火炉",在没有台风的日子里温度接近40度,不坐在空调房里啃西瓜日子大概是过不下去的。

@ 一只鱼
福州的夏天是辣椒甘草味的。
天晴的时候,阳光毒辣,燥热暴晒。
下雨的时候,天气凉快,混着淡淡的草地和泥土味,清新自然。

@ 是嘻嘻呐
福州长乐的夏天是火辣冰爽味的。

长乐有句话,叫"一年四季,变黑三季"。除了短暂的冬天,其他的长乐时间都是太阳当空照,变黑我知道。路上总能遇见"熟人"。别人在抗洪抗灾,而我在长乐"抗日"。

　　除此之外,长乐还有特产冰饭,有嚼劲的米饭、Q 弹的芋圆、冰镇镇的西瓜、再加上爽口的冰水,简直是长乐人的天大福利!长乐的夏天也是冰酷酷的。

@ Andrea
福州的夏天是千奇百味的。
入夏匆匆忙忙,台风猝不及防,热浪波涛汹涌,少年敢不敢闯?
北大西洋暖流
泉州的夏天是无味的。
有如刺桐花一般虽无香味,却艳丽火红,朝气蓬勃。

@ 冯一一
泉州晋江的夏天是青瓜味的。
因为这是一个清爽的城市。
不见长安。
泉州安溪的夏天是茶香味的。
家乡是著名的中国茶都,漫山遍野种满了茶树,夏风中弥漫着醉人的清香。

@ 丁诗贤
泉州永春的夏天是兰花香味的。
夏天的兰花县城里都开了,迎着夏天的风扑面而来。

@ choi
泉州的夏天是夹杂海风微咸的古早味。
夏日清晨里古巷散发着浮粿润饼面线糊的古早味的泉州,是我午夜梦回久久不能忘怀的故乡。

@ 932393
泉州的夏天是咸涩味的。
泉州具有沿海的独特地理优势,作为海上丝绸之路的起点,这座城市的海风因咸水而黏绵细涩。而这咸涩味的城市,是生活在这座城市的最深沉之爱。

@ 王俊撩

厦门的夏天是海盐味的。

因为临海,所以海的味道我知道。

@ 巴拉根

漳浦杜浔的夏天是稻草味的。

水稻成熟收割,稻草与泥土混合的清新。柏油路摊晒着大片大片的稻子,地面的热气蒸干了稻子的水分,尘气中散着干燥的稻香。

@ 王正阳

山西的夏天是薄荷味的。

正当炎热之际一阵凉爽的风吹来,沁人心脾,似薄荷一般清凉。

@ 葛子婕

安徽合肥的夏天是青草味的。

阳光正好时,烈阳透过树叶洒下斑斑驳驳的影子落在草地上,绿得青翠,好像迎面扑来青草的味道;多雨时节,淅淅沥沥的雨滴滋润进泥土里,青草气味里夹杂着泥土的味道,更是清新。

@ 何书婕

广西桂林的夏天是水草味的。

夏日,市民最喜欢的就是去漓江里戏水,清清的漓江水,咸咸的水草味。

@ 阿瓜

深圳的夏天是清风味的。

深圳的夏天没有他地的燥热,偶尔还会下雨。雨水洗刷过的城市,清爽舒适。

@ 天然呆天然嗨

广东清远的夏天是清凉味的。

叹冰、吃五羊、漂流、游北江、游船河……清远的夏天总是热中带着股清凉味,想起小时候总是嚷嚷着要喝绿豆沙、吃五羊,转眼好多年。

@ Chérie

三明的夏天是烧烤味的。
每晚和着风，三五好友，烧烤相约。

@@_@
江西赣州的夏天是汗水味的。
室外的温度简直能够把人融化，热到焦躁，晒到恍惚，白天街上人很少，夜晚就很多。

@芦洲
湖北襄阳的夏天是玻璃味的。
热晒而不湿闷的天气，漫长冗杂的车流，缓慢停滞的呼吸，并成专属凝固的空间，随着公车在城市中穿行定格。

各地气候不同 所感受的夏天的味道也不同
但有一个地方 却能够让我们感受如此相同

@房政委
驾校的夏天是烤焦味的。

你家乡的夏天又是什么味的呢？
快快留言与小葵分享吧！

案例十六
《回忆|高考，一个熟悉而又陌生的词》
发表于《福师大小葵》2017 年 6 月 7 日

高考让你最深刻的事
你是否会偶然看到空间上的那年今日，想起那个曾经为了高考而拼搏的自己。
高考，一个熟悉而又陌生的词。
不知道你还记不记得那时候教室里永远都有学习的身影；
不知道你还记不记得那时候校门口的阵仗是如何的庞大；
不知道你还记不记得那时候坐在你前排考生模糊的样子；

<<< 第六章 活动吸引：线上与线上共同合力

不知道你还记不记得……
但是，我记得这些事。

将高考考成了段子

@柯基 在考场上越紧张，想起来的歌词越多

@LR 答题卡填到最后发现多了一个空

@野生獾 语文考试的古诗词填空，整首诗都背下来了，就空的那句忘了

@宇 信心满满的写下一个"解"，然后就没有然后了…

细水长流 他们给你的爱一直很安静

@佑斯
高考时爸爸说要送考接考，我不让他来。
第一天下午数学考砸了，回家路上和小伙伴一起走胸口堵得发慌，很想哭，不过没哭。
和小伙伴分别后一个人闷头走了好一段，突然爸爸从后边冒出来，看到爸爸的时候我就忍不住开始一直啪嗒啪嗒掉眼泪。他说他一直在后边跟着我，早上也是这样。
他说，咱们回家。

@宁初
记得那年考第一科语文的时候，语文作文题目有点难，考完就觉得自己考得不好，心里有些难过，但是为了不影响自己接下来的考试，我就在心里默默平复情绪。结果我走到食堂门口的时候，就看到妈妈和姨姨两个人，蹲在食堂门口，汗流浃背，手上拿着一袋水果，我顿时就控制不住自己的情绪，既心疼她们，又因为考试没有考好而感到委屈。后来吃饭的时候，听着她们对我的关心，还有远在外地的表哥打来的鼓励的电话，我终于忍不住哭了出来，把她们吓坏了。

@Position

高考最后一科前和妈妈说要她一定要拍下我走出考场的样子,后来考完试走出校门后,就看到她挤在人群里,寻找个子并不高的我,生怕错过我走出考场的瞬间,当时我的心中除了高考完的释然还有一份莫名的难过,我在她还没找到我的时候拉住了她,和她说,不拍了,咱们回家。

有机会 还想做您的学生

@慰敏
高考那一天,我们的老师一起穿着红色的高考加油服为我们加油。记得临近考试前,我跟我的朋友都有点紧张,所以我们的老师走过来,给了我们一个大大的拥抱。

@小机智
我们的数学老师,在考数学之前给大家加油打气。打算男生拥抱,女生握手。每个男生他都很认真地拥抱拍拍后背,每个女生她都很庄重地握手,就像领导视察那般。到最后,明明是个男生他却伸手握手…全班哄笑…后来他就给了那个男生大大的拥抱,那个男生一脸尴尬娇羞,算是活跃了大家的气氛了。真的很想念我的二班我的老师们!

@Karryuuu
考理综前,生物老师站在走廊给我们加油打气。走在我前面的是我喜欢的男生,他第一个向老师要了个拥抱,我也就很自然地紧接他后面去抱了生物老师。后来他回头看了一眼,当时就算要面对成绩最糟糕的理综也超级开心了。

@昌禄
最后一节课下课的课间,班主任说了一句平淡但深藏人心的话:大学四年不允许给我打电话,人要向前看,等你足够优秀时再回去看。

题很难 却想再来一次

似乎好事坏事都在发生

@炸毛兔

我觉得我说了这件事情以后,可能全世界都知道我高考数学的时候来大姨妈了。对!是我,这么巧的事的确就是发生在我身上了,在开考的二十分钟后发现的。当时惶恐不安,纠结到底要不要去厕所,可是又怕会很麻烦被老师跟着过去,所以……整场数学考试我如坐针毡,然后就这样度过了我的第一次数学高考,在那之后我甚至还有点庆幸发生了"大姨妈"事件,至少可以为我的低分文数找了一个可靠的借口,所以……我又有了第二次数学高考。

@丁丁张

那年6月6日的晚上,躺床上好久翻来覆去都睡不着,听着自己越来越急促的心跳声,感觉都快死了,爬起来又去冲了个澡,最后也不知怎么就睡过去了。这种感觉却难以忘记。

@智鹏

高考的前一天,还坐在教室复习,突然楼下传来了学弟学妹们充满激情的加油声音!至今那些声音还在我的脑海中难以磨灭。

@你晗

最后一次理综模拟考试,距高考还有不到一周的时间,莫名其妙重感冒加发烧。忍着难受写完整张理综试卷,最后都有一种想嚎啕大哭的冲动。然而老师并没有批改,只是把答案发了下来讲解了部分重点题目。看到物理最后一题的答案就忍不住哭了,第一次也是最后一次步骤都写完整并且全对。那次真的激励到我,让我相信好像一切也不是很糟,一切还有点希望。

@大饼

高考虽然过去一年了,但是高考前轻松休闲的心情仍是记忆犹新。2016年6月5日,我们为数不多的几个姐妹在班上晚自修,我们竟然捧了一堆瓜子跷着二郎腿在讨论暑假要去哪里打工……我觉得挺奇怪的,大家都不紧张吗?我们从打工谈到健身再谈到旅游,我们把高考后的行程都计划了一遍。那场考试之后,我们都散了,没有打工、没有旅行、没有健身。一场考试把我们的快乐,把我们的计划,都考散了。

高考,对于大学的你我,是青春的代名词,是记忆里那段青涩的终结。
高考,对于正在考场的你我,是未来的筹码,是未知的初体验。

这份最深刻的高考印记献给即将告别高中时代的你们。

在此,给每一个高考学子说一声加油,相信自己,你能行!

案例十七
　　《哪一刻让你开始爱上师大?他们说,在要离开的时候!》
　　　　发表于《福师大小葵》2017年4月8日

大一:
我是考砸了才来福师大的,
偏偏又遇上冬天军训,
大二:
每天晚上十点半门禁,
43路往返于新老校区。
大三:
停电了停水了台风又来了,
不指望脱单了回家相亲吧。
大四:
实习考研考公教招,
等等,我怎么就要毕业了?

　　在推文《我能想到最青春的事,就是和你一起航拍毕业照!》看到这样一条留言,颇有感触。缘分让我们相聚在长安山下与星语湖畔,很好奇,大家都是从什么开始爱上师大的呢?于是向即将毕业的师大儿征集了一些感想,或许可以从中找到答案。

　　大概就是在我还什么都不懂的时候,师大的学长学姐在群里跟我热情地介绍师大的方方面面,跟我聊大学生活。从那一刻起我就爱上了这所热情的学校。
　　by 13级经济学院 刘冰酱

　　大一刚到学校,跟我的学长散步参观了整个学校,盛夏的时候,看到钟楼在夕阳的背景下,真的很美。那个时候告诉自己,我要在这个很美的地方度过六年。大概是那个时候被师大的美貌诱惑,爱上了它。
　　by 13级物理和能源学院 蒋同学

大概是开学典礼上介绍我们学校如何好的时候吧。
by 13 级生命科学学院 梁涛

不断网断电,让我爱上师大。
by 13 级外国语学院 王明威

当我和一群有共同爱好,单纯热爱太鼓的小伙伴们一起在操场上挥汗如雨,心想这就是我们想要的大学生活时,让我爱上师大。
by 13 级外国语学院 钟丽莹

文学院的两周年特别棒。看到文学院两周年的表演,看着舞台上这些努力的人们,那一刻我特别有归属感。
by 13 级文学院 卢珊莉

从美食城热气腾腾的拉面开始,从风雨过后奇幻多变的云朵蔓延,从遇见你,你们沉醉……师大,已成为无法割舍的眷念。
by 13 级马克思主义学院 张小西

春天花开艳阳照的师大,最醉人;冬天孤独绽放的一树紫荆花,最惊奇。
by 13 级外国语学院 康同学

作为师大人,为师大夺取省运会冠军的时候;还有在师大的主场,为师大赢得联赛冠军的时候。

那些许多令人感动的瞬间,其是数不胜数。

在师大触动最深的应该算是懂得齐心吧。不论是篮球队打比赛,或者是共同备战司考,凝聚在一起的心才是前进的最大动力。
by 13 级法学院 严逸

当在师大遇见一群温暖的人和故事的时候,那一刻让我开始爱上师大。
by 13 级生命科学学院 吴嫣然

其实,正所谓坐山忘山。真正爱上师大的是远离师大的时候。想念那长着青苔的石梯,想念那曲折幽径的小路。想念捧着一本沾满了时光的尘屑的泛黄的旧书,穿过乱蓬蓬的古榕垂下的气根。图书馆门前池塘里的青蛙咕咕地叫着。这就是我年轻的安静的有趣的大学了。

by 13 级公共管理学院 李同学

说实在,说不上爱吧,但是要离开的时候,却突然舍不得。也许是晴朗的天气,遍地的小花,路边的芒果树,让人不会忘记形状的图书馆,或者是和那些人一起走过的路,上过的课,让这些路、教室都变得充满回忆吧。

by 13 级数学与计算机学院 阿诺

在学校里的时候觉得一切都很普通,但是等到快毕业的时候发现其实这里的一切都不属于自己了。这个时候就会很怀念大一大二的感觉,发现自己真的爱上了自己的学校。

by 13 级文学院 戴同学

不知不觉,马上就要离开师大了,还记得刚入学的时候,学长学姐与我们谈天说地,描述着大二大三的生活将会如何。如今,大二大三的生活也成为我们的过去,时间不停地流逝,待在师大的日子越来越少。我依旧记得师大最美的时候,那是 2013 年 9 月 8 日,我刚踏进师大的日子,我最爱那时候的师大,因为,那时候的师大给予了我无限的可能,给了我对未来大学生活的憧憬,我愿意回到那一刻的师大,那一刻的我,重新来过。

by 13 级社会历史学院 刘同学

当毕业照咔嚓的那一刻,当论文答辩结束的那一刻,当所有时间倒数的那一刻,当珍惜已成为奢侈的那一刻,我们才知道,其实我们一直爱着师大,只是后知后觉。

by 13 级文学院 吴丽君

这个学校是真的好过分,毕个业要交这么多材料的吗?要修这么多学分的吗?很痛苦,但我真爱我的学校啊!

by 13 级数学与计算机学院 姚同学

一晃四年，匆匆又到毕业季。珍惜最后在学校备考的日子，走在校园到处都是满满的回忆和不舍。没来得及说珍重就快要告别，要离开的时候就最爱了吧。

by 13 级马克思主义学院 陈欣

人总是到快要失去或者离开的时候，才会发现你曾经拥有过这么一个东西。这是一种复杂的感觉，倒也不是不懂珍惜，只是在这个过程中，我们越来越习惯它的存在，平常化让它就这么被我们忽视了。

我觉得这是人的通病，你在这个学校的时候觉得它很普通，但是当你快毕业的时候，你才会发现，这里的一切已经不属于你。然后你就会很怀念大一大二的感觉。有些人，毕业后，就再也见不到了。我觉得这是人的通病，就是得到。

by 13 级文学院 执念

去年的毕业生典礼，当我看见校长在烈日炎炎下为每一个毕业生拨穗，他们每个人脸上都洋溢着笑容，但是我知道这笑容背后是即将分离的不舍与对未来生活的向往，那一刻我爱上了师大。

by 13 级软件学院 吴凌琛

当我即将离开校园的时候，我才发现，我的母校真好。
by 13 级文学院 吴素华

还记得入学时的既来之则安之
曾经再怎么无所适从
如今要离开了也会痛哭流涕

吃遍学生街和西门美食的愿望还没实现
知明行笃立诚致广
文科楼田家炳楼
四年过去，我还是找不到上课的教室

征服又玄图书馆藏书的口号
好像还停留在嘴边
每天都会路过的长安山公园

也还没上去走一走
没完成的事情还有这么多
而我就要毕业了

终有一天
我们要各奔东西
出了这个校门
福建师范大学
就成了那个曾经每天在心里骂了无数遍
却不允许别人说一句不是的
母校

"你知道吗？这美到让我眼泪都要掉下来的福师大啊，给我的从来都不只是一纸文凭。"

哪一刻让你开始爱上师大的呢？
欢迎在下方留言！

案例十八

《新学期，你最想成为＿＿＿＿的人？》
发表于《福师大小葵》2017 年 2 月 23 日

新的学期，你想成为一个什么样的人？

小葵以为会收到这样的答案。
（别着急，先往下看）
……
……
……
我想成为像小葵一样帅的人。
（本葵可是师大第一帅，不容反驳。）

或者这样也勉强凑合吧……

我想成机智如小葵的人。
(没错,颜值与智商并存就是本葵。)

并没有!
竟然没有一个师大学子们借机侧面夸本葵。
不过,小葵还是想为你们的耿直与勤奋点个赞。

新学期,来听听我们师大学子们都想成为怎样的人吧
我是画风突变的分割线

关于学习
@黑白灰:新学期,我最想成为过四级的人。
@陈伟:新学期,我最想成为天天泡图书馆的人。
@秦般若:新学期,我最想成为上课不玩手机的人。
@甄平:新学期,我最想成为永不挂科的人。
@小炮:新学期,我最成为一个有具体考研目标的人。
@名丽:因为上学期有太多遗憾,所以要努力变得优秀。
@美婷:第一个学期太堕落了,感觉没有学习到很多东西。
@小凡:拿着手机就想看两眼,结果就忘记了时间。

STUDY
新的学期
希望大家都能
沉迷学习无法自拔

关于生活
@无畏:新学期,我最想成为十一点前睡着的人。
@陆拾:新学期,我最想成为能随时回家的人。
@霓凰郡主:新学期,我最想成为优秀的人。
@洪怡馨:新学期,我最想成为不重复刷新朋友圈的人。
@小荣:新学期,我最想成为不长痘的人。
@阿年:新学期,我最想成为好好睡觉的人。

229

@炸毛兔:熬夜的瘾,是戒不掉的瘾(熬夜有害健康)。
@锻炼的人:为了甩掉过年积攒的肉要坚持锻炼了!
@小机智:不想再因为懒惰停滞不前(这个鸡汤本葵给满分)。
@想脱单的人:就是想脱单(那你真是好棒棒哦)!

LIFE
新学期
希望大家都能
做自己喜欢做的事

关于?
@浴火的凤凰:新学期,我最想成为没有故事的人。

@弹琴的蟋蟀:新学期,我最想成为会合理安排、控制自己的人。

@高湛:新学期,我最想成为征服川藏线的人。

@无忧花开:新学期,我最想成为一个有责任心的人。

@六爷:新学期,我最想成为像陶渊明一样抛开世俗杂事,无忧无虑生活的人。

@迷弟:新学期,我最想成为偶像的人。

@Godliness－Q:集中精力去学习,留些时间来玩,而不是一个晚上都在边走神边看书。
@蚝油:有一颗持之以恒的心和无所畏惧的思想,坚强而又潇洒。
@王木木:既然是自己喜欢的事物,还有大把时间,为什么不去做?

另外
新的学期
希望大家都能
凭借自己的努力心想事成

其实,小葵还收到很多答案。

钰雯说她想成为一个卓越的人。
锦雪说她想成为一个不再粗心的人。
林鸿希望他能活出自我精彩。
大宝想要变得学以致用。
邱邱愿意如蜗牛般执着不懈。
……

道理谁都明白,小葵希望你们许下的每一个心愿都会实现。新的学期真的来临了,记住你们的口号,努力让自己接近它。愿你们都能成为最想成为的人。

最后,新的学期,请继续爱小葵。

第七章　用户画像：了解用户需求

在经济学领域有一个术语，叫"红海市场"，指的是一个现有的竞争白热化的血腥、残酷的市场，因为招招见红，所以叫"红海"。目前，许多学者和数据机构都得出了微信公众号进入"红海时代"这一论断。截至2017年12月，微信用户8.9亿，微信公众号数量达2101万个；据《2017年高校新媒体蓝皮书》统计，高校微信公账号数量为8万个。大学生个体在高校传统媒体中没有足够自由的表达空间，而新媒体给予了他们这种空间。学生能够大胆自由地创作内容，考核他们的不再是管理者，更多的是转发量、阅读量评论等活跃性指标，这也进一步促使作为内容产生者的我们去思考、挖掘新颖的题材，来满足学生粉丝群体。

那么，海量的素材，如何选择？分众理论认为受众有着不同的属性；分属不同的社会群体，态度和行为受群体属性的制约。因此，在平台运营上，描绘用户画像，把用户信息标签化。通过收集与分析用户社会属性、生活习惯、消费行为等主要信息的数据之后，完美地抽象出一个用户的消费全貌。运营者针对用户喜好，价值观念等，做出让用户满意的东西。一方面，在内容上，不应一味求多求全，长此以往，反而会造成用户混淆，不利于培养用户黏度。另一方面，内容选择也不能一味地迎合受众，终点还是要回归教育。当我们输出的内容能让学生受众乐于接受并自发传播，才能够达到我们运用新媒体开展思想政治教育的目的。

第一节　干货分享：日常必备

一、精准回复，培养你的"超级用户"

网络时代，新媒体平台对所有用户来说就是一个自由、平等的空间。平台的开放性特质表现得最明显的地方是每一位粉丝，甚至是非粉丝的自由群体，都可以直接在平台评论区下进行留言，甚至转发，表达意见，这是一种彻底的交互性，用户的话语权大大地增加。因此，维护平台的交互性，这是一个平台争取用户的最重要要求，而评论是平台与用户最有效的一种互动功能。培养"超级用户"就是培养公众号的铁杆粉丝。这批人他的忠诚度要到什么程度呢，就是无论发什么内容，他都会转发；无论发什么内容，他都在下面非常认真地留言，并期待跟你形成互动。

为了更精准地去触达我们想影响到的用户/青年，福师大团委的运营团队成立专门的"客服"队伍。安排后台值班，保证有工作人员针对用户的问题、评论等进行精品筛选与有效回复。从后台情况，福师大团委平台的用户留言的类型大概有以下几种：

1. 咨询诉求类——让小葵更暖心

此类是对具体问题的咨询以及对于学校管理服务的一些诉求。此类关乎学生日常学习、生活等具体性事务的话题，后台人员的反应速度表现得最为直观，造成舆情的可能性也最大。基于此，福建师范大学团委官方微博的后台是全天值班的，主要处理一些及时性的问题。微信的值班时间为 21:00－23:00，这段时间也是微信用户最活跃的时间。及时回复的时间定为 15 分钟，此刻的回复，不一定是针对用户的每个问题都给出标准答案，而是第一时间给出回应，如"这个问题我们已经看到，小编会及时了解情况，尽快给您回复"等通用话语。针对大家集中关心的问题，"福师大小葵"会制作专题推送，解答学生疑问。例如，2017 年 6 月，福州大学、福建工程学院开设 24 小时通宵自习室，引发学生热议，不少同学在后台询问福建师范大学是否也开设通宵自习室，在答复学生的同时，我们制作推文《评论｜24 小时通宵自习室，你怎么看？》，以观点的形式分析了通宵自习室的利与弊，并呼吁学生"健康和学习同等重要"，及时解答了学生心中疑惑，避免了话题持续性发酵。

2. 互动类——让小葵更贴心

此类是用户看完文章后发表的感悟。有用户针对某一些文章的推送，自发在评论区留言，表示本篇推送抓到了用户的痛点，用户回复越多，表示本篇内容越成功。目前，"福师大小葵"微信公众号的内容多是以图文的方式呈现，用户留言需要后台进行审核才能显示，筛选留言的唯一要求是适合大学生阅读，只要符合此唯一标准，基本都会审核通过，在前端推送。许多用户回复多的是一些读后感类的文字，针对这类文字，更多的回复与粉丝的互动，表达下对粉丝这种感悟的赞同或者发表一些同理的感悟，这是及时满足每一名用户的留言需求的表现，甚至是可以在评论区与用户进行比较轻松的互动。基于微信平台的属性，文章推出之后的 3 个小时内，留言的人是比较多的，这段时间小编能及时回复，对用户来说是一个尊重与肯定,用户忠诚度也会大大增强。

3. 自动回复——让小葵更走心

自动回复和问候语是关注微信公众号的用户收到的第一条信息。根据"首因效应"理论,给用户的第一句话往往有"先入为主"的效果。是用户对公众号最鲜明、最牢固的印象,并且决定着以后用户的关注度。所以,设置亲切、有趣、抓人眼球的"自动回复",尤为重要。总的来说,自动回复可以有以下设置:

(1)调研用户来源。微信公众号后台有一个用户分析数据,但这个分析做得太粗糙了,很多用户的来源都是"其他",如果不能知道用户增长的主要途径,就无法把优势渠道加强并减少无效的推广。虽然人工调研用户来源比较费事,但如果人力允许的情况下,做一个统计还是非常有必要的,只有当你知道用户从哪来,什么渠道是有效的,才能做好资源的分配。

(2)设置提问功能,增加互动。大部分公众号都是发布一些内容,让用户去读,缺少互动。互动的价值在哪里呢?如果用户互动较多,他们会对公众号有更多的认同感,可以做更多的分享转发。福师大小葵的自动回复设置为"终于把你等来!这里是福建师范大学团委官方微信公众号福师大小葵,每天晚上21:00-23:00是小葵的人工值班时间,欢迎找小葵玩耍,小葵爱你哦",以亲昵的口气拉近用户距离,如果在人工值班时间,还可以与后台小编互动。

(3)提示关键词回复,每一个公众号都有自己的目标用户群体,可以针对这个群体提供一些功能,比如在"福师大"的公众号根据不同的节日、活动设置不同的关键词,回复之后可以获取更多资讯或者进行抽奖等,这也属于增加互动的一种方式。

(4)提醒用户使用菜单栏。在用户添加微信公众号关注时,如果你可以做出较为有趣或者有价值的自定义菜单来提供服务,用户今后可能会更多地使用菜单。

二、"撩人"标题,揪住粉丝的心

美国著名的营销大师亚伯拉罕曾说过:"在进行内容营销的时候,我们要花60%的时间去研究标题"。在选择标题中恰到好处地融入热点,借助热点本身的关注度,吸引到最大限度的受众注意,容易形成大的转发分享趋势,这是标题上借势营销的一种手法。将内容最大程度地本地化,与校园生活、切身利益相结合,但要切记不应该让热点占据了主角,本末倒置,变追热点为借热点。对于内容来说,用户基本是看完标题之后才会决定是否继续点击看内容。因此,标题"撩人",内容至少就成功一半了。让标题生动的手法大概有几个:

1. 热点植入

好标题要有好故事,有细节,但不细碎,热点词汇不超过 3 个。热点包括网上议论的热词、新上映的电影或者新流行的活动等等。《如果师大是魔法学校,那么神奇动物的封号非他莫属》《福师大"记者"练习生,谁是你的 1/12?》这几篇微信推文正是结合了时下的电影、电视剧而拟。

2. 强势词语

如"权威""干货""重磅""最新"等词语,可以吸引用户眼球,提升他们的好奇心。同时,含有数字的标题在快速记忆辨识方面效果比不含数字标题强几倍。

3. 观点鲜明

将打破认知的常规观点提炼出来,并在标题上加以体现。增强代入感,替用户站队,拉近与网友的心理距离。如针对共享单车带来便利的同时,也带来的诸多问题《大学城共享单车:是与有荣焉的保护,还是各取所需的滥用?》。

4. 适当留白

特别是微信标题的设置上,可以用问号、省略号,留住一半的思考空间给用户。如《全省 36 所高校 46 支队伍明天相约师大,他们来……》《等下一场迷你马拉松,把偷拍我跑步的照片送我好吗?》等题目,把事情说一半,吊一吊用户的胃口,反而容易引起兴趣。

三、活动策划——好的理念成就有生命力的活动

活动策划是平台与粉丝互动最常用也是最实用的手段。新媒体平台绝不是单纯地存在于虚拟网络,尤其是作为高校的新媒体平台,我们的主要用户是实际的、看得到的在校学生,所以举办各式各样的、学生感兴趣的活动,进行线下互动,真正做到"从学生中来,到学生中去"是必不可少的。一个好的活动,应该有一个好的理念,能够引起同学的共鸣,满足青年的某种需求,或者激发用户对美好事物的向往。运营者不可能选择一直待在电视里、网络中,你需要这些实际的线下活动增强真实度,快速地提高人气,让用户有实实在在的参与感。

目前,福建师范大学团委依托校园文化活动这一得天独厚的资源,新媒体平台的活动策划近水楼台。当然,活动主题要根据平台定位来设计,必须要是好的时机、好的玩法、好的推广,还有适当的福利,才可以吸引众多的粉丝,建立良好的平台形象。目前,福建师大新媒体平台互动活动大概有以下几类:

1. 主题活动线上报名

报名类的活动一般是在主题性活动基础上,在线上开展的互动形式。以福建师范大学团委微博和微信为例,报名类的活动更多是基于团委的线下活动开展,

如果要搬上线上，必须要考虑到活动的吸引力、可覆盖的人群以及线上的技术是否可行等因素，最后要达到扩大传统活动声势的效果。评估现有资源，借船出海，力求共赢。福建师范大学"书记早餐会""校长与青年学生面对面"是学校学生会搭建师生沟通桥梁、参与学校服务的品牌活动，在学生中有较大的影响力。校团委充分发挥线上平台的作用，在微博、微信发起组织报名，并线上收集提案，参与者十分踊跃，不仅推广了活动，也增加平台的权威性和公信力。

2. 线下活动线上打卡

打卡其实算不上是一种非常新颖的活动形式，很多公众号都把打卡签到作为提高粉丝黏性的运营小插件。但是，却很难达到好的效果。因为从一般人的心理感知来说，打卡本身是一个偏负面的东西，现实生活中的上班打卡、开会签到都是强加给用户的，是冷冰冰的、给人压迫感的。所以，为主题加"料"，旧瓶装新酒，给活动注入一个好的理念，要让青年觉得这个活动是有趣的、有意义的，愿意主动参加。

在文体活动上，团中央"走下网络、走出宿舍、走向操场"主题活动已经开展多年，线下活动形式大同小异，2017 年，@ 福建师范大学团委微博和"福师大小葵"微信公众号共同发起的 5 月"反瘫行动"，在文案选择上借用热播剧《人民的名义》创新活动的推广方法，采用线上接力刷活动步数，实时显示名次等方法，一推出就吸引了校内外许多粉丝的关注。

2017 年 1 月，校青协组织"夜跑英雄"主题活动，每个学生都能在这个活动中把夜跑的步数捐献出来兑换成夜跑爱心基金。校青协的志愿者将会在西区田径场设点，通过计算夜跑人签到签退时所记录的步数差额兑换爱心基金。这些基金将在活动结束后以每个捐步人的名义捐赠给甘肃山区的贫困孩子，既引导学生运动锻炼，同时也培养了志愿精神。

2017 年国庆，"福师大小葵"发起了《挑战|我向国旗敬个礼！（内含福利）》的活动，学生只要在朋友圈分享"我向国旗敬礼"的照片就有机会得到精美的礼物，一时间，向国旗敬礼的照片刷屏师大朋友圈，以这种生动有趣的互动方式激发学生的爱国热情，传递正能量。

3. 校园活动投票

如果说报名类活动除了吸粉，还存在主题教育的功能，那么投票类活动则是引爆粉丝、活跃僵尸粉最直接粗暴的方式。以微信公众号为例，对于一个高校团委的官微而言，要做出 10 万 + 阅读量的内容是一件非常难的事，除了天时地利人和，还需要那么一点运气。按照10%阅读量的比例，破万的阅读量的文章也需要大概 10 万粉丝的基数。基于这些情况，投票类活动对微信公众号来说应该是创造阅读量最直接的方式,当然随之而来是涨粉,平台粘性的提高。目前,福建师范大学投票类活动基本是相关校级层面品牌性项目,如"学校自强之星""年度学生人物""校园十佳歌手赛"。但是投票的展示方式多种多样,如十佳歌手,以盲听形式来展示歌手;十佳志愿者评选,则票选最美志愿者,并不是为投票而投票。目前,我们的运营平台在互推中打出了较好的配合。微信公众号内容在投票的当下一定会创造出一个特定时间点的热门话题,此时微博线上发起互动话题,可以扩大整个活动的影响。当然在活动推广过程中,要注意榜样宣传为主体,投票是一种宣传的方式,投票活动也不宜过多,避免产生反效果,影响平台形象。

四、校园生活打造——要美感,要个性,还要社交

校园生活的四大内容比较容易引起学生的共鸣:

一是学校发展大事,在事关学校发展的重大事件上,如校庆、学科排名、参与重特大服务活动等,青年学生有着很高的互动参与热情。2015年10月,福建师范大学团委推送的一篇《青春青运 | 师大抢镜央视,我们拼的是什么?颜值!》。时值福建师范大学学生参与第一届青运会开幕式及赛会志愿服务,当天就获得2万+的阅读量,第一时间引起强烈反响。结合高考招生推出的《厉害了,我的福师大!2017中国非211工程大学排行榜位居第一名!》,也获得了很高的关注。由此可以看出,青年学生对学校的发展大事一直保持着很高的关注度与热情,要珍惜与爱护青年学生对学校的感情,及时分享学校发展大事,青年学生会自觉转发评论至自己的社交平台,扩大事件影响力,提升青年学生的自信心与自豪感。

二是校园新鲜资讯,大学校园最不缺的便是新鲜事、好奇事、特别事,要及时把握和捕捉校园里新鲜资讯,小到校园环境的细小变化,大到校园活动的通知预告,都可能引起青年学生的喜爱与热情参与。小葵微信曾推送一篇《我校食堂新增刀削面机器人》的推文,短时间内实现了破万的阅读量,受到学生的热烈追捧。结合军训《军训全攻略,你都该做些什么?》,详细专业地罗列了军训项目、歌单、小游戏、内务技巧等,成为新生军训的"通关宝典"。因此,要把握好青年学生的喜好与关注点,立身校园,立足学生,利用好新媒体平台,随时随地分享校园点滴,向青年学生传递校园朝气勃发、青春向上的讯息,才能充分激发学生的参与热情,达到育人效果。

三是校园历史人文,每一所高校都有许多可供挖掘的故事与历史。以福建师范大学为例,福建师范大学是一所由末代帝师陈宝琛创办的百年老校,有着悠久的历史和深厚的人文底蕴,仓旗两地,新老校区,为平台阵地建设提供许多丰富而宝贵的素材,微信推出的"师大学院系列""师大人专栏",广受好评。要充分挖掘学校历史与学校特色,唤起青年学生的爱校情怀,增进其荣校情感,同时达到扩大学校影响力的效果。

第二节 粉丝福利:大咖造访

活动是否能吸引到粉丝参与还与一个因素有关,就是福利。那么,针对高校学生用户,在福利上的设置,既要有趣又要有新意,要有足够的"魅力",追求精品活动。微信平台的福利性活动最好结合主题教育,千万不要为了活动而活动,为了福利而福利。以福师大小葵微信为例,基于留言点赞送福利的方式,除了活动送奖品之外,每月还会结合话题引导设置固定的福利帖,让粉丝有期待,让回馈粉丝的活动形成常态。而在微信公众号中,做福利性活动要注意诱导性分享的限制,避免做"无用功"。

一、"大咖进校园"主题抢票

从福师大平台看,以"大咖进校园"为主题的抢票类活动在推广上是最不费力的。借用团委活动,结合福利,利用名人效应推广内容。如2016年福师大"大咖进校园"活动,白岩松、俞敏洪等人讲座抢票的文章均破万。知名学者、学术大咖的大型讲座的人气聚拢效应,进行矩阵互动,可以有效提升用户关注度,利用新媒体矩阵的互推技术、多平台联动、集群作战,无形中实现资讯快速传播、思想逐步深入的教育效果。

二、明星造访,裂变涨粉

2015年9月,福建师范大学团委策划开展"校园迷你马拉松活动",邀请影视明星李晨作为活动来宾。相关平台充分利用明星效应进行品牌推广,微博及时转发评论,微信结合活动送出小葵运动装备,短时间内两个平台都创造出新的热点。明星效应、平台互推加上核心用户助力,团委的微博和微信平台得到进一步推广。

2016年4月17日,小葵邀请王俊凯、刘恺威、陈乔恩等明星作为形象大使,与学生一起参与第七届大学生绿植领养活动。采用学生最喜爱的方式——明星效应开展活动,但是不停留在明星自身,而是通过明星的影响力,培养同学们领养绿植,保护环境的意识,活动主题意义深远。活动一发布就吸引众多学生参与。学生在网络上展开活动链接填写个人信息即可参与活动,并在校园内设点让广大学生现场领养绿植,为校园增添一抹绿。在明星效应的帮助下,活动吸引了众多同学参与,阅读量较高,达到了5.8万阅读量以上,线下活动参与度高,后续报道阅读量达到1.4万以上。

同时,越来越多电影宣传、首映、见面会选择在高校进行,电影明星带来的裂变涨粉效应不容忽视。目前,《恶棍天使》《睡在我上铺的兄弟》《猛龙过江》等十余部电影的点映在福建师范大学举行,"福师大小葵"都进行了抢票、福利等活动。同时我们也会和电影主创方联络,让他们在宣传电影的同时鼓励同学们勤于学业,贡献社会,宣传青春正能量。

三、现场直播,双线互动

此外,值得注意的是,因为活动限制,抢到票的同学只是少数,如果继续留住其他学生的关注也是值得思考的问题。结合"直播"就是很好的方式。直播就是在线下互动中进行线上互动,你可能上一秒还在直播中留言,下一秒就出现在直播的镜头里。据统计直播的观看粉丝有半数其实都是参与活动的线下人群,他们好奇从另一个角度是怎样看待这场活动的,自己是否有入镜等问题。在线下直播现场做好互动环节,也就是粉丝反馈活动,借现场活动契机做抽奖等环节,让这次的真实粉丝能绝大部分地保留下来。2017年元旦,福建师范大学传统大型晚会元旦嘉年华,在直播过程中,现场采访观众以及直播进宿舍送礼包等活动,拉近了平台与观众的距离。

四、社会赞助,福利不断

除了校园活动之外,许多社会赞助、地方政策等也会带来诸多可以分享给同学的福利。2015年5月,结合青运会契机,省旅游局重点推广武夷山旅游,出台许多优惠措施,福建大小葵与省旅游局合作,推出《【一元游武夷】小葵福利大派送100张门票等你抢》活动。

微信案例

案例一
《抢票丨红丝带大使白岩松老师要来福师大啦!就在明天!》
发表于《福师大小葵》2016年10月27日

"我用嘴活着,也活在别人嘴里。互联网时代,说话的风险明显加大。今天为你点赞,明天对你点杀,落差大到可以发电,你无处可躲。"

你一定有听过他在电视上的侃侃而谈,一定还对他在2016年奥运会上的幽默解说念念不忘。也许,你还读过他的书,他告诉我们,青春就是要"痛并快乐着",努力去追求自己的"幸福";青春要好好学,好好做,不要白做,更不要"白说"。

没错,白岩松老师,一个"自带弹幕"、自己不笑大家笑的幽默主持人,来我们学校啦!

不过,这次他是以"中华红丝带基金形象大使"的身份走进福建师大,他将现场和大家一起聊聊关于大学生的艾滋病健康的那些事。

生活赋予我们一种巨大的和无限高贵的礼品,这就是青春。美好的青春,理应由自己做主。艾滋病,当前已经成为青年健康发展的重要疾病之一。

为了更好地在大学生群体中开展艾滋病宣传与防疫工作,由中国性病艾滋病防治协会、中国健康教育中心、中国高等教育学会、共青团中央权益部、中国疾病预防控制中心共同开展了"美好青春我做主"红丝带青春校园行活动。每一场活动,都会邀请一位全国红丝带大使走进校园,与学生进行近距离交流。

小伙伴们,你是不是已经开始期待能够有这么一个难得的机会,可以听听现场版的"白说"呢?现在,小葵给你来送福利了。

参与方式:

截止时间:2016年10月28日10:00
领券时间:2016年10月28日12:00
领券地点:旗山校区榕6架空层青通办公室

案例二
《挑战|我向国旗敬个礼!(内含福利)》
发表于《福师大小葵》2015年10月3日

听听小葵说:
国庆小长假第二天,小葵发现,朋友圈都被爱我中华!爱我中华!!爱我中华!!!给刷屏了~
也是,毕竟,中国这么棒↓↓↓

中国，是世界四大文明古国之一，拥有五千多年的悠久文化与文明史。

中国，位于亚洲东部，太平洋西岸，陆地面积约960万平方千米，海洋面积约300万平方公里，总面积排名世界第3。

中国，人口约14亿，是当之无愧的大国，交织着现代气息和古代文明，仿佛历经沧桑却又重新焕发青春的苍天古树，屹立在世界的东方。

中国是世界第二大经济体，世界第一贸易大国，世界第一大外汇储备国，世界第一大钢铁生产国和世界第一大农业国，世界第一大粮食总产量国以及世界上经济成长最快的国家之一。

看到这里，小葵心里都是满满的自豪，总觉得应该做些什么来表达自己对祖国的无限热爱……

对了，那就来一个"国旗挑战"，我们一起向国旗敬个礼吧！

＞＞＞＞挑战方法
＞＞＞＞挑战时间

方法一：
1. 转发本图文至微信朋友圈
2. 截图发送给"福师大小葵"
3. 获奖者将会收小葵的私信通知方法二：
1. 在微信朋友圈发布"我向国旗敬个礼"照片
2. 截图发送给"福师大小葵"
3. 获奖者将会收到小葵的私信通知

2015年10月1日——2015年10月6日

＞＞＞挑战奖品

10月1日:11个小葵专属行李牌

10月2日:11个小葵专属行李牌

10月3日:11个小葵专属行李牌

10月4日:11个小葵专属行李牌

10月5日:11个小葵专属行李牌

10月6日:11个小葵专属行李牌

＞＞＞挑战开奖

2015年10月1日晚:24:00

2015年10月2日晚:24:00

2015年10月3日晚:24:00

2015年10月4日晚:24:00

2015年10月5日晚:24:00

2015年10月6日晚:24:00

请分享这份自豪,传递这份荣光,

让我们一起向国旗敬礼!

让我们大声地告诉全世界:

我骄傲,因为我是中国人!

案例三

《【一元游武夷】小葵福利大派送100张门票等你抢》

发表于《福师大小葵》2015年3月29日

国家5A级旅游景区——武夷山,只需一元钱便可畅玩?你真的没在逗我吗?

没有逗你,这是真的!

小葵现在手里有一百张一元钱门票,准备派送给师大学子们,凡是被抽中者,就可一人领走两张票!

小葵绝对不会让你落下它

领取方式
发送"武夷"两个字给小葵,获取详细领取方式
如果抽中,一人就送两张票共50个名额随机派送
获奖名单我们将在3月28日公布

门票的使用细节
能去哪些景区?
5A景区:武夷山风景名胜区;4A景区:武夷山茶博园景区、延平溪源峡谷景区、邵武天成奇峡景区、邵武云灵山景区、邵武瀑布林温泉景区、顺昌华阳山景区;3A景区:建瓯根雕城景区、建阳卧龙湾休闲景区、顺昌张墩乡村休闲旅游景区;2A景区:邵武熙春园景区。

门票截至使用时间:
2015年4月20日

实施细则:1. 游客所持的一元门票为各景区入园门票,不含观光车和体验性旅游项目。游客凭身份证或护照实名购买,一人一票,单景区(点)不重复进入。
2. 凡持一元门票者须购买观光车票,统一乘坐观光车,方可进入主景区游览(景区南、北、西三个入口售票处均可购买)。

3. 活动期间，为方便所有旅行商、单位和个人预订需求，可登录 http://www.wyschina.com 提前预订观光车票或观光车票+竹筏票。

景区开放时间：6：30—18：00

咨询电话：0599—5134110

武夷山美图

丹霞如虹、水清如碧、石秀峰奇、云浮云现……一弯吟唱千年流淌的溪流，一个传承数载不衰的美丽传说，一段久经风雨湮没于岁月的石刻摩崖的故事，每一次转身，每一个回头，都会让你拥有意外的发现和怦然心动的理由——每一次呼吸都感动的地方。

九寨沟之水，黄果树之瀑，白水洋之趣，峨眉山之猴，井冈山之红，尽在大安源——国家4A景区

一部立体画卷、形象史诗浓缩武夷茶史，"印象大红袍"实景演出全新演绎闽北非物质文化遗产，一座融于山水之中的茶文化大观园。

案例四

《厉害了，我的福师大！2017中国非211工程大学排行榜位居第一名！》

发表于《福师大小葵》2017年1月10日

你知道全国哪所非211工程大学的综合实力最强、办学水平最高吗？你想知道哪些非211工程大学最具实力跻身国家"双一流"战略吗?让小葵来告诉你!

艾瑞深中国校友会网《2017中国大学评价研究报告》最新发布2017年中国各地区大学综合竞争力排行榜,北京、江苏、上海、湖北和广东名列前5强。

北京大学、清华大学和武汉大学雄居2017年中国大学排行榜前3甲。

全国16所非211工程高校跻身全国百强,福建师范大学、深圳大学和山西大学雄居2017年中国非211工程大学排行榜前3名。

福建师范大学、深圳大学和山西大学雄居2017中国非211工程大学排行榜前3强。

在最新2017中国大学排行榜700强中,福建师范大学全国排名75,雄居艾瑞深中国校友会网2017中国非211工程大学排行榜100强榜首;深圳大学全国排名76,居第2;山西大学全国排名79,列第3;首都师范大学列第4,华南农业大学居第5,河南大学列第7,昆明理工大学、燕山大学和浙江工业大学并列第7,浙江师范大学居第10。另外首都医科大学、南京工业大学、上海理工大学、杭州电子科技大学、天津师范大学、河北大学等跻身2017中国大学排行榜100强。

艾瑞深中国校友会网大学研究团队是目前中国持续开展大学评价和创新创业研究时间最长的研究团队,至今已近30年历史。1989年发布中国第1个综合大学排行榜,自2003年起已经连续15年发布中国大学排行榜。《2017中国大学评价研究报告》对中国两岸四地高校的综合实力、教学质量、一级学科、本科专业、研究生教育和国际化水平等进行了综合评价和星级评价,旨在为2017年全国高考及考研考生、外国来华留学生挑大学、选专业、填志愿提供权威报考指南。

厉害了,我的福师大!

案例五

《校长面对面|你,改变了师大!》
发表于《福师大小葵》2015年12月17日

校长面对面没来?没有见到长平校长?可是,好想知道校长面对面都说了些什么！不用担心，小葵化身小记者，为您带来前方消息。

上图，小伙伴们都争先恐后参与，别急，想要发言，大家都有机会，长平校长一定能听到小伙伴的心声。

看到这里，还有小伙伴不知道他们在干什么吗？快，小葵带你走进校长面对面。原来，这是校学生会主办的第七期"王长平校长与青年学生面对面"活动。

王长平校长带领学校办公室、宣传部、学工部、研工部、保卫处、校团委、教务处、财务处、后勤服务集团、基建处、图书馆、体科院等有关单位负责人，与从微博微信平台报名的同学中随机抽取的117名幸运同学围坐一堂，共话学校建设，畅叙学校发展。

校学生会主席黄敏一句"师大发展有你有我，同学心声你听我听"，瞬间拉近了我们与长平校长的距离。

活动伊始，长平校长集中答复了第六期"校长面对面"活动提案的落实情况：第六期面对面活动中接收提案共计103份，合并诉求相近的提案后有30项。根据办理情况，15项已落实，12项正在落实中，另有3份因受客观条件限制尚未落实。现代教育技术中心、保卫处负责人分别就第七期提案征集过程中同学们热切关注的校园网建设和流浪狗处置问题进行主动回应。

本期校长面对面，来看看我们儒雅和蔼的长平校长是怎么和师大学子交流沟通的吧。

在互动交流环节中，王长平校长和各职能部门负责人就同学们提出的饮食卫生、转专业学生体测问题、短期支教、创新创业人才培养等23个问题一一进行答复。长平校长认真听取并适时记录，还有很多小伙伴和小葵一样，在心里默默地为现场提问的小伙伴和回答的老师们点赞。

提及"专业学习和学生培养"时，王长平校长结合自身求学经历表示："不是每一个学生都能成为科学家。学校要为学生提供更多个性化的成长通道，帮助学生走自己想走的路！"

对同学们提出的在仓山校区设置宣传栏、维修不及时、学生宿舍扰民等具体问题,王校长责令各职能部门立行立改,马上就办,赢得了同学们热烈的掌声。

谈及学生管理服务,王校长表示:学生是我们最重要的服务对象,学校会不遗余力、尽可能地为学生提供最好的成长环境。

看,我们的校长是不是和蔼又可亲呢?

面对面交流会结束后,一位15级的黄同学说:"在现场看到帅气的长平校长耐心解答同学们提出的问题,并督促有关负责人尽快解决的这一幕画面,简直不能再赞,我们的长平校长太棒了!"

校学生会主席黄敏代表全校同学赠送"师大发展有你有我,同学心声你听我听"的书法作品,表达青年学生对学校关爱学生、倾听学生心声的真诚感谢。两个半小时的活动在热烈融洽的氛围中结束,同学们踊跃地邀请王校长签名,并合影留念。

小葵说

在场未能提问的同学填写了提案问题信息单,校学生会将继续做好提案的整理工作,对未答复的提案和问题,各职能部门将在会后予以电话答复。尽管校长面对面活动已经结束了,但小葵还是意犹未尽,只想问一句:

下次校长面对面,约不约?!

案例六
《如果师大是魔法学校,那么神奇动物的封号非它莫属!》
发表于《福师大小葵》2016年12月6日

听说这几天大家的朋友圈
都被《你的名字》刷屏了?
可是
清流小葵最近却迷上了小雀斑主演的
《神奇动物在哪里》!
全剧的神奇动物简直都在犯罪!
你们说是不是?!

但你若是问我
神奇动物在哪里

我会说
那便是师大吧
你以为小葵本期推送的神奇动物
会是这样的

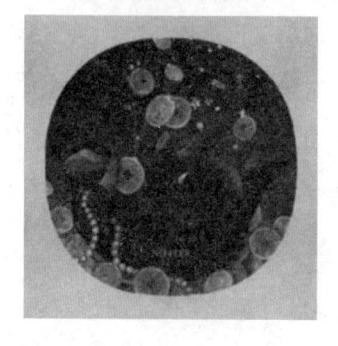

或是这样的

又或者是这样的

那你就错啦！本期小葵要将自己
面熟的师大动物朋友
介绍给大家

对
就是你们再熟悉不过的
在校园中随处可偶遇的它们

◆最治愈
要问哪里最治愈
答案是你身边
喵

"还以为驯服想念能陪伴我，
像一只家猫，
它就窝在沙发一角，
却不肯睡着"
你的眼睛空灵澄澈，
里面的小星星就要跑出来啦！
"恋着你，你奇迹一般的生命"
◆最忠诚
最熟悉不过你们
跟随我们身后一起走过的路
陪伴了我们多少的时光

呀，
你在看什么，
在看本葵宝吗？
迷离的眼神你在烦恼什么？你的笑容，
足以点亮我的一天。

好一只清新脱俗戴着丝巾的金毛！
交个朋友吧！

你是不是想表达"我凶起来，连自己都害怕"？
◆最自由
没有牢笼
没有拘束
无畏而自由

第七章 用户画像:了解用户需求

"谁说现在是冬天呢?
当你在我身边时,
我感到百花齐放,
鸟唱蝉鸣。"

若你喜欢怪鼠,
其实我很萌。

龟鳖、龟鳖
傻傻分不清楚。
◆最微观
宏观世界 纷纷扰扰
我们最易忽视的
往往是最微观的它们

"庄生梦蝴蝶,蝴蝶恋花山"

雨后的水珠,花间的昆虫

每次在庞然大物之中发现你们
都满心欢喜

微雨过后的暖阳
一路随行的小动物
是小葵能想到最恬静最温暖的存在
这些日常可偶遇的神奇萌物是否足以俘获你的心

如果这还不够
如果这都不够的话
那么你们知道
师大最神奇的动物在哪里吗?

没错,正是你们眼前的本葵

小葵珍惜一路遇见的每个你,也珍惜遇见的每个小动物。它们是自然给予我们最好的礼物,和小葵一起,聆听每个它们,善待每个它们吧。

案例七

《全省 36 所高校 46 支队伍明天相约师大，他们来……》

发表于《福师大小葵》2017 年 5 月 16 日

苍颜巷陌青榕老，初夏的日光耀眼婆娑。
时间又来到了明媚的五月……
还记得"高雅艺术进校园"专题音乐会的盛况吗？
还记得草地音乐节、不插电音乐节的疯狂吗？
还记得迎新晚会的激情热舞吗？
孕育着百年文化艺术氛围的师大从不缺乏视听盛宴。
这一次，小葵要邀你共赏的是，汇聚全省群英的歌唱盛会。

2016 年 11 月，福建省第五届大学生艺术节正式启动。

本次艺术节活动的项目分为艺术表演类、大学生艺术实践工作坊、艺术作品类（含学生艺术作品和高校校长书画摄影作品）、高校艺术教育科研论文报告会四大类。除了高校艺术教育科研论文报告会，其他项目均由我们学校承办！

艺术节首场现场展演——第五届大学生艺术节合唱展演（决赛）将于 5 月 17 日在我校拉开帷幕！

在福建省第四届大学生艺术节，我校选送的作品获奖 19 项，其中一等奖 6 项（全省共 9 项），师大还捧得了优秀组织奖"校长杯"！

让我们一起先回顾下往年的展演活动盛况！

本次合唱展演是福建省第五届大学生艺术展演的现场活动之一，初赛阶段共吸引了福建省内57所高校74支队伍报名参加。经过初评，来自厦门大学、华侨大学、福州大学、福建师范大学等36所高校46支队伍，分为甲组（非专业）和乙组（专业）两个组别即将正式登台竞技。各个高校的参赛队伍们将以歌会友，唱响青春之歌，展现朝气蓬勃、奋发有为、开拓进取的青春风采。

是不是很想冲到现场一睹各个高校风采？
小葵为你剧透彩排情况！

为保证活动的顺利进行，
校团委面向全校招募了100多名学生志愿者，
负责本次展演活动的现场引导、带队等工作。

五月的鲜花,为青春绽放。

初夏的阳光,因梦想而耀眼。

5月17日

小葵以艺术之名,邀你相聚福建师范大学,共享盛典,与音符相遇,与艺术共舞!

以"理想与信念"为题,与祖国同行、与时代同行、与梦想同行!

展演时间:

时间:5月17日 14:00-17:30 甲组(非专业)展演

　　　19:00-21:00 乙组(专业组)展演

地点:福建师范大学图书馆大会堂

等你来!

案例八
《书记早餐会 | 跟和平书记唠唠咱们福师大这一大家子的事……》

发表于《福师大小葵》2017年10月22日

正值学校110周年校庆

百十春秋 弦歌传唱

听说,今年书记早餐会的味道有些不同

一顿早餐,吃出了美好师大蓝图。

什么?早餐会竟成校庆"新闻发布会"?

一顿150分钟的早餐,都谈了什么?

"十年大庆也不是每个人都能碰到的,那能够碰到十年大庆就是一件非常幸

运的事情。"

"对我们学校来说,我们是师范起家的,师范就是我们看家的本领。培养老师,完善基础教育,这是我们师大的使命,最大的特色,办学知识的优势。"

……

特色"书记早餐会"

由校学生会承办的"第十期书记早餐会"于旗山校区随园餐厅正式举行。校党委林和平书记,学校办公室、宣传部、学工部、保卫处、教务处、招生办、研工部、校团委、校友会、后勤服务集团 30 名学生代表以及各学院学生会主席参与此次别开生面的"书记早餐会"。

与以往不同的是,此次早餐会的特色不仅涵盖了学生学习生活各个方面,更是融入了校庆元素,书记与学子们在早晨的熹微中构想师大发展。

1. 以专题形式:紧扣校庆和人才培养展开交流;
2. 增加专题提案,就积水问题开展专题调研并提出了对策,提交会上讨论:
(1) 安排专人定期并及时地清淤,保证排水系统通畅,提高排水率;
(2) 增设排水口,多渠道排水;
(3) 修补不平路面,增加下渗;
(4) 建设海绵型校园,增强地面蓄水能力。

早餐会上校庆早知道

"百年老校的大寿,我们应当以学术为主,文化为主,体现师大的办学水平,通过校庆扩大我们学校的社会影响力。"

早餐会伊始,和平书记就表示:"此次校庆,我们更加注重学术层面,邀请全国乃至世界知名学者进行学术交流。"其中,"健康与疾病的免疫"国际学术研讨会我校将邀请包括诺贝尔奖获得者和境内外院士在内的17名权威学者做专题学术报告。

据悉,校庆期间,我校将举办五个主要活动。

一是举办系列高水平学术活动和论坛,比如"感染与免疫科学"国际学术会议、中国文艺话语批评高端论坛、校友创新创业论坛、绿色丝绸之路国际论坛等;

二是举办系列大型庆祝活动,如建校110周年庆祝大会和文艺晚会等,说好师大好故事,传播师大好声音;

三是开展系列捐赠、聘任、揭牌、颁发仪式,如"领先楼"落成暨交接仪式、"捐资办学特别贡献奖"颁发仪式等,感谢和表彰广大校友对学校的支持与贡献;

四是开展系列文体活动,比如两场文艺晚会、庆祝建校110周年暨高雅艺术走进学生专场演出、喜迎110周年校庆歌剧专场、器乐表演专场等;

五是举办各类大型展览,主要有学校综合展览馆展览、陈宝琛书室开放日、校史展等,全方位展示学校办学历史、深厚的文化底蕴以及在人才培养、科学研究、社会服务和文化传承创新方面取得的办学成就。

现场,书记几句不离我们的校友。他半开玩笑道:"福建师范大学可以说是福建省最老、最早的学校,也培养了众多的校友。"他特别表示,电影"百年长安"就是汇聚我们广大校友的力量拍摄而成,而其公映许可证也在申请之中。

我校奖助学金很多也是来自校友和社会各界人士的捐献。话语间,书记透露出了对他们的赞赏之情。他笑道:"他们展现出来的这种社会责任感,反过来证明了学校教育成功的所在。"

"十年大庆不是每个人都能碰到的,学校层面花了一年多的时间来做准备,现在每个师大人都是师大的形象,每个人都可以为师大加分,不论你是什么身份。"

自由交流

伴着白粥甜点、豆浆油条,早餐会上,同学们围绕着生活和学习等方面提出了许多具有代表性的问题。关于这些提案,和平书记给出了这样的答案。

"学校应该主动满足学生对课程的要求,这是高等教育供给侧结构性改革。"

针对旅游学院廖哲仪同学提出的公选课选择范围不够广泛的问题,特别是外语选修课,学生希望学校的公选课能够在开设时多多考虑学生的需求,加强专业特色和实用性。和平书记指出,学校在外语专业方面的水平是很高的,包括英语、西班牙语、印尼语等,学校会在更大范围为同学们提供更多的机会。

放眼世界很多知名的高校,只要有部分学生联名上书要求开设同一门课程,那么学校就会应许开设,这种以"学生优先"的教学理念,将学生放置在主动的需求端。而学校老师则成了供给端,想尽方法为学生提供理想的学习环境。除了经济改革外,这种高等教育在转型发展上的改革也是叫供给侧。打个比喻,以前店里只有清汤面这一种选择,而到了现在这种多元的时代,我们应该提供的是饿了么、美团这种外卖式的多样选择,学校也应该有这种思维转变,让老师有危机感,学生有幸福感。

"所有的机会都是靠你创造出来的,不是所有机会都是送到你面前的。"

文学院刑政同学提到,希望校庆期间在举办学术活动的同时能够多一些面向研究生或者是本科生,让学生提高科技创新、论文写作等综合能力。林和平书记回答说:"学术活动不仅在校庆,在平时学习中,学校也提供了很多学术交流的平台,也把许多名家大师都请到了学校,同学们一定要主动地去参与,主动地去请教,不要害羞,要把握住每个主动学习的机会。"

"教师教书,是一个良心活。要把每一堂课都上好,让学生有获得感。"

环境科学学院刘乐瑢提到了上课积极性低的问题。大学课堂常见低头族,台上和台下也存在着一条"无形"的楚河汉界。老师和学生缺乏知识思维的交融,双方的情感得不到很好的沟通。

当教师教书,是一个良心活。要把每一堂课都上好,让学生有获得感。网络教学也永远无法替代课堂教学,因为课堂教学是一个情感交流的过程,是一个思想碰撞的过程,教师不应该成为授课的机器,忽略其中的交流。

与此同时,高校教师除了教学压力,还有科研压力,没有好的科研也就无法提升教学的水平。好的科研可以不断提高老师的教学水平。在科研和教学上,确实需要找到一个平衡点,学校也会在这方面不断努力。

和平书记还这么说——

大学老师是用来引导的,而不是依赖的。

大学就是自学的开始,大学生要学会"断奶"。

无用即有用,你今天大学中你感觉最无用的东西,在你走出社会在你一生中可能是最有用的。大学培养的是思维科学。

学会跳出专业,你这一辈子未来的事业也远远不止这个专业。大学当中如果你只是抱着专业书在学习的话,那你的成长会非常有限。很多非专业课程的学习在你的人生打下了很好的基础,这些基础越雄厚,你的人生高度就会越高。

学生的参与感想

在与书记的近距离交流中,我对师大的110周年校庆筹备情况有了更多的了解;感受到了社会各界以及全国范围内的校友对母校浓烈的感恩回馈和自豪之情。时代在发展,而我们这座百年学府也在不断地紧跟着社会向前的步伐,力求在教育事业上给予我们同学和老师以最优化的教学环境以及最丰富的实践过程。

——马克思主义学院 陈文祥

最大的感受就是和平书记对学校的发展建设有着远见卓识,同时对同学的关

259

心也让我印象深刻。借校庆的平台,开展一系列思想交流活动,拓宽了思维。不仅是对母校的祝福,也是对师生的勉励。他鼓励同学们成为对社会有贡献的人,我觉得这是比什么都重要的品质。

——传播学院　颜晓鹏

和平书记的讲话让我一个迷茫的大一新生有了一点新的方向和动力。学会独立学习、进行人生沉淀、为自己创造机会,以包容豁达之心对待人和事。会后,大家久久不愿散去,十分热情地挤上前去请书记签名和合影,十分融洽和谐的场面,我不禁有些感动,觉得自己很幸运可以身处这样一个校园。

——文学院　陈可心

和平书记的寄言

大学的四年,最重要的是形成良好的习惯,读书的习惯,拓展思维的习惯,这四年,就是在打基础,所有的课都会被新的课代替,只有思维伴随你们一辈子。你们每个人都是师大的形象,每个人都可以为师大加分,百年师大的生命力、影响力都是靠我们每一个学生汇集起来,所以我们每个人都有责任让学校发展更好。

更好的师大,更好的自己

"我想我们通过校庆的活动,向这些参加活动的人展示更多的体现我们学校对社会的一种责任感。通过这些来教育我们同学要增强社会责任感。"

"我想你们已经参与了校庆这个活动,也希望大家能够办好校庆,但是更重要的是我想在参与中,在以单位为小组的过程中,能够去激发你们对社会的爱,激发你们的社会责任感,激发你们成为一个对社会有用的人,未来能够为福建师范大学增光添彩。"

早餐会,会的不仅仅是一餐,更是学校拉近与学生间距离的契机。大家围桌而谈,让同学们参与到学校的民主管理与建设中,共同为师大创造更辉煌的未来。

百年师大,十年大庆,祝愿福师大人在时代的关键决胜期,追求卓越,不断赶超,成为更好的自己。

早餐会后,校学生会将继续整理与会同学的提案,提交学校各部门,确保提案件件有回复。

案例九
《福建师范大学"十佳年度研究生"评选,你就是他们的全民制作人!》
发表于《福师大小葵》2018年4月18日

春风得意马蹄疾
一日看尽长安花
又到了福建师范大学
"十佳年度研究生"的评选时间啦!

恰同学少年,风华正茂;
书生意气,挥斥方遒。
看似枯燥艰辛的研究生活,
也因为有了进取的精神结出累累硕果。
今年共有十五个候选人来参与评选
十五个意气风发的少年
十五段青春年少的故事
接下来,
让我们走近他们
看看他们的故事!
"十佳年度研究生"候选人风采展示

◆ 传播学院　潘帮超
申报类型:文艺新星

个人简介

作为一名学子,他获得过一等学业奖学金;作为学生干部,他率领同学为母校赢得荣誉;作为篮球队队长,他历史性地带队打进八强!他就是传播学院的三好研究生:潘邦超。他拍摄的纪录片作品《不破不立》和《雕刻人生》在海峡卫视《发现最美海峡》栏目播出。合作作品《再见曼兹》获第15届"半夏的纪念"北京国际大学生影像展长纪录片入围作品。毕业前夕,他仍希望在校园生涯里做最好的自己。初心依然,梦未央。

◆ **地理科学学院　余再鹏**
　申报类型:科研达人

个人简介

余再鹏,地理科学学院2015级博士研究生。在Global Change Biology（JCR1区,IF=8.502）,Soil Biology & Biochemistry等发表SCI论文8篇,在生态学报、林业科学等校A、B类核心期刊发表论文15篇。参与国家杰出青年基金项目、国家重大科学研究计划、加拿大自然科学基金重点项目等多项高水平科研项目。2017－2018年在加拿大Lakehead University访学一年,获得2016、2017年博士研究生国家奖学金。

◆ **法学院　张丽君**
　申报类型:青马骨干

个人简介

张丽君,法学院2016级硕士研究生。现任法学院研究生兼职辅导员,院研究生会文体部部长。在科研上,所负责项目《高校法律实验室在法律实践教学中的功能研究》获得"创新创业训练计划"国家级立项,曾获校研究生一等奖学金、二等奖学金。担任文体部副部长期间,组织参与研究生迎新晚会并取得全校一等奖的成绩,在校篮球赛中,带领的篮球队获得第七名的好成绩,并且获得优秀组织奖的荣誉称号,曾获校优秀研究生干部、院优秀共青团员等荣誉。担任兼职辅导员期间,不断探索新的工作方式,扑下身子,深入学生,掌握学生动态,始终把学生利益摆在第一位。积极参与文体活动,曾获院羽毛球赛单打、双打第一名。但行好事,莫问前程。

◆ 公共管理学院　王鹭
　　申报类型:道德先锋

个人简介

他作为中国共产主义青年团中央第十七届支教团、福建师范大学第十四届支教团成员,扎根甘肃农村,潜心教书育人,用实际行动写就了"好儿女志在四方,有志者奋斗无悔"的别样人生。在此期间,他和队友探索将新媒体和"精准扶贫"结合,设立"微空间"女生心理辅导站,参与拍摄和编辑支教微电影《阅水成川——听见海的声音》和《你听,天使在呢喃》,联合制作了《小葵说支教》的微动漫短片,发起"微愿望"公益活动,开设"微网店"帮售特产,在网上弘扬了主旋律,传递了正能量。"微行动"展现"大担当",展现了公管学子的社会责任感。

◆ 化学与材料学院　方小婷
　　申报类型:科研达人

个人简介

方小婷,他人眼中的"小学霸"。化学与材料学院 2015 级硕士研究生,曾获校三好研究生、校研究生一等奖学金两次以及校研究生二等奖学金。回顾她在师大的七年,她很庆幸自己在青春岁月里的每一次成长都与母校息息相关。本科期间她凭借综合排名第二获得了本校保研资格,留在师大攻读硕士学位;随后她以 GPA4.00 和发表 SCI 一作 4 篇、二作 3 篇以及申请发明专利一项的优异成绩顺利结束了三年的研究生生涯,并且通过了雅思和 GRE 考试,即将赴美深造! 在今后的科研道路上她将秉承母校"知名行笃,立诚致广"的精神继续勇敢前行!

◆ 环境科学与工程学院　刘勇
　　申报类型：科研达人

个人简介

　　他来自环境修复技术组大家庭，在 Science of the Total Environment 等相关学术期刊发表 SCI 论文 3 篇，中文核心 1 篇，曾受邀为学术期刊 Environmental Nanotechnology, Monitoring & Management 评审人。曾获校研究生科研成果奖二、三等奖，三好研究生，一等学业奖学金，研究生英语演讲比赛第二名，研究生篮球赛第四、五名（"最有价值球员"），羽毛球赛男子双打第二名等荣誉。

◆ 马克思主义学院　朱国鹏
　　申报类型：青马骨干

个人简介

　　作为马克思主义学院学子，他注重理论素养的提升，勇夺福建省高校大学生学习马克思主义理论"一'马'当先"知识竞赛研究生组总冠军；作为学院研究生会主席和党支部书记，他注重工作能力的提升，履职尽责，争当先锋，荣获福建师范大学优秀研究生干部；作为兼职辅导员，他守好"育人渠"，种好"责任田"，经常利用晚点名的时间对学生们进行主题教育，如开展"学习十九大精神"的主题宣讲、组建学习小组定期汇报学习成果等，为学生点亮理想的灯、照亮前行的路！

◆ 美术学院　陈秀婷
　　申报类型：文艺新星

个人简介

　　她已连续两年获得校研究生一等奖学金，荣获"三好研究生""优秀共青团员"荣誉称号。她的多幅国画作品在国家级、省级展赛中获奖。《莲梦·梦廉》在第四届全国高校廉政文化作品征集中荣获书画摄影类一等奖。《香阁翠屏》在福建省第七届工笔画大展中荣获优秀作品奖。《追忆》入选福建省第二十回东海浪（新人新作）展。《严复》入选意之大者——第四届福建省写意画大展。《恋》入选

第五回"艺圃新绿"美术作品展等。2018年，她参与了由中国民协主办、福师大美术学院承办的《中国民间工艺集成·福建卷》的书籍编纂工作。

◆ 生命科学学院　季潇炜
申报类型：青马骨干

个人简介

季潇炜，中共党员，生命科学学院2015级硕士研究生，曾任生命科学学院研究生会副主席、主席，获研究生国家奖学金，校优秀研究生二等、三等奖学金，被评为"三好研究生标兵""优秀研究生干部""优秀团干部"等称号。参与导师研究课题2项，分别在SCI一区Top期刊和B类自然科学权威期刊上发表论文。座右铭：越努力，越幸运。

◆ 数学与信息学院　黄宝华
申报类型：科研达人

个人简介

黄宝华，中共党员，福建南安人，1986年1月出生，现为数学与信息学院计算数学专业2016级博士研究生。秉承"知明行笃，立诚致广"的校训精神，全身心投入学习与科研，博士入学以来以第一作者身份撰写了二十几篇学术论文，其中10篇已在《Numerical Algorithms》《Journal of the Franklin Institute》等国内外权威期刊发表并被SCI检索（5篇为SCI二区检索，4篇为SCI三区检索，1篇为SCI四区检索），另有1篇已被录用待发表（SCI四区检索）。获评2017年研究生国家奖金，2016－2017学年校三好研究生，2016－2017学年校科研成果二等奖。博士研究生期间多次参与国内外学术会议，并做报告。座右铭：坚持＋努力＝成功。

◆ **体育科学学院　高演**
　　申报类型：文艺新星

个人简介

高演,男,福建光泽人,现为体育科学学院2016级体育教育训练学专业研究生。曾担任校学生会副主席、校研究生支教团团长等职务,现任学院本科2016级兼职辅导员。曾获国家奖学金、校一等奖学金、校年度学生人物、校三好学生标兵、校优秀共青团干部标兵等荣誉,共26次赢得省级、国家级啦啦操比赛冠军,并在全国大学生艺术展演中荣获舞蹈类金奖。

◆ **文学院　余成威**
　　申报类型：青马骨干

个人简介

余成威,文学院2016级中国现当代文学研究生,现任文学院2017级研究生兼职辅导员。曾参加我校第十七届研究生支教团前往甘肃开展扶贫工作。研究生期间,连续两年获校研究生一等奖学金;被评为校三好研究生(标兵)、校优秀研究生干部、校优秀志愿者、校优秀共青团员。2017年11月,作为学生代表向来校调研的中央宣讲团成员、国务院国资委主任肖亚庆同志汇报学思践悟党的十九大精神的情况,被中央电视台、福建日报和福建电视台等媒体报道。

◆ **物理与能源学院　王伟煌**
　　申报类型：科研达人

个人简介

王伟煌,物理与能源学院能源与材料物理专业的研二学生。从保研留校至今他师从陈桂林副教授从事无机化合物薄膜太阳能电池相关材料及器件的研究,直到担任学院SEM、Raman等仪器的助理测试员。在导师悉心指导下,先后参与研究课题十几项,并先后在 SCI 一、二区等刊物上发表学术论文 12 篇次,其中第一作者 4 篇,共同第一作者 3 篇。此外,还先后获得研究生一等奖奖学金,国家奖学金,三号研究生等荣誉称号。目前也保持着对科研工作的那份态度与热爱,正积极地开展研究工作。

◆ 心理学院　丘文福
申报类型:青马骨干

个人简介

研途三年,他积极参与团学工作,曾担任校研究生会副主席,策划或参与活动十几场,带领研究生会成员建立福师大小葵知乎平台。作为小葵新媒体工作室和福建省青少年网络新媒体研究中心的骨干成员,所参与的网络新媒体工作取得了积极的成效,得到原国家副主席李源潮等各级领导的肯定;他用两年就完成了全部的科研任务和毕业论文,在校定 B 类等刊物上发表十几篇专业学术论文,参与各类课题 8 项,其中,省部级课题 3 项。曾获得 2017 年度研究生国家奖学金,并获评校"三好研究生""优秀共青团员""优秀共青团干部""优秀研究生干部""优秀毕业生"等 30 多项荣誉称号。他说:"莫问前程凶吉,但求问心无愧"。"把学生工作当作一份事业,把学习研究当作一种乐趣,把有意义的事做得有意思。"这一直是他勤于耕耘的初心!

◆ 音乐学院　卢玉
申报类型:文艺新星

个人简介

卢玉,音乐学院 2015 级音乐与舞蹈学专业硕士,中共党员,曾任院研究生团总支副书记兼宣传部部长。曾获第十六届福建省研究生自然辩证法论文演讲会一等奖、校级三好研究生、优秀研究生干部、优秀共青团干部、学业一等奖学金等并发表多篇文章。曾参加"金砖国家政党、智库和民间社会组织论坛"文艺演出筹备工作等活动。

时光因奋斗而更显美好
今天他们要向全校展示他们的风采
福建师范大学"十佳年度研究生"评选活动
正在进行中
快来为你支持的他/她投出宝贵的一票吧

案例十
《师大人|吴疆:《中国诗词大会》幕后的神秘配音员》
发表于《福师大小葵》2017年2月10日

新的一年,中央一套《中国诗词大会》第二季强势开播。与此同时,CCTV9纪录频道《回家过年》正月十五起每晚十点与你相约。

也许你会知道《中国诗词大会》的主持人是董卿,也许你会在看完一部纪录片后大呼过瘾,也许有时你们忽略了配音旁白的存在而专注画面情节。而我今天要讲的就是给《中国诗词大会》等节目旁白配音的幕后神秘配音员——吴疆。这么优秀的校友,我想你一定迫不及待地要了解一下!

吴疆,福建师范大学传播学院
2006级广播电视学专业

主要配音作品有:
◆纪录片:《与全世界做生意》《丝路,重新开始的旅程》《萌宠成长记Ⅱ》《了解宇宙如何运行Ⅱ》《最美中国》
◆广告片:中国梦公益广告(蓝图篇),回家过年书信篇
◆栏目:《法治天下》《前往世界的尽头》《中国诗词大会》等

吴疆刚刚从繁忙的工作中抽出时间接受了我们的电话采访,手头上还有两份工作亟待解决。赶着年末的尾巴,吴疆在工作上一刻也不懈怠。

转行，要从赚外快说起

2010年，刚刚从传播学院播音专业毕业的吴疆，顺利进入省广播电台工作。当时电台正好缺男播音，台里不管新闻节目、娱乐节目，甚至配音小说、二手车广告都让他尝试了一番。"一开始电台工资特别低，试用期一个月工资是1500元，三个月后转正是1800元。然后每天要上好几个小时的节目，但费用不够生活，然后就开始有朋友给我推荐一些配音的活儿。""接配音工作，一方面是自己的兴趣，一方面觉得也能贴补一些家用。"

吴疆就这样开始他的"赚外快"生活，接各种制作的配音工作，偶尔客串动画片角色。第二年，吴疆在偶然中得到一个去北京培训的机会，当时，他并不知道这会成为他人生的转折点。北漂，虽说并不都是电影剧情里的居无定所的生活，但确确实实在每一个北漂的人身上都隐约透露着迷茫中寻寻觅觅，倦怠中咬紧牙关的执拗与倔强。吴疆在北京接触到了一些配音界的专业人士，跟着他们学了一段时间。在这个过程中，他明确了自己内心的方向，面临随时可能失业的风险，他毅然放弃体制内的工作，一心从事自己热爱的配音行业。而这些经历也为他积累了宝贵的经验。

现在，吴疆拥有自己的一个小工作室，与北京多家录音棚建立联系。当真正进入录音的状态时，周围的一切都可以迁就，吴疆十分享受这种工作状态。谈及未来的规划："逃离北京，因为天气，我的肺已经受不了了，就感觉胸前永远有东西堵在这。如果有机会，我也想不做这个行业。准确说，我不想以它为维生、养家糊口的手段。我其实一直也在尝试不断去做别的事情。但是配音可能也是我终生的爱好。"在北京，是转折，也是开始。

在配音圈子中闯出一片天地并不容易。《丝路，重新开始的旅程》，陈晓卿老师担任总编导，在几个配音样本里挑中了吴疆的声音。正式录制那天，导演五十岁左右的人，一看吴疆二十来岁，上来第一句就是问年龄。片子的大制作大成本让导演不免担心眼前的毛头小子能否胜任，"那咱们先录一集吧。"吴疆录完一段后，导演十分满意。吴疆心里的石头才放下来。有趣的是，导演在没见面之前还以为吴疆已经是十分老成的配音演员。这应该就是配音演员魅力之所在吧，给你的永远是惊喜。

或清亮或浑厚，或正色或轻松，呈现的是一个配音演员的努力与付出。当然，不是所有的配音演员都能完美驾驭不同的配音工作。在为动画片《蜘蛛侠》中的一个角色配音时，吴疆发现自己对角色的演绎怎么做都不太到位，调整多次后还是把握不住人物细微的情绪变化，以及随时爆发的表现力。"我录了两三集后就觉得自己可能驾驭不了这个角色，自己的表现会给片子减分。"然后，他向导演主动提出他可能不太胜任这个角色，"要说凑凑活活交活可能还可以，但是要做到出彩恐怕不容易。然后我就放弃了。"虽说有些沮丧，但使他更坚定了自己的方向。

压力，亦动力

"内心的煎熬是一直存在的。但是这种煎熬适度的话是有益的，陪伴成长吧。"作为一名配音员，并没有观众看到的那么轻松。吴疆拿自己的亲身经历举例，"比如今天上午导演打电话。那么他想十二点钟把这个东西拿走，就要有这么快的效率了。并不是说接到这部作品，我还有三天的时间准备一下。甚至是你拿到稿子的那一刻，你连看稿子的时间都没有。导演说咱们来吧，你马上就得开始。这其实就是对你平常的积累是一个很大的考验。"经验丰富、业务能力出色的人就能很好地胜任；而刚入行、业务能力稍微欠缺的，可能就拿不下。配音不是铁饭碗，它一样遵循丛林法则。导演的一个电话，一句十二点前完成，吴疆就得全副武装。这个时候，不但要完成，还要完成得足够漂亮。"没有人有时间和你聊这些东西，不会和你讨论所谓的艺术创作，所谓的人物处理这些细节。你是一个成手，人家要求的就是你现在就要把东西拿出来。"

相比商业片，吴疆更青睐纪录片。在配音员拿到一部作品的时候，它的画面已经剪辑好，音乐已经做好，整个框架结构已经完成。那么给配音发挥的空间其实是很小的，这个时候，作为配音的人，并不是要喧宾夺主，表现自己的音色是多么出色。更多需要表现的是其声音的融合度。静静地讲述，融入整部片子中，一边传达必要的背景信息，一边做到最好的呈现。不是喧宾夺主，却是不可或缺。

他将大卫·爱登堡视为自己的偶像。在 90 多岁时，《地球脉动2》推出，大卫·爱丁堡还出来做解说，他并不是靠他的音色取胜，而是他的权威性，他对整个科学界，对整个纪录片界的了解、认知、把握，他的智慧，以及他最终的一个呈现。

我喜欢纪录片

为许多部纪录片配过音,和许多导演合作过,而这也使"纪录片"成了吴疆心中具有特殊意义的一部分。谈到纪录片在他的生活中以及在大家的生活中扮演的角色,吴疆认为纪录片犹如人世百态的一面镜子,其核心应该是真实。采访中,他举了《与全世界做生意》《舌尖上的中国》作为例子。

在为《与全世界做生意》配音时,片子还差一个落日的镜头。吴疆心想,那还不简单,直接从素材库里找一段放上就行了。导演说:"不行!我的片子,每一个镜头,必须是真实的,必须是我真实拍到的。这部片子要反映的是'人性',是真实的人性的生存状态,是怎么样就怎么样。我绝不用一个假镜头在里面表现。我说的每一句话都要经得起考验。"

这句话,一下子打动了吴疆,他明白,导演内心对这个行业是有坚守的,而这种坚守正是当今社会所缺少的东西。"这样的一部片子,可能比较小众,眼下影响力有限。但是随着老百姓审美上的变化,大家愿意看到这样真实的东西,人性深处的那些东西。"

《舌尖上的中国》为什么打动人?吴疆在和导演交流时,他们的意见不谋而合。导演说:"这不是一部美食纪录片,如果你仅仅把它看作一部美食纪录片的话,那也可以,但是那不是我们的目的。它其实背后反映的是人性。"吴疆举了其中的一个事例:"你看有大学生家住海边,回家的时候,爸妈就去给他钓鱼回来做。整个过程就是情感的延续。所以我觉得我喜欢纪录片,喜欢的是它的真实,它感情的真实,包括导演的坚守,这是我喜欢它的原因。"

吴疆在谈到导演讲的话时,声音不由自主地变得铿锵有力。那种对于行业的执着与坚守,对于真实的较劲与关怀,在他的心中牢固地占据了一席之地。

于师大,予你们

谈及对自己有启蒙意义的人,吴疆毫不犹豫地说是自己的大学老师。他认为彭曙光老师和师杰老师是自己生命里的贵人。

吴疆坦言,自己当时的成绩不算好,录取师大实属幸运。

进入大学后,虽然基础差,但是老师还是很关心。当时老师早上从市区赶到旗山校区去抓他们练嗓子,如果是早上八点左右的课,老师六点左右就会到。谈到师杰老师请大家去家里吃饭、交流的教育方式,以及在自己困窘之时帮忙找实习工作,吴疆对于老师深切的感激之情溢于言表,并称从内心觉得老师就像"妈妈"一样。

就自己历程与经验,吴疆为学弟学妹们在未来选择上提出了自己的看法。他希望大家能有一颗不甘平凡的心,不要老盯着体制内的工作,眼光过于狭隘。体制内有很多弊端,吃闲饭的人多,人浮于事,真正做事的人又很少,人在体制里面无法得到业务上的锻炼。另外,刚毕业的学生心态都会浮躁,急于想证明自己,给自己定了过高的目标。这些都是不可取的。

对于毕业生来说,吴疆认为,最为重要的是扎实自己的业务能力,而不是急于去在意薪酬或者是稳定。对于刚毕业的学生来说,稳定是毒药,千万不能求稳定,求了稳定基本上这辈子就能看到退休那一步了。

"坚持"是他认为最难能可贵的品质。他认为,一件事如果喜欢并且坚持,几乎没有做不成的事。但在这个过程中,会有很多因素的牵制,许多人会直接放弃。最后没有放弃的人,那么他可能就能在自己的梦想道路上走得更远。在这个过程中,大家更多地应考虑长远规划。长远的规划有了,基本上个人的认定是准确的,不会偏差太大。相信自己,往前走,坚持下去。

在这个过程中,很多亲戚朋友可能会跟你说:"这事不行。"十个人当中或许有八个人跟你说不行。但是往往这个时候,这件事是行的。确实,如何才能在一个行业里游刃有余,取决于自己本身,而不是外物。你若盛开,蝴蝶自来。

案例十一

《师大人丨林燕：保研中科大的秘诀是"爱物理，爱折腾"！》
发表于《福师大小葵》2017年5月10日

林燕，曾获国家奖学金，中国科学技术大学保送研究生。其所在团队于2016年国际大学生数学建模竞赛（MCM/ICM美国赛）中荣获一等奖。

"我是个很能折腾的人，就是闲不下来的那一种。总想着，不断尝试，没准就能找到一辈子热爱和追求的东西。"林燕回顾大学四年的学习生活时如是说到。在成功面前，没有人可以心存侥幸，不甘于庸庸碌碌的她，永远都在追求自己的最大价值。在她眼里，一万句"不可能"都不及那一句"我试试"来得掷地有声。

无怨无悔　与物理结缘一生

"在物理的世界里，如何去解决一个问题的逻辑思维很重要，是这种偏于理性的思考分析问题的方式吸引了我。"

林燕在讲述热爱物理学的初衷时，眼神中充满了笃定。谈到当初选择物理专业的原因时，林燕说中学时代的物理老师给了她很大的影响。当时，林燕的物理成绩比较突出，这也顺理成章地使她成了班上的物理课代表。

一次帮忙整理作业时，她认真负责的态度得到了老师的赞赏。物理老师便在课堂上表扬她："以后不管做什么，要是林燕一直是这种态度，以后一定会有出路的。"这对当时并不自信的她是一种极大的肯定。也因此，高考填报志愿时，她毅然决然地在提前批的第一志愿填上了：物理学。

在本科学习中，因为热爱物理这个专业，加之自己的勤奋刻苦，所以即便是在担任学院学生会团委副书记的最忙碌的大三，林燕也未曾落下一门功课，还拿下了国家奖学金和中科大的保研资格。

"物理专业，本科阶段学得比较基础，我想走得更远。"即使知道师范道路更稳定，科研路难走，林燕还是选择了科研。因为热爱物理，所以不惧前路漫漫，任重道远。她说："我对物理是真的感兴趣。"

精力充沛　像打不倒的"战士"
"我很喜欢折腾自己，就是闲不下来。"

据悉，国际大学生数学建模竞赛是大学生数学建模领域的一项国际性权威赛事，竞争十分激烈。林燕表示，"美赛的强度很大，为了准备这场比赛，寒假的时候我们三个在机房待了四天，后两天通宵，熬到后面身体直接吃不消，队友还发烧了。"

在这样高强度的竞赛压力下，林燕和队友们凭借顽强的毅力，出色地完成了任务，一举拿下大赛一等奖。在回忆参加建模大赛的心路历程时，林燕说道："当时也是抱着试试看的心理，就和班上几个要好的同学组队参加了。刚开始我们参加的是国赛，我们在第一轮就弃权了。后来觉得不甘心，就花了一年时间学习建模方面的相关知识，美赛时想着至少要提交论文，没想到就获奖了。"

大学对林燕来说，是一个让自己收获满满的地方。"我很喜欢折腾自己，就是闲不下来。"大学期间，林燕先后担任了学院学生会团委副书记等职位。同时，她不忘兼顾自己的爱好，进入了篮球队。学业和学生工作繁重的她，常常为了要完成手头上的事而加班加点。林燕笑着说："室友最常对我说的一句话就是'林燕啊，你歇歇吧！'"

三五好友一路走来不孤单
"如果是自己一个人的话真的撑不下去。"

一路走来，林燕认为舍友的陪伴对于自己的成长来说功不可没。大三时担任团副的她每天都非常忙,有时候要到两三点才能睡。舍友时常会提醒林燕别忘了开会,关心照顾她的起居,叮嘱她早点休息。

林燕说:"我有个闺蜜,她总会在我快要崩溃的时候,带我去吃吃喝喝,以这样的方式开解我,如果是自己一个人的话真的撑不下去。"

此外,还有一个人对林燕来说亦师亦友,意义不凡,他就是物理与能源学院团委书记林明惠老师。提到明惠老师,林燕感慨良多:"他是个在工作上很尽职尽责的人,一份文件发过去,他会一字一句地修改,甚至标点符号都给改过来。在他手下工作久了,我对待文件也更加细致了。"

为爱,拼命爱,
林燕也因此得到了物理的深爱。
生命不息,告白不止,
欢迎小伙伴们分享自己的"挚爱"。

案例十二
《"相信未来"俞敏洪即将在福师大开讲,200 张门票等你来抢!》
发表于《福师大小葵》2016 年 11 月 22 日

你,相信未来吗?

他是俞敏洪,
从一名初中毕业的乡村拖拉机手,
到一名乡村教师;

从高考三次不中,
到北京大学的高材生;

从校园里内向自卑的丑小鸭,
到英语系里耀眼的单词王;
从被北大扫地出门的穷酸教师,到名动大江南北的培训界领军人物;
从大街小巷刷广告的个体户,到亿万身家的上市公司老总;
从付不起学费无法出国的可怜虫,到学员遍布美国的"留学教父"。

俞敏洪说:"努力、勤奋,再加上正确的志向和目标,这是我们走向未来的唯一道路。请大家一定相信,不管今天的你所处的环境如何,不管今天的你身处何地,只要你心中真正有生命的热情,只要你相信你的未来总有一天会变得更加美好,只要你相信努力和奋斗的力量,你一定会有美好的未来。"

1. 我这辈子什么都可以离开,就是不可以离开讲台。

2. 只有知道如何停止的人才知道如何加快速度。

3. 从自卑中间走向自信的人是真正的自信,从一开始就盲目自信的人其实没有自信。

4. 只有两种人的成功是必然的。第一种是经过生活严峻的考验,经过成功与失败的反复交替,最后终于成大器。另一种没有经过生活的大起大落,但在技术方面达到了顶尖的地步。比如学化学的人最后成为世界著名的化学家,这也是成功。

5. 当你是地平线上一棵草的时候,不要指望别人会在远处看到你,即使他们从你身边走过甚至从你身上踩过,也没有办法,因为你只是一棵草;而如果你变成了一棵树,

即使在很远的地方，别人也会看到你，并且欣赏你，因为你是一棵树！

新东方"相信未来——中国大学新生学习规划公益巡讲"活动始于 2011 年，是共青团中央和新东方全国各地方学校共同参与的大型公益巡讲，旨在激励大学新生树立正确的人生观、价值观，为大学新生提供学业生涯规划指导。每一年都会有数十位新东方名师用自己的经验、思考和激情，通过现场、在线等多种方式，为全国大学新生学习规划提供智力指导，"相信未来"至今在全国 152 个城市开展了 545 场讲座，现场直接听众已达 115 万人次。

地点：福建师范大学青春剧场（旗山校区）
时间：11 月 24 号　19：00—20：30
入场时间：18：30

机会不容错过！葵粉们快行动起来吧！

案例十三
《尼伯特来了？留校生们，准备好了吗？》
发表于《福师大小葵》2016 年 7 月 7 日

福州市气象台 7 月 7 日 15 时 45 分变更发布台风黄色预警信号：今年第 1 号台风"尼伯特"（超强台风级）今天 15 时中心位于台湾地区花莲市南偏东方 315 公里的洋面上（福州东南方 640 公里），中心附近最大风力 17 级以上（62 米/秒）。

未来"尼伯特"以每小时 15—20 公里的速度向西北方向移动，将于 8 日凌晨到上午登陆台湾中南部，之后将穿过台湾海峡向福建沿海靠近，并于 9 日早晨到上午登陆福建中北部沿海。受其影响，福州市沿海今天下午到夜里东北风 5—6 级，阵风 7—8 级，逐渐增强至 8~9 级，阵风 10—12 级。请同学们注意防范！

台风天小贴士

台风来临前
大家一定要提早做好自我防范和保护，避免人身伤害，做到安全第一，主要做好以下几个方面：

1. 准备食品物品。准备必要的食物、饮用水、药品和日用品，以及蜡烛、应急灯、手电筒等应急用具。

2. 搬移易坠物品。将阳台、窗台、屋顶等处的花盆、杂物等易被大风刮落的物品，及时搬移到室内或其他安全地方。

3. 取消出行计划。不要到台风可能影响的区域游玩，正在台风可能影响区域旅游的应提前返回。

台风来临时

应全力以赴、积极防避，以"避"为主，避免人员伤亡，碰到危险时可以打紧急求助电话。我们要注意以下几个方面：

1. 密切关注台风，随时掌握最新台风预警信息。

2. 仔细检查室内的电路等是否安全可靠，尽量拔掉不必要的电源插头，切断危险的室外电源。

3. 避免外出。同学们尽量待在安全、坚固的房屋内，紧闭门窗并远离迎风门窗，千万不要随意外出。

4. 台风来临时，如果你正出门在外，千万要小心谨慎，远离危险，确保人身安全。
（1）远离易倒建筑和高空设施。
（2）小心空中易坠落物品。
（3）江边、河边、湖边、海边及桥上风力更大，行人容易被吹倒、吹落造成溺水。
（4）小心积水，谨防触电。

5. 遇险冷静自救。如果你被洪水围困，一定要保持头脑冷静，努力避灾自救。

台风过后

当气象台解除台风警报或解除台风预警时，表示台风的影响基本解除。台风过后，应继续加强安全防范和卫生防疫。我们要注意的有：

1. 回宿舍注意检查。遭遇台风侵袭后,宿舍可能已产生潜在的危险。检查电路是否安全,不要乱接断落电线。检查房屋、门窗等是否牢固可靠。

2. 出行注意安全。台风经过后,外面充满了危险,出行千万要注意安全。遇到路障或者是被洪水淹没的道路,要切记绕道而行,不走不坚固的桥。遇到静止的水域有垂下来的电线、电缆,要立即远离,千万不要涉水,以防触电。不在被毁损的房屋、建筑、设施,以及折断的广告牌、线杆、树木等附近逗留或经过。

4. 加强卫生防疫。灾情之后有疫情,大灾过后有大疫,灾后千万注意卫生防疫。

(1)注意饮水卫生。水要经过消毒烧开后再喝,千万不要喝生水,尽量饮用干净的瓶装水。

(2)避免接触脏水,因为脏水中含有大量的病菌。

(3)得病及时就医。做到早发现、早诊断、早隔离、早治疗,严防疫病传播。

最后
遇上任何突发情况
及时联系保卫处以及地方派出所
校园报警电话
旗山校区:22867110
仓山校区:83465374

地方报警电话
荷塘派出所:22882110
对湖派出所:83442117

还可以私信小葵
小葵会一直在线帮助大家解决问题
希望大家能在台风天平平安安的同时
开开心心~

案例十四
《没抢到"YSL 星辰"很难过吗？没关系,不点开这份攻略你会更难过!》
发表于《福师大小葵》2016 年 10 月 20 日

如何过体测？
自己练啊！
你以为这又是小葵的策略吗？
那看来你抢不到"YSL 星辰"也是情理之中的事
那就大胆地体测吧！
体测来得太快就像龙卷风
离不开暴风圈来不及逃
我不能再想
我不能面对你

800 米就是一个不断想超越却一直被超越的过程,
体前屈时手碰不到脚尖真的是因为腿长,
立定跳远时的那一声重响真的不是我弄的。

虽然难过,但还是要保持微笑……快给我体测秘籍！

50 米:脚踩线,身体多向前倾,可以节省几秒。摆臂频率越快越好。记住你的速度必须保持到冲线之后才可以降速。

长跑:跑时注意调节气息,速度要匀速。跑步也是有技巧的,你紧跟住一个可以达标的人,反复给自己心里暗示,坚信自己一定行。

肺活量:先到外面跳几下,使呼吸速度加快,然后进去稍微平静一会再开始测试;深呼吸 3 次左右(吐气要吐尽),接着深吸一口,用力把漏斗罩嘴上,用力均匀地吹出去,等你感觉没气的时候,弯腰,继续把肺里的气挤出来,记得要慢慢弯,直到气竭。

坐位体前屈:在做之前把腰挺直,尽量收腹,拉伸腰,然后在双腿挺直的情况下身体前倾同时伸展手臂。记住,重点是收腹,吸一口气憋着然后身体一个劲前倾。

跳远：摆臂与呼吸合理配合很重要。当要起跳前两臂则快速地由下向上摆到头上，随之快而深地吸一口气随下摆至两侧后方，动作一样快，但此时不是呼气，而是憋气。落地时，小腿用力向前伸越远越好。

仰卧起坐：做仰卧起坐时，身体前屈时应呼气，仰卧时应吸气。记住要保持好平稳的速度。双手弯曲抱头，这样双手的力可以帮助头部更容易起来。开始做仰卧起坐时，全身放松，两只手臂向内合拢，腰部和手同时发力准备起来。

引体向上：在引体的时候，上臂、胸部、背部这三个地方是主要的发力点，而臀部以下，一定要保持放松，让其自然下垂，这样就可以有效避免晃动。

体测项目

体重指数（BMI）、肺活量、50米跑、坐位体前屈、

立定跳远、引体向上（男）/1分钟仰卧起坐（女）

1000米跑（男）/800米跑（女）

体测时间

http://tky.fjnu.edu.cn/b9/20/c1919a112928/page.htm

网址里的文件有具体安排，各学院年级也会发通知的

考试注意事项

测试时需带好身份证（一定要有）、学生证及餐卡二选一。带齐两证，否则无法参加测试。

不得找人替考，一经发现跟作弊一样处理，留校察看。

1. 保健班学生不用参加体质测试。

2. 参加测试时务必携带身份证（所有人）及登记卡（限新生）。

3. 登记卡中"班级"一栏要填写"200X级，XX学院，XX专业"，"学号"一栏要填写完整的学号，12位数字。

4. 禁止穿钉鞋参加测试,一旦发现取消该项目的成绩。

5. 可带些糖水、面包等补充体能。

6. 若身体有特殊情况,如心脏病、哮喘病、癫痫病、臆病、腰椎间盘严重突出等,需到师大医院保健科开具免体质测试证明(即保健班证明),并将证明交至吴丽芳老师处(每周三下午一楼艺术体操馆,靠近43路车站)。

7. 因时间上发生冲突,不能准时参加测试的,需办理缓测证明,并加盖学院公章;若身体不适,需到师大医院保健科开具缓测证明。缓测证明需交至当天测试人员处,缓测时间另行通知。如协调不过来,于每年4月参加全校统一的缓考、补考。记住:缓考、补考都只能找原来负责自己小组的老师,找其他老师测试,成绩丢了自行负责。

关于成绩

60-79分及格,80-89分良好,90分以上优秀。其中评定一等奖学金要求体测成绩良好。保研要求体测必须及格。

另外,男子引体向上,女子仰卧起坐,男子1000米,女子800米是有附加分的。

大家可以自行查看《国家学生体质健康标准(2014年修订)》
http://tky.fjnu.edu.cn/82/42/c1948a33346/page.htm

体测不是一蹴而就的,
但身体健康是自己的,
大家平日也要记得适量运动。

案例十五
《这几天,你睡得很晚,24:00还在和中小学教科书做伴》
发表于《福师大小葵》2018年1月3日

最近,许是到了考教师资格证的时候,小葵也迎来了没有人陪伴玩耍的季节。小葵身边小伙伴们,纷纷抓着自己头顶所剩无几的头发,抱着复习资料离小葵远去。

千熬万熬,好不容易熬到小葵的小伙伴们都通过了教师资格证的笔试。然而,小伙伴们还没有和小葵玩几天,又继续将自己投入了脱发大军。只因为在1月6日—7日,还有面试!

就这样,没有人陪伴的小葵变得越来越孤独。在某一个照旧寒冷的只有一个人的冬日夜晚,小葵在望星空的时候突然想到,远方的葵粉们是否也在为教师资格证面试脱发着呢?

于是,小葵突然慌张了起来,马上决定来这儿为大家开一个小葵小课堂,来谈谈那些年,令人又爱又恨的教师资格证面试,应该怎样准备。

1、赋分标准一定要好好看

要去面试的人,连人家怎么评分的都不知道可怎么行呢?不要嫌看赋分标准浪费时间,只有知道了人家评分的标准,才能更好地知道自身在哪方面比较欠缺,也能更好地知道自己在面试时应该怎样表现。简言之,赋分标准希望你怎么样,你就怎么样来。

2、了解教师资格证面试流程

葵粉们现在可以根据流程进行一定的准备,避免到时候手忙脚乱手足无措,增加紧张的情绪。小葵在这里先给大家送上小学中学教资面试的流程,葵粉们好好看看。

(1)按专业分组→抽序号签→自己抽备课题进入准备室20分钟准备教案(15分钟写完,5分钟练习)→进入考场10分钟模拟上课。

(2)进入考场:准考证、身份证进场时拿给评委。

(3)随机抽取电脑中的即兴演讲题目。

(4)听考官读完题后马上开始即兴演讲(2道题总共用时5分钟内讲完即可)。

(5)模拟上课10分钟(一般讲到8-9分钟)。

(6)专业技能的答辩:考官会针对上课内容提出问题。

(7)擦干净黑板,从考官处拿回准考证与身份证,离场。

3、多翻翻《教育学》《心理学》课本

以为笔试完了,就可以不看这些了?错!葵粉们还是得好好看!葵粉们可以从中找几句你深表认同又比较学术的话,并熟记下来。回答时多用专业术语,比如说"教学过程是教学信息反馈和师生双边活动的过程,教学中教师起主导,学生是主体。教师的主导作用不是包办代替",一用上瞬间就不一样了。

4、充分了解教材

毕竟根据上面小葵发出的面试流程,葵粉们可是要进行试讲的。面试题目都是选自教材中某一课的片段,所以只有做到对教材心中有数才能更好地在试讲中震撼考官。所以葵粉们可以抱团一起去买相应的教材好好看看,知己知彼百战不殆。

5、平时多多练习

小葵的小伙伴们常常问我,面试的时候脑袋短路+磕巴怎么办?还能怎么办,多练啊!好好把握清楚日常每一次人前发言的机会,大胆地进行表达,就不用担心这个了。当然,教资面试在即,有的葵粉们可能不太来得及了,但这也不用怕,朋友是用来干吗的,葵粉们可以没事多试试写写教案,然后对着朋友们进行试讲。如果朋友们不愿意,找小葵也可以。

6、准备一套得体的服装

去面试不是去逛街更不是选美,不用把自己打扮得花枝招展。面试服装一定要得体!建议葵粉们去准备一套职业套装,没有职业套装的话也要穿上基本的白衬衫黑裤子,女生最好能化上一点点的淡妆。打扮得体能够体现出你对这场面试的重视!

说完了备考阶段,小葵要来说说大家面试当天的小技巧了。
葵粉们不要走开!

1、试讲要有料

一般试讲看什么?当然是口才。口才一定要好,讲的内容一定要有料才行。"有料"不仅仅看平时的积累,备课过程也很重要。葵粉们在备课的时候,可以尽量从自己比较感兴趣并且有话可说的部分切入。在试讲的时候,葵粉们也要注意与现实加以联系,灌入一些新颖前沿的知识,让考官觉得你很有料。但也不能太盲目发散,导致杂七杂八的内容太多冲淡了课文重点。

2、板书工整清晰

作为一个老师,板书当然不能太乱才能让学生看懂。就算有的葵粉字不太好看,但至少也要做到工整。大家在板书的时候也不能够太长时间地背对考官!葵粉们可以在板书的时候进行适当的讲解,在讲解的过程中自然地回过头来面对着考官。

3、注意台下互动

虽然台下坐着的考官任你再热情洋溢,也并不会理你,但是这也不影响你互动给他们看。一个好的课堂,当然不能只有你一个人唱独角戏,还要能体现学生的参与。在讲的过程中,葵粉们可以抛出一些问题,引导幻想中的学生思考回答并理解。

4、仪态自然大方

面试的时候会紧张很正常,但是也不能表现得太明显了,一些类似掰手指之类的小动作大家要注意避免。葵粉们就算再紧张颤抖在表面上也要装作落落大方。讲课声音不要太小,这样不仅能让别人听得更清楚也能够让你显得更加自信。另外,永远不要忘记保持自然的微笑。

小葵废话了这么多,不知道葵粉们是不是有所收获呢?当然,考教师资格证不是一个简单的过程,其实大家最需要做到的,还是坚持。如果大家满脑子的"我十几岁,我好累",请和小葵一起做下面的动作:
    你如果
   缓缓把手举起来
    举到顶
   再突然张开五指
    那恭喜你
   你刚刚给自己放了个烟花

一次最多放两个

怎么样,放完了烟花,是不是舒服了一点儿呢?

今天的小葵小课堂就到这里了,小葵祝大家的教资面试都通过!

第八章 粉丝互动:塑造用户习惯

在实际工作中我们发现,微信平台很多"爆款"推文,热点活动等只在当时起到一定作用和影响,难以维持长期的"生命力"。高校微信平台还担负着引领学生思想,传播主流价值的"政治任务",而思想政治教育是一个需要长期"浸润"的过程,仅靠偶尔的热点远远不够。依托团委开展高校新媒体工作,其实有着天然的优势,高校内部庞大的学生群体,强大的师资力量,各个学院分团委、团支部的组织优势、其他思想政治教育部门、职能部门的合力;以及和教育部、团中央、团省委等上级主管部门;若能和他们取得一致性、协调性,保证教育资源有效利用,实现教育效果最大化。基于此,"福师大小葵"为实现强有力的网络思政教育聚合效应,搭建从横向、纵向角度均进行了"排兵布阵",横向聚合所有新媒体平台,纵向上至团中央、下至基层学院,构建出了一个横向到边、纵向到底的全效矩阵"火力网"。

第一节 校院联动,多管齐下固定粉丝

高校有强大的人才优势,新媒体的"强关系"纽带增强了受众黏性和忠实度。高校新媒体平台基于"强关系"建立了强大的传播网络受众群较为固定,用户之间联系紧密,多为师生或同学。平台与受众以及受众之间的这种双重信任的关系增强了高校与受众的双向沟通,信息辐射力增强,受众可以随时随地、主动或被动地接收所关注高校和学院的各类信息。良好的受众体验可以有效增强用户粘性,提高用户忠实度,利于思政工作的全面覆盖。

高校共青团实施育人目标,单凭团组织自身成员是不够的,要提高工作质量、体现其先进性,离不开校内有识之士的广泛参与。这支队伍的结构应该是多层面的,既有专家教授,又有相关领导;既有青年教师,又有学生骨干;既有相关职能部门负责人、工作人员,又有学生辅导员。这支集结了各类人才资源的新媒体队伍

应该具备过硬的思想素质、过关的网络技术、开拓的创新精神。只有打通各个关节，盘活师生力量，才能有素质过硬，潜力无限的人才资源。

一、让"校园网红"变身"小葵粉丝"

高校共青团的工作对象是青年学生，工作力量中很大一部分是学生骨干，影响带动很多时候要依靠校园学生。学生在校园的学习生活中会天然形成有号召力、有影响力的学生"网红"，这些"一呼百应"的学生可以是素质高能力强的学生骨干，是乐于奉献的青年志愿者，是品学兼优的学霸标兵，是活跃于创业平台上的佼佼者，还可以是有一技之长的专业达人；他们都是青年学生推崇、信任、模仿的校园牛人。对于"福师大小葵"而言，如果能把这些学生精英纳入"粉丝"，通过聚众效应，让他们参与到"福师大小葵"的建设中，让他们成为"福师大小葵"的"超级粉丝"，自觉自愿参与到小葵的传播分享中，不仅对于学生自身是一种教育，还能让学生个体的"人格魅力"成为一种隐性教育，在潜移默化中影响和熏陶青年学生。"小葵团队"若能发挥统筹好学生的力量，就能够汇聚校园的强大正能量。2016年伦敦奥运会，师大校友邓薇摘得女子举重63公斤级金牌，全校师生沸腾，小葵以《师大奥运首金！两破世界纪录！邓薇摘得女子举重63公斤级金牌》为题，详细报道了邓薇同学生涯经历，传递正能量。

2016年7月，来自我校文学院的校园歌手蒋子婧参加"超级女声"海选取得了不俗的成绩，我们以《师大人 蒋子婧：我是以茶代酒举杯共饮的四方姑娘》为题对她进行了专篇报道，吸引了她的不少粉丝为她转发分享。2018年1月，蒋子婧单曲《悲伤歌》走红网络，我们再次结合两年前的推文做了专版报道。不少用户留言"小葵走心了""路转粉"。而她本人也成为小葵的"粉丝"，时常转发"福师大小葵"的推文分享。对于学生"网红"群体的挖掘、整编往往在校园内产生"一花引来万花开"的效应。

二、让"草根团"变为"正规军"

在校园网络群体中，学生社团、草根文化传媒公司、网络意见领袖等充当网络新媒体文化的土力大军，甚至频频爆出"10万+"的网文，而高校官方微信在这种情况下往往"自视清高"，疏于对这个群体的协作与整编。"福师大小葵"将参与网络文化建设的工作纳入议题设置中，针对优秀的自媒体典型进行官方政策扶持和机制保障，让他们从"草根团"变为"正规军"。同时还可将新媒体人才纳入麾下，与他们进行互动、协同发展，引导他们输出主流意识形态，形成微信平台的"大联盟"。发展壮大青字头的共青团外围组织，形成强有力的青年工作队伍。

三、让教师从"线下"走到"线上"

"师者,传道、授业、解惑者也",可见教师既是高校的无形财富,也是高校共青团工作的宝贵资源。"小葵团队"在建设过程中,需要运用到大量的专业知识,只有充分发挥组织优势、设计载体,主动引进专业教师资源,才能盘活专业教师资源、推进高校共青团事业的发展。教师资源可以是专家教授,相关领导;可以是青年教师,相关职能部门负责人、学生辅导员,亦或是各类先进教师典型。他们在青年学生中有极高的声望,对青年学生产生巨大影响。他们身上最大的资源就是教育引导的资源。"小葵团队"通过活动载体设计,形成了共青团思想引领的强大力量。

结合每年的四六级考试,小葵邀请外国语学院师生推出英语四六级半年过关教程,每日以微信推送学习材料,每周、每月进行线上测试,帮助同学们互帮互助。通过发起"为学霸代言"、青年教师网络荐书、"青春不低头"课堂无手机班级挑战等方式,与线下丰富多彩的学术讲座、英语角、读书节等活动形成呼应。

四、将学院"一枝花"变为"百花香"

现如今,我校共有7大校级学生组织、27个学院团委、学生会、120个年级团总支、学生会,1111个团支部、260个学生社团,"福师大小葵"——将它们"收编"组建微信新媒体矩阵队伍,并定期对他们进行指导、考核,形成微信集群"大联盟"。同时对于学院的特有优势,可进行更多的政策扶持,使得青年学院学生更具有特色和独特性。微信曾推出"师大学院系列""师大人专栏",广受好评。要充分挖掘学校历史与学校特色,唤起青年学生的爱校情怀,增进其荣校情感,同时达到扩大学校影响力的效果。

根据新生入学、各组织纳新、温书迎考、清明节等各重要时间点,我们安排全校27个学院依次进行轮值,并制定《福建师范大学团学新媒体轮值及奖励制度》。在轮值期间,各学院除积极转发、评论、点赞校团委微信外,还需开展不少于1次微信联动宣传。内容由学院负责策划,在学校微博微信公众平台上进行发布,并适当动员学院青年网络文明志愿者转发推广。各学院在轮值前一周将轮值计划报送小葵工作室。在轮值完成效果评价方面,办法做出详细规定,就推送文章内容、修改情况、基础阅读量、点赞量、评论数进行充分评估给予不同加分,并对提供原创小葵文创产品设计想法和策划执行全校性活动策划的学院给予额外加分。一个阶段后,小葵工作室统计通报各学院的轮值情况,对于轮值考核排名前十的学院及相关指导老师和负责学生,校团委给予奖励,在学校五四表彰大会上给予表彰,并提供相关建设经费支持。

在轮值过程中,小葵新媒体工作室与各学院密切沟通,在主题策划方面给予指导,阶段性进行总结,就已经轮值学院中的好做法进行推荐,就效率问题、联动问题、沟通问题等其他问题进行分析汇总,并提供解决办法,动员促进还未轮值的学院更好地开展轮值工作。

轮值执行以来,各学院听从"指挥",矩阵互动活跃,呈效显著,形成了一系列影响广泛、传播力佳的推文。经济学院以迎接新生为契机,策划并发布《在师大不得不知道的九件事》;法学院策划发布微信图文《或许在师大的四年,你都不会去这些地方》……学院为主的创意推文得到了热烈呼应和转评,不仅使校级新媒体平台受益,也让各学院"尝到了甜头",实现了自身价值,最终实现了校院两级的双赢。

每年毕业季同样也是学生情感表达的关键时刻,2017年6月21日,小葵微信平台发布《毕业礼物|你留下的笑容,我送你独一无二的记忆》通过征集各个学院不同专业的同学有创意、新颖且富有寓意的毕业照片,吸引无数毕业生的"围观"。"从南到北,从旗山到仓山,路过图书馆,绕过绿茵场,时间总是不知不觉跑的那么快""这是我们的辅导员,这四年,感谢照顾""对了,学弟学妹,以后,一直都是你们的学长学姐,师大的未来,交给你们了""再拥抱一下班长,聚是一团火,散是满天星。归来仍是少年"……通过微信平台毕业感言的发布,小葵传递了毕业生们或感恩母校,也促进了院际平台之间的互通。

五、将机关"小群体"变为"大联盟"

在开展工作的过程中,很多高校共青团不太注重与学院党政部门、兄弟部门的沟通以争取最大限度的资源支持,以至于独立作战缺乏组织活力。为此,"福师大小葵"扩大与高校各子系统的交集,争取学校各级党政在制度设计、政策制定、活动经费等各方面的关心和支持,整合并发挥好党建系统、宣传系统、学工系统、教务系统、科技系统、体委系统、后勤保卫系统等系统的力量。例如,高校学工系统与共青团系统工作交叉多,部分工作性质相类似——双方职能均覆盖思想教育、评优评先、奖励资助、心理健康教育、就业创业指导、辅导员队伍建设等工作。

以学生迎接新生工作为例,我们让不同平台扬其所长,在唱好唱响新生入学第一场大戏中各司其职,既融会贯通,又各自精彩,力图实现以心迎新,以迎新促融合,以互动促和谐的共同目标。特别针对新生军训,我们与武装部合作,推出《军训全攻略,你都该做些什么?》,专业、详实、生动地介绍了军训项目、歌单、小游戏、内务技巧等,成为当年新生军训"通关宝典"。

又如,高考结束后,我们与校招生办协作,共同推出了《高考分数出来后就纠结?快收下这些数据和绝招》《迎新直播丨九位美女主播带你逛福师大校园》《嘘!他们羡慕的别人家的宿舍就在福师大》,以活泼生动的语气将师大的好条件好福利传播出来。大量图文全面立体地宣传学校的综合实力,给大家事先树立一个正面向上的师大形象。与学工部协作,推送《2015新生问题汇总》《给师大三行情书》一篇篇则是对师大各方面的描写,让新生在了解之余,消除来到一个新环境的顾虑。

第二节 多级互动,活跃平台共建共享

如果将常规工作比作99℃热水的话,那么宣传是否到位便是那最终促成沸腾的1℃,是使热水达到沸点的关键。我们不应仅仅只满足于在"校园"内占领阵地、宣传思想,更应该尝试走出校门,在更多社会领域以及更广的受众面前承担角色、发挥作用和打造阵地。高校共青团如何走出校门、扩大影响,进一步服务大众、进一步传递正能量?答案便是协同创新。与更高层次的机构组织进行协同合作,就能拉长宣传系统线,保证有足够的宣传平台与资源,为思想引导提供巨大契机。"福师大小葵"就在探索一条通过协同共建借船出海、对接高位平台资源、实现多方共赢的路径。构想在惠及青年学生的同时摆脱"就团论团"的局限性,走出校门、走向社会,惠及更多的人民群众。

校外,我们既贯通教育部、团中央,又联动本省内各面向青年学生的职能部门。除在原有矩阵合作基于信息共享、活动互通、产品共创方面的合作的基础上,我校还与教育部思政司、团中央学校部等上级业务指导部门共建,成为试点单位。2014年至今,已挂牌全国高校校园网络文化建设试点单位、高校共青团网络新媒体转型创新试点单位、福建高校网络文化发展研究中心、福建省青少年网络新媒体研究中心、福建省易班发展中心。

一、从自娱自乐到与民同乐

小葵团队始终以"价值输出,内容为王"为原则,创作了许多优秀的作品;自觉承担起研究和引领"微时代"话语权表达的历史使命,树好形象、讲好故事、唱好声音。正所谓"酒香也怕巷子深",可以说,我们的小葵产品题材新颖、形式多样,不仅对全团青年学生有很好的教育作用,对全国的广大人民群众也有着积极的指导意义。但这样具有普适性而又极富价值的产品,却受困于自身平台局限无法得到

很好的发展。基于此小葵活跃的平台不能仅仅局限于校园之内,更应该对接高位的社会平台,将好的理念和产品拓展到广阔的社会空间中。所以我们在夯实小葵系列网络文化作品在校内的知名度的同时,还要我与高级别的网络"大 v"、与用户粘度大活跃度高的网络平台建立系统,把"小葵品牌"推广出去。

"小葵"团队已在高校的青年学生间打响了品牌,但并没有就此停下脚步。近年来,团队积极尝试与中共中央组织部、福建省委组织部等更高的平台进行合作。党的十八届六中全会审议通过的《关于新形势下党内政治生活的若干准则》和《中国共产党党内监督条例》,是新形势下加强和规范党内政治生活、加强党内监督的根本遵循。紧跟时事热点,福建师范大学协助中共中央组织部、福建省委组织部,以《关于新形势下党内政治生活的若干准则》《中国共产党党内监督条例》为基础,进行脚本、漫画创作,面向全国的广大受众。优秀的作品加上超强的供给能力,再加上更高平台的合作助力,无疑是如虎添翼。

二、从各自为政到形成合力

从共青团所处的体制和政策环境来看,高校共青团的工作平台比比皆是:校园文化平台、竞赛学术平台、志愿服务平台、社会实践平台等都服务于潜移默化的思想引导,并创设了一种交往、互动、视听、匿名、虚拟的场景。小葵作为一个多元的卡通形象,要使她活跃于各类工作平台中,形成强大的聚合力。"只有聚合社会各系统和网络系统资源,才能够真正实现"搭好台,唱好戏"。比如2015年的全国青运会,福建师范大学推出了系列动漫作品,并在"福师大小葵"公众号上连载推送,2015年10月,福建师范大学团委推送的一篇《青春青运丨师大抢镜央视,我们拼的是什么?颜值!》。时值福建师范大学学生参与第一届青运会开幕式及赛会志愿服务,当天就获得2万+的阅读量,第一时间引起强烈反响。

三、从资源调动到颗粒归仓

"小葵"有好的网络文化产品,团省委、团市委、教育厅有好的项目,当二者相结合便能实现更好的传播与教育效果,也唯有协同创新、整合好各方的资源,我们才能实现互利共赢。

高校共青团为了实现育人目标,经常找政府部门要项目、筹资金;政府部门要开展活动,经常向高校共青团组织借人力、智力。如福建省教育厅文化体育艺术教育处组织全省大学生参加红歌会,邀请福建师范大学团委参与组织工作。福建师范大学团委在全校选拔20名优秀青年志愿者,全程参与活动的策划组织执行。这个活动,对于福建省教育厅而言,既增加了人手、减轻了工作压力,又能吸收志愿者一线工作情况反馈和志愿者对完善活动的意见建议,增加了"外脑"、多了智力支持;对福建师范大学而言,既锻炼了队伍、培养了学生骨干,又在全省范围内展示了形象、扩大了影响。而"小葵模式"正是借鉴了这一合作共赢的思路,得以把自己的路子走得更宽更远。

好的工作项目取得显著成效可申请高校党委、上级组织、相关行政部门给予经费或物资帮扶,便于经验做法的推广。另一方面,要参与政策制定,为政策出台建言献策。既然代表青年学生的心声,高校共青团就必须深入工作一线,根据实际工作困难和青年学生诉求推动政策出台。在天时、地利的客观工作环境中,能及时得到相应政策的大力支持,无疑会使工作如虎添翼。新时期新阶段要以组织动员和资源整合为主要取向进行职能创新重建共青团关系,通过协同创新真正做到组织动员有效、资源整合有力,推动团组织在新的历史时期履行好使命。高校共青团往往分为多个层级,各项工作和资源体现为层与层之间的互动。如和省档案馆合作,推出《想和最好的他/她在省档案馆"遇见未来"吗?30张时光机坐票等你来抢!》。

四、从内容挖掘到化民成俗

各个高校的属地文化本身就是一座座巨大的"宝藏",怎么能错过?以福建省为例:思想文化方面,由于福建在历史地理文化传统等方面具有的区域特点和优势,福建成为中西文化交流的重要桥梁;福建文化呈现出强烈的使命感和鲜明的开放性,进而涌现了一大批对中国思想文化界产生巨大影响的杰出人物,如林则徐、严复、沈葆桢、林纾、辜鸿铭等人,他们均站在时代前列,引领中国文化先潮。红色文化方面,龙岩、三明、南平、宁德等地均有红色旅游景区,具有丰富红色文化内涵。旅游文化方面,福建省内有武夷山、鼓浪屿、三坊七巷、湄洲岛、白水洋等标志性景点景区,"清新福建"这一旅游品牌享誉全国。无论是传统文化、红色经典,还是自然风光、人文景观,福建的本土文化这座"宝藏"本身就有许多值得挖掘的地方。例如,"中国最美高铁"之称的合福高铁开通,途经我省多个旅游景点,以此为契机,推出《小葵邀你游武夷 任性礼物大放送》活动,以福利+图文推广的形式进行属地宣传;推出了《走遍福州丨仓前闽江,西林小筑,这片老洋房你看过么》展示福州特色老洋房风貌。推出《〈严复全集〉出版背后不可不知的二三事丨第360期》;《夏味丨怎么去拥抱一夏天的风》以一首歌串起福建九地市风土人情。

传承经典、宣传属地文化,不应是"要我做"而是"我要做"。探究如何充分挖掘整合属地文化,通过创新的方式创作出具有文化底蕴的好作品。增强地域文化凝聚力和向心力,向青年学生们乃至向全国更好地展现本土的优秀文化,这本身就是各个高校共青团的义务与使命。但想要更进一步做好做大属地文化的宣传工作，各大高校就不能只停留在自己校园内外的小范围，而要放眼更远的地方。应该与其他高校进行协同，形成联盟；与教育厅、旅游局、团省委、团市委等更高层次平台进行合作，争取到更多的资源，扩大传播的范围。

微信案例

案例一
《致敬幕后｜无数惊叹的背后，都离不开他们的保驾护航！》
发表于《福师大小葵》2017年11月22日

还记得难忘的文艺晚会，绚烂的音乐喷泉，开放的古籍书画，丰盛的免费午餐……

近几天，有关福建师大110周年校庆的信息霸占了朋友圈，登上了微博热门榜，引来无数"别人家的学校"的羡慕感慨。

而在这些惊叹的背后，是无数心血与汗水的累积，是无数加班加点的辛劳，是无数为校庆保驾护航的幕后工作者。

"果实的事业是尊贵的，花的事业是甜美的，但还是让我在默默献身的阴影里做叶的事业吧。"

仓山校区楼宇保洁人员　赖阿姨：

校庆条幅随风飘荡，文科楼焕然一新，玻璃窗户透亮如洗。

保洁员赖阿姨站在窗户旁，拿着抹布细细擦拭，每个角落都不放过，不一会儿就将这面玻璃擦得发亮。

四个人，五层楼，十天，三十多间教室和厕所，几十扇窗户，几百袋垃圾……文科楼的保洁员们早晨五点起床，晚上十点多回家，在校庆来临的日子里，一丝不苟，只为让我们最熟悉的教学楼在这个重要的日子保持它最美的模样。

学园餐厅厨师长江信任：

天下没有免费的午餐？福师大有！

免费午餐的背后，是厨师们彻夜不休的烹饪。

供餐量从原本的2000多份增加到5000多份，数量大幅度增加。他们不得不放弃休息的时间，从18日凌晨起，不间断地工作至晚上。

江信任厨师长便是其中一员。处理食材，煎炒烹炸，出锅配菜，不停地进行着一锅又一锅的烹饪。为了在保障供应量的同时确保食品安全,他们采取4000多份打包、1000多份现做的方式,让每一位来到食堂用餐的学生,都能吃到校庆供餐的温暖。

绿化保洁人员　何小娟:

整洁干净的地板,清新的空气,背后是绿化保洁工作人员的勤勤恳恳。

校庆期间,大型舞台的搭设,免费午餐发放的巨大餐盒量,使得生活垃圾比平时多了足足一倍。光是旗山校区,清理掉的生活垃圾总计就有96吨。

保洁员何小娟凌晨四点到达学校,清理生活垃圾,清扫落叶,倾倒负责范围内的垃圾桶,再用电动车拉到指定地方。一天的工作漫长而辛苦,保持地面的整洁,及时清理垃圾,确保学校时刻是干净清爽的。

水电班长　徐建成:

美轮美奂的舞台灯光,色彩绚丽的喷泉,楼顶悬挂的射灯,映衬出他们忙碌的身影。

早在一个月前,水电班组就开始对校庆期间的水电系统进行仔细的检查。

大到水电房小到细小的螺丝钉,他们不放过任何角落,一遍又一遍地进行着简单繁琐的工作。

旧的电路系统,老化的电线,给喷泉和射灯的安装带来了巨大的困难,水电班班长徐建成带领着班员没日没夜地加班加点,终于克服重重困难赶制完成。让明亮的灯光照亮师大学子回家的路。

旗山学生宿舍片区主管　刘玉俤:

为了校园环境的整洁,废旧自行车的清理必不可缺,学生宿舍楼周边的板块、铁块也被清理得一干二净。

旗山学生宿舍片区主管刘玉俤及其他工作人员,为了做好废旧自行车的清理工作,走遍学校的每个角落。逐辆排查废旧自行车并上报,再由楼管负责发通知、贴标签,学生宿舍服务管理中心与保卫处配合,最终贴了一万多张标签。除了完成如此大的工作量,他们还将宿舍周边环境以往留下的板块、石头及时清理干净。整整花费了好几周的时间,终于赶在校庆前将所有废旧自行车清理完毕。

旗山校区保安队副队长　汤养泉:

校庆期间人潮涌动,文艺晚会热血沸腾,如此庞大密集的人群,也离不开他们夜以继日的安保工作。

早在一个多月前,保安队就在紧锣密鼓地筹备校庆安保工作,出动人员比平时多了近十倍。

保安队的设施,各自的岗位,工作时的礼仪,发生意外时的应急措施……所有工作都进行了多次预演。旗山校区保安队副队长汤养泉一直加班加点,监督检查,确保安保工作能够顺利进行。据不完全统计,保安队共参加了校庆保障30多场,投入安保人员380多人次,100多名学生纠察队员,并与当地公安机关、交警部门通力配合。是他们,让校庆盛典得以有序进行。

规划建设督查科科长　胡文红:

让无数人惊叹的"大手笔",从一年前便开始筹备。规划建设督查科的老师们,从2016年底就在筹备今年校庆的投标等工程,暑假期间更是在工作岗位上夜以继日地奋斗着。他们依照学校严格的程序,严谨地对待各项工程的费用。确保它们在校庆期间都能完美服务。

若这场盛典是花,他们便是那不可或缺的叶。

若这场盛典是叶,他们便是默默在底下汲取养分的根。

当我们惊叹校庆盛典时,请不要忘记背后无数创造盛典的人。

案例二

《军训全攻略,你都该做些什么?

【附军训项目、歌单、小游戏、内务技巧等】|第363期》

发表于《福师大小葵》2015年1月13日

小葵,军训明天就开始,要准备些什么呢!?莫慌,这篇师大军训全攻略定能让你从容应对!

试穿的过程中不要忘了重点,那就是尺寸!特别是鞋子,不合尺码的要及时说明,不然军训期间一定会痛苦万分的,小葵从不骗人,真的?军装不符的可以去西门或是文化街的裁缝店改一改,可能爱美的姑娘们现在已经在去改裤脚的路上了,但是小葵还是建议不要随意改,冬天以保暖为主,军训中生病可不是一件开心事儿。感受完尺寸就可以把军装和鞋子晒一晒啦,注意是晒不是洗,小葵认为大冬天的真的没有必要洗,除非你实在受不了新衣服的味道并且斗胆使用高功率电器,那小葵只好睁一只眼闭一只眼了。手套、帽子和皮带要放好,特别是皮带上的小铁片,倘若是打军体拳裤子丢了,小葵也救不了你。

除此之外,大家一定对"特殊鞋垫"略有耳闻,男生不用害羞,因为它真的很好用!好用的东西就是好东西!好东西就要拿出来和大家一起分享!所以小葵犹豫再三还是打算提出军训鞋垫建议参考:

35码225-255mm 36码235-260mm 37码245-265mm
38码255-270mm 39码265-275mm 39-41码:275-280mm
42-45码:280-310mm

选择透气性好一些的,价格不需要太高的,信息比较粗略大家可以自己参考。

2 必备用品

1、防晒霜:虽然是冬训,但是连续一天晒太阳你的皮肤也会不好的,涂抹一些防晒霜保护好你的皮肤,回家漂漂亮亮的过年。

2、备用药品:感冒药、创可贴等常用药品。

3、保温杯:不用多说,你们懂的每个学院通常也会在军训期间准备一些红糖姜茶。

军训期间

军训时间

早上8:00-11:50左右;下午14:00-17:30左右;晚上各学院军歌训练

军训内容

分列式、军体拳、单兵战术动作、包扎等;小伙伴们不要小瞧了分列式,想要踢出整齐的正步可不是一件容易事儿,表现优秀的同学可以进入会操方阵列式的队伍中,想要减肥的同学们,是时候大显身手了!

内务比拼

军训中很重要的一环就是内务!每个军训的人讲到内务都是两眼泪汪汪

……新生们,你还有一天的时间去好好整理你的宿舍!

宿舍外面

1. 必须保持宿舍外围及走廊整洁;

2. 门面:除了原先贴的宿舍名单外,不得留其他纸张或痕迹;

3. 玻璃:厕所玻璃以及门上的玻璃窗全部抹净,不得有灰尘污渍;

4. 墙壁:宿舍外围墙壁不得张贴其他纸张或留下痕迹,墙壁必须用湿布抹走灰尘;

5. 走廊:宿舍门前走廊打扫干净,不得留有垃圾,不得放扫把、拖把、抹布或垃圾桶。

宿舍里面

1. 门:同上,另外门背面不得张贴任何纸张,不得留下任何纸张痕迹或污渍。

2. 墙壁:墙上不得有蜘蛛网,不得张贴任何纸张或图片,不得留有任何挂钩或挂钩痕迹、纸张痕迹。

3. 书桌:宿舍所有书本统一放在最上方的方格,第二层最好不放东西,书本统一竖放,按照从高到低整齐排列,同个宿舍要统一书本排列的方向。书柜其他方格擦干净;书桌书柜与床板的交接处一定要伸手进去抹干净,不得有灰尘。

4. 抽屉:必须把物品摆放整齐,多余物品可以先清走锁在衣柜;放电脑键盘的抽屉不得放置任何物品并且擦干净,不得有灰尘。

5. 插座:宿舍墙壁上的所有电源插座开关,凡是看得见摸得着的地方,全部擦净,尤其是每个书桌位上的插座。

6. 卫生间:不得放置桶、盆等任何多余物品,洗净地板,去除污渍,尤其注意玻璃窗和厕所门,门上不得张贴任何纸张或留有任何痕迹。任何洗漱用品包括毛巾都不得放在冲凉房。

7. 阳台:阳台玻璃窗擦净,不得有灰尘,不得有任何纸张痕迹,玻璃窗的沟槽不得有灰尘;阳台可以整齐摆放桶盆,四个或六个桶盆要统一;统一整齐放置洗漱用品,如果杂物过多,建议把东西藏进衣柜或转移其他宿舍;阳台的扫把、拖把、晾衣竿、垃圾铲、洗洁精、洗衣粉和垃圾桶等,在清洁干净后统一转移其他宿舍,建议任何杂乱的多余物品都收起或转移。阳台晾衣物要整齐统一,内衣裤袜子,上衣和裤子全都分类放,尽量往绳子两边晾,留出中间空余。

8.床上:被子叠成豆腐块,靠床头中间放置,统一方向。床上只留一张叠好被子,多余被子收起。枕头统一放置叠好被子上方。蚊帐、床帘或绳子线头等要收纳整齐。

倘若你能做到以上几条,你们宿舍一定很不错?

拉歌

除了每晚的军歌练习之外,在军训休息时间,和教官一起齐唱军歌也是一件很幸福的事情,小葵特地奉上热门歌单,不要太感动。

军训热门歌单

第一首军训必备歌曲 团结就是力量

团结就是力量团结就是力量

这力量是铁这力量是钢

比铁还硬比钢还强

向着法西斯蒂开火

让一切不民主的制度死亡

向着太阳向着自由向着新中国

发出万丈光芒

第二首军训必备歌曲 当你的秀发拂过我的钢枪

当你的秀发拂过我的钢枪

别怪我保持着冷静的脸庞

其实我有铁骨也有柔肠

只是那青春之火需要暂时冷藏

当兵的日子短暂又漫长

别说我不懂情只重阳刚

这世界虽有战火也有花香

我的明天也会浪漫的和你一样

当你的纤手离开我的肩膀

我不会低下头泪流两行

也许我们走的路不是一个方向

我衷心祝福你啊亲爱的姑娘

如果有一天脱下这身军装

不怨你没多等我些时光

虽然那时你我天各一方

你会看到我的爱在旗帜上飞扬

第三首军训必备歌曲 精忠报国

狼烟起江山北望

龙起卷马长嘶剑气如霜

心似黄河水茫茫

二十年纵横间谁能相抗

狠与狂长刀所向

多少手足忠魂埋骨他乡

何惜百死保家国

忍叹息更无语血泪满眶

马蹄南去人北望

人北望草青黄尘飞扬

我愿守土复开疆

堂堂中国要让四方

来贺！！！

第四首军训必备歌曲 军中绿花

寒风飘飘落叶

军队是一朵绿花

亲爱的战友你不要想家

不要想妈妈

深深我日夜呼唤

多少句心里话

不要离别时两眼泪花

军营是咱温暖的家

妈妈你不要牵挂

孩儿我已经长大

站岗值勤是保卫国家

风吹雨打都不怕

衷心的祝福妈妈

愿妈妈健康长寿

待到庆功时再回家
再来看望好妈妈
故乡有位好姑娘
我时常梦见她
军中的男儿也有情啊
也愿伴你走天涯
只因为肩负重任
只好把爱先放下
白云飘飘带去我的爱
军中绿化送给她
第五首军训必备歌曲 一二三四
一二三四一二三四像首歌
绿色军营绿色军营教会我
唱得山摇地也动唱得花开水欢乐
一呀么 一呀么一呀么一
一个钢枪交给我
二呀么 二呀么二呀么二
二话没说为祖国
三呀么三三军将士苦为乐四海为家
嗨！嗨嗨！
哪里有我哪里有我哪里就有
一 二 三四一二三四一二三四
战士的歌
一二三四一二三四像首歌
这边唱来这边唱来那边和
唱给蓝天和大地唱给妈妈和祖国
一呀么 一呀么一呀么一
一条大路多宽阔
二呀么 二呀么二呀么二
二面春风拂面过
三呀么三三山五岳任我走四海为家
嗨！嗨嗨！
哪里有我哪里有我哪里就有

一 二 三四一二三四一二三四

战士的歌

战士 战士的歌一二三四

除了唱歌外,玩一会儿小游戏也是很不错的选择,小编附上各种小游戏:

【1】你比我猜

把所有平均地分成若干组比赛。每组朝同一个方向排成一个纵队。出题人告诉每组的最后一个人一个词,同时开始游戏。后一个人先拍前一个人的肩膀,再用动作来表示这个词,把词的意思一直传递给最前面的人。游戏全程不能动口。传递过程结束之后每组的第一个人把词说出来。看看哪组又快又对?

【2】大风吹

大家围坐一圈,中间站一个人。这个人说"大风吹",大家一起问"吹什么",中间的人要回答吹一样东西,满足条件的人就必须与其他人交换位置(不得和两边的人交换位置),未抢到位置的人站到中间继续游戏。

【3】报数游戏

大家面朝外背朝里围坐成一圈。在规定的时间内,分别从1依次报到30,不允许相邻的人报相邻的数,也不允许两个人报同一个数。沉默的时间不能超过5秒,每个人起码要报3个数。

【4】警察抓小偷

把大家分成两组站成两排,面对面站立,伸出手互击。一个人喊1,左排的人拍右排的人的手;喊2,右排的人拍左排的人的手;喊3,大家都不能动。

【5】进化论

大家蹲在地上,此时大家都是"鸡蛋"。游戏开始后两两猜拳,每赢一次可以进化一次。鸡蛋可以进化成母鸡,母鸡可以进化成凤凰。母鸡是半蹲的姿势,凤凰是站着的姿势。凤凰猜拳赢了之后结束游戏(鸡蛋只能找鸡蛋猜拳,母鸡只能找母鸡猜拳,凤凰只能找凤凰猜拳)。

友情提示:这可是一次难得的增进友情、基情、爱情的好时机,有才艺的朋友们赶紧行动起来吧!

军训注意事项

做好准备工作:出门前要认真检查军训服装,如:军帽、手套等。免得到时候"英雄白走路"。

装束要合适:腰带要适当紧一点,走起路来会更有精神劲儿;注意保暖,女生应把头发盘起来。

饮食要规律：军训后体力消耗极大，这个时候不要亏待自己，多吃一些肉类、蛋类，最好还多喝点汤菜类，同时注意补充各种维生素。出门时可放一些巧克力在口袋里，早餐一定要吃。

不要硬撑：军训中要讲"坚持再坚持"，但如果实在支持不下去，一定要休息，不要硬撑，防止出意外，特别是体质较差的同学。

按时作息：军训期间按时作息，养精蓄锐，为军训打下良好的硬基础。

注意安全：军训的时候要保管好贵重物品，比如钱包、手机之类。

注意沟通：军训生活中要学会与同学沟通，有困难要学会虚心向同学和老师请教。如：着军装、走军步、站军姿、叠军被等。

军训一定是大学中美好回忆之一，相信你们期待很久了，小葵在开幕式上等你们。

案例三

《师大人｜蒋子婧：我是大滚，签约天娱的独立原创音乐人》
发表于《福师大小葵》2018年1月24日

混迹于网易云音乐的人，最近可能发现一首叫《悲伤歌》的歌火了。

按网友的说法，这首歌"旋律优美，歌词走心，听着听着会忍不住跟着哼"。

听过的人，只知道这是一名叫"大滚"的女生唱的歌。

"大滚是谁"

"大滚"，是一名"95后"，真名蒋子婧，刚刚毕业于福建师范大学文学院。

在虾米的个人主页上蒋子婧用了"蒋大滚"这个名字，"'大滚'是来自微博名'圆滚滚的脸'，后来工作室的同伴大腿给改成了'大滚'，觉得这名字很好玩，说出去很霸气。"蒋子婧打算把它当作艺名一直用着。

《悲伤歌》的故事

在2016年，蒋子婧作曲，好友陈子祎作词，一起创作了这首《悲伤歌》。

那时，蒋子婧在一场认真准备的学术作业比赛中惨遭淘汰，好朋友却是因为失恋而情绪低落。两个都在生活中遇到挫折的人,互相鼓励着,写下了这首歌。

"她半夜写的词,发给我。我看着非常喜欢,读了几遍就明白了这首词所表达的情绪和意思"。拿到词的第二天蒋子婧就谱上了曲子,她也感叹自己和大腿之间的默契,"她很多观点和我的相同,她的表达方式我很容易掌握,容易抓到词的核心和特点,所以曲子和歌词很贴合。

在音乐的世界里,最珍贵的就是遇到志同道合、心灵相惜的人,像是孤星在银河里得到了回应,像是所有赋满深情的歌词都能唱出曲子含蓄的心声。

虽然《悲伤歌》写于2016年,但真正火起来是在2017年下半年。

"那种感觉是,忽然发现很多人在听这首歌。"对于《悲伤歌》的走红,蒋子婧没有很意外。因为写好歌的那一刻她就特别兴奋,感觉最想表达的东西已经写出来了,那时就想象到有一天可能会有一大群人跟着产生共鸣。

目前,《悲伤歌》在网易云音乐的播放量早已突破百万,这首歌也得到了福州许多音乐大咖的赞赏。超级女声评委柯以敏老师也对蒋子婧赞赏有加,《悲伤歌》还被评为"天娱优秀原创音乐作品"。

"大滚"的故事
曾经,想做播音主持

蒋子婧老家在厦门。她说,自己是一个表达欲望很强的人,想把所思所想让每个人都知道。

"所以,高中的时候,我最想学的专业是播音主持。"她觉得,播音主持符合她的表达欲望。她认真准备艺考,远赴武汉考试,但最后遗憾落榜。

2013年高考,蒋子婧考上福建师范大学文学院秘书学专业。

"在大学里,我发现我挺适合写歌。"虽然从小玩音乐,但直至大学,蒋子婧才真正认真学习写歌。

2016年4月27日,蒋子婧和工作室的同伴在师大仓山校区艺合园合唱了一首开场曲——《rainy day》,这是她大学的第一首原创作品。

大学期间,蒋子婧不断地摸索自己的音乐道路。参加福州一些吉他圈、音乐圈的聚会,认识一些老师。在吉他技巧和写歌功夫上,蒋子婧都会向前辈们取经。

蒋子婧还和音乐上的朋友组建了不闲工作室。"不闲"是由闽南语的"末哎"直译而来的。"从大一到现在,就一直处于做事情的状态",蒋子婧从来没有停下自己的步伐,索性就把这个团队叫做"不闲"。他们的音符就穿梭在这熙熙攘攘的人群中,他们唱着自己想说的,他们唱着人们藏起来的,他们用歌曲照顾每个人心中被搁置的琐事。

工作室借用学校创意中心的办公室,开会、录音、做音频都在里面完成;音乐会演出的场地、使用的音响设备由琴行赞助,邀请的演唱嘉宾都是友情出演。几个大学生并没有什么资金供工作室的运营,但不闲工作室的一切都在有条不紊地进行。"不闲一路都是靠大家帮助,我们都没有花半分钱,真的是完全靠大家帮助",蒋子婧反复强调"不闲"收到的善意。

她先后参加超级女声和青春音乐公社等音乐选拔平台,并闯进超级女声广州赛区 50 强,青春音乐公社全国 30 强。

现在的蒋子婧是网易云音乐人,天娱签约词曲作家,国家音乐产业基地的种子音乐人。

离蒋子婧 23 岁的生日还有两个月。她虽然年纪很轻,但对未来有着明确的规划。"路是一步一步努力走出来的。"

"我会一直坚持独立原创音乐,坚定地走下去。"目前,蒋子婧正在进行巡演的前期筹备工作。她计划进行一场全国巡回演出,将自己的歌唱给更多人听。

她唱着"我要去行四方,我们是以茶代酒举杯共饮的四方姑娘",我们听见一个性格执拗,心思却细腻得很的蒋子婧,执拗着寻觅一个风景旖旎的音乐世界,细腻地唱出这个世界的深邃。

案例四
《师大奥运首金!两破世界纪录!邓薇摘得女子举重 63 公斤级金牌!》
发表于《福师大小葵》2016 年 8 月 10 日

北京时间今早,来自福建三明市的女子举重选手,23 岁的邓薇以抓举 115 公斤,挺举 147 公斤,总成绩 262 公斤,创造了挺举和总成绩两项世界纪录,夺得里约奥运会女子举重 63 公斤级冠军。这是福建选手首次获得女子举重的金牌,也是师大学子们在里约奥运会获得的首枚金牌。

邓薇学姐,是我校体育科学学院运动训练专业 2013 级本科生。于 2009 年 1 月进入国家队,本届奥运会被寄予厚望。

曾获得：

2006年福建省运会女子举重53公斤级冠军

2008年的全国冠军赛58公斤级抓举和总成绩冠军

2010年新加坡青少年奥林匹克运动会女子58公斤级举重金牌

2009年全国举重锦标赛抓举、挺举和总成绩三项冠军

2011年国际举重超级大奖赛女子58公斤级冠军

2012年全国女子举重锦标赛58公斤级亚军

2013年全国第十二届全运会举重女子58公斤级冠军

2015年举重世锦赛女子63公斤级包揽该级别全部三枚金牌，其中挺举打破世界纪录。

在里约奥运会上，获得举重女子63公斤级冠军，挺举146公斤破世界记录。

从小懂事能吃苦

1993年，邓薇出生在三明市一个普通的家庭里。小时候的邓薇家里经济困难，从小她就很懂事，照看妹妹，做家务，养成了勤俭节约，吃苦耐劳的性子。

7岁的时候邓薇就进入了三明市体校进行训练，在邓薇的记忆中，童年几乎都是在训练中度过的。没有机会和条件和同龄的小伙伴一样，可以撒娇央求父母陪自己玩，或者是买玩具之类的。问起小时候怎么走上练习举重这条路的，她说自然而然就选择了，现在也想不起来理由了。"爸妈在一开始的时候倒是不太同意我去练这个的，后来慢慢地也就默认了，现在很支持我继续这条路。"

福建省体育局局长徐正国和邓薇合影

无缘伦敦 升级变"一姐"

邓薇可谓年少成名，可是在运动生涯中，也吃了不少苦头

2008年的全国冠军赛上，15岁的邓薇夺得58公斤级的抓举和总成绩两块金牌，次年进入了国家队。2010年她获得青奥会、世锦赛冠军。然而在2012年伦敦奥运会的资格竞争中，年轻的邓薇没能竞争过李雪英，与伦敦奥运会擦肩而过。

2013年邓薇拿到全运会金牌,赛前遭遇休克,在世锦赛上她遭遇挺举三次砸锅无成绩的打击。

　　2013年全运会比赛,邓薇因为控体重,赛前休克,让教练队友吓了一大跳。全运会后,邓薇在教练组的建议下选择了升到63公斤级,她可以不用忍受赛前饿肚子的痛苦了。用陈文斌教练的话说,过去要在比赛前减掉4公斤体重,饿三天肚子,升级后,只要蒸掉点水分就好。

　　升级后,她第一个国际大赛就是2014年仁川亚运会,当时邓薇将原世界纪录提高了两公斤,但没想到林子琦横空杀出,竟然取得261公斤的逆天成绩,创造了世界纪录。经过了亚运会的洗礼,2015年美国世锦赛,她顶着腰伤仅试举两次就将挺举146公斤的世界纪录写在自己名下,并包揽三枚金牌。

　　2016年4月10日晚,在福建龙岩举行的2016全国女子举重锦标赛暨里约奥运会选拔赛63公斤级比赛中,福建队的邓薇两次超过挺举和总成绩的世界纪录,并刷新该级别挺举项目的全国纪录。

我不是"高冷女神"

　　邓薇在之前的新闻里被描述成"水平高、表情冷"。在记者加上邓薇微信时,发现这位"冷"女神用的是嗷大喵做头像,还是个害羞的表情,看来邓薇并不像想象的那样,用嗷大喵做头像的女生是有点小可爱的。果不其然,在和邓薇聊天时,不去联想她的成就的话,这也是一位普通的女生,喜欢晒朋友圈,分享一家人的趣事。

　　邓薇还和记者坦言,在体校时候也有做"坏事"被教练发现的糗事。在体校的日子很艰苦,日积月累的训练也有乏了的时候。于是在一次训练中,邓薇没有完成教练预订的任务,被教练发现了,邓薇被罚跑田径场20圈。"这件事算是印象比较深刻的了,一直到现在还记得。"邓薇露出微笑,腼腆地笑了笑。

　　奥运会前,当问到目前的备战情况时候,邓薇看起来非常轻松,"就正常的训练吧,成就也很稳定,没伤没病。"虽然比赛快临近了,邓薇还是保持着一颗平常心,"到接近比赛的时候才会紧张起来。"

邓薇的目标是为三明拿到第一块奥运金牌!

平日里,福建籍国家队教练陈勇一直照顾着邓薇。而福建举重的金牌教练陈文斌,因为签证问题,无法在比赛日抵达巴西。陈文斌表示,他赛前用越洋电话的方式,和陈勇教练沟通,布置战术,要求稳扎稳打。

"她训练有厚度,接下来的冬训,她会冲进270公斤。可以遇见,2020年,她仍能统治这个级别。"今早,金牌教练陈文斌告诉记者。他说感谢海都报读者多年对邓薇的关心,这次邓薇拿到奥运金牌,可谓实至名归。

邓薇学姐很棒
每一个参加奥运会的选手
小葵都为你们感到自豪

案例五
《严复全集》出版背后不可不知的二三事 | 第 360 期
发表于《福师大小葵》2015 年 1 月 7 日

为什么要编著《严复全集》?

今年,由福建师范大学严复研究所牵头联合京、津、港、台等地专家学者,共同完成《严复全集》编纂工作,并由福建教育出版社付梓,意义重大。

严复是福建的名人,是近代中国著名的启蒙思想家、教育家、海军元老,也是近代中国的译界泰斗和国学大师,在中国近代史上具有重要地位和影响。整理出版《严复全集》,是一项两岸民众均赞成的事宜,它可以连结两岸严氏宗亲的情谊,对建设地方文化,深化严复学术与思想研究,弘扬严复的科学救国精神,发扬光大中华民族优秀文化,加强海峡两岸的学术交流与合作,推进祖国和平统一大业,具有积极的促进作用。它的出版填补了这方面空白。

为此,本报记者在《严复全集》首发式举行之前,特地采访了《严复全集》主编汪征鲁教授,方便广大师生进一步了解严复其人与思想。

严复是谁?

严复(1854 年 1 月 8 日 – 1921 年 10 月 27 日),乳名体干,初名传初,改名宗光,字又陵,后名复,字几道,晚号野老人,福建侯官(今福州市)人,中国近代启蒙思想家、翻译家,是中国近代史上向西方国家寻找真理的"先进的中国人"之一。

严复系统地将西方的社会学、政治学、政治经济学、哲学和自然科学介绍到中国，他翻译了《天演论》《原富》《群学肄言》《群己权界论》等著作，他的译著在当时影响巨大，是中国 20 世纪最重要的启蒙译著。1921 年 10 月 27 日在福州郎官巷住宅与世长辞，终年 69 岁。

专访《严复全集》主编之一汪征鲁教授

今年年底，由我校主持编纂、福建教育出版社出版的《严复全集》终于出版。那么《严复全集》是怎么产生的？它的亮点又有哪些？严复其人和他的思想对中国近代史又有什么影响呢？带着这几个问题，近日记者专访了《严复全集》主编之一汪征鲁教授。

《严复全集》填补了一项空白

记者：经过几年的努力，今年年底《严复全集》终于付梓，您作为《严复全集》主编之一，请您跟我们介绍一下《严复全集》的基本情况？

汪征鲁：《严复全集》是由福建师范大学主持编纂的。福建师范大学地处严复故乡——福州，为百年老校，不仅深受侯官新学的浸润与熏陶，而且一直以来与严复宗亲有着密切的关联，如严复的第三子严叔夏曾任我校教务长和副校长，其后裔辜严倬云、严停云、叶文心、叶文立与我校保持密切交往，均为我校所聘的客座教授，因此，由师大编校《严复全集》既具有特殊意义，又责无旁贷。为此福建师大成立了编委会，编委会主任李建平，副主任汪征鲁、许明、黄旭。本书主编为汪征鲁、方宝川、马勇。《全集》的编纂得到了福建省人民政府《严复全集》编纂专项经费、福建师大社会历史学院"闽台社会历史与海峡西岸文化建设项目"经费的资助。

《全集》体例由汪征鲁、方宝川、马勇共同讨论厘定。具体承担编校任务的有：汪征鲁《群学肄言》，马勇《天演论》《日记卷》《信札卷》《诗词卷》，方宝川《名学浅说》《政治讲义》《严复评点沈瑶庆奏稿》，李帆《政文、序、跋等卷》上，李学智《政文、序、跋等卷》下，郑有国《法意》上，薛菁《法意》下，张华荣《原富》上、下，黄国盛《穆勒名学》，庄明水《八大译著之外之译著》，陈旭东《群己权界论》，方挺《社会通诠》，林大津《英文汉诂》，林校生《严复评点老子》，戴显群《严复评点庄子》，杨齐福《严复评点古文辞类纂》，欧明俊《严复评点王荆公诗》，兰英《汉英译名对照总索引》。由汪征鲁、方宝川负责审校全稿。

记者：《严复全集》第一次以全集的形式出版，该书有什么亮点？

汪征鲁：《严复全集》是严复所有著作的大结集，全新编排。全书共 11 卷 22 册，或点校，或编校，或整理，其中前 10 卷包含了严复的翻译、编纂、政文、序跋、诗词、信札、日记、账册、评点等类所有作品。该书的亮点是：翻译著作部分收入了

《天演论》等八大译著和八大译著外之译著,《天演论》共收入了6个不同版本;评点作品部分,及时收入了新发现的《手批〈植物名词中英对照表〉》,为飨读者一读,此部分特采用影印与整理相配合的做法,把原件的原貌呈现给读者。为了方便检索与阅读,增设了一"附卷",包含"汉英译名对照总索引""英汉译名对照总索引""严复研究资料目录"三部分。《严复全集》的整理出版,可以连结两岸严氏宗亲的情谊,加强海峡两岸的学术交流与合作,是一个填补空白的工程。

近代中国西学第一人

记者:今年适逢甲午之年,120年过去了,回顾中国近代那段屈辱的历史,您觉得严复对近代中国社会变革有什么影响?

汪征鲁:严复是福建侯官(今福州)人,乳名体乾,谱名传初;后改名宗光,字又陵;入仕后又改名复,字几道。笔名有天演宗哲学家、尊疑、尺盦(庵)、辅自然斋主人、观我生室主人等,晚自号瘉(愈)壄老人,籍称严侯官。曾担任福州船政学堂教习、北洋水师学堂总办、京师大学堂附设译书局总办、上海复旦公学校长、安庆高等师范学堂校长、清朝学部名词馆总编辑、北京大学首任校长等职。是中国近代史上著名的启蒙思想家、翻译家和教育家,与洪秀全、康有为、孙中山一起被誉为"向西方寻找真理的一派人物"。其以译介西方资产阶级著名学者的著作名世而成为"介绍近世思想的第一人"。他译著中的按语及他的其他论著,涵盖了西方哲学、经济学、社会学、政治学、法学、伦理学、逻辑学、历史学、教育学等多门学科,在推动中国传统学术方法的近代转型以及构建中国近代新学科体系中,严复的筚路蓝缕之功殊不可没。其文章、译著后辑为《瘉野堂诗集》《严几道诗文钞》《严译名著丛刊》《侯官严氏丛刊》《侯官严氏丛刻》《严侯官先生全集》《严复集》等。

严复生于古老的中国面临"数千年来未有之变局"和"数千年来未有之强敌"的危机时代,中国被列强瓜分,中华民族面临着沦亡。先进的中国知识分子面对被坚船利炮裹挟着梯航东来的西学,开始以客观的态度审视西学,以开放的心态直面现实,果断地做出了"师夷"的理性选择。一时间,学习西方以自强的各种思潮和运动如雨后春笋般沛然而兴。新学即是这一时代的产物。作为晚清社会的主流学术思潮,新学是在鸦片战争以后,西学东渐,中国民族危机加深的历史条件下,中国传统文化在融会西方文化的基础上形成的一种新的学术文化类型,是中学的近代化形态。

记者:严复作为近代中国西学第一人,他的主要思想是什么?

汪征鲁:一般而言,学术界将晚清东渐之西学分为三个层面:一是器物层面,即物质文化,如坚船利炮;二是制度层面,即制度文化,如议会制度;三是价值观层面,即精神文化,如世界观和方法论。这也是中国现代化次第演进的三个阶段。

如果从地域文化的角度划分,我认为,这三个阶段还可以这样划分:第一阶段是以张之洞为代表的南皮新学,其以"中学为体,西学为用"为标识,主要学习西方的器物技术,它的社会实践为洋务运动;第二阶段是以康有为为代表的南海新学,其主张维新变法,学习西方的议会制度,它的社会实践是戊戌变法;第三阶段是以严复为代表的侯官新学,其揭橥"以自由为体,以民主为用",主张学习西方资本主义的世界观与方法论,真正体现了中西文化在核心价值体系层面的交融,以现在的研究而言,它的社会实践即是1919年的"五四运动"。

严复之侯官新学是新学的集大成者

记者:严复作为侯官新学的代表,侯官新学指的是什么?

汪征鲁:在这里,侯官新学中的"侯官"不仅仅是一个地域概念,更是一个人文学术概念,是一个以地域命名的思想文化流派。广义而言,侯官新学是指在福建的自然地理环境与社会历史文化背景下,在两宋以来闽学的浸润与观照下,以及清朝末季这一地区中西文化的交流激荡中,诞生出来的一个文化学派。应当看到,一方面它是晚清以来,福州乃至福建地区爱国志士为挽救民族危亡,探救中国的富强之路,主动向西方学习,从而在不同程度上产生了中西文化融合的成果,其中典型的表现之一是福州马尾作为中国近代海军的摇篮而孕育出的福州船政文化;另一方面,它也是西方传教士在福建地区传播基督教、创办新式学堂、开展慈善活动之积极社会效果催生下的产物。狭义而言,侯官新学特指严复的新学思想。

记者:侯官新学特指严复的新学思想,严复对侯官新学有什么贡献?

汪征鲁:严复创建侯官新学,是与其兼具深厚国学底蕴与坚实西学基础的知识结构互为关联的。众所周知,严复自幼深受中国传统文化的熏陶,并终其一生从未停止对中国古籍的研读,后又师从桐城派大师吴汝纶研习古文,国学根底颇深。14岁时,严复考入福州马尾船政学堂,开始系统接受西方自然科学的教育。1877年,24岁的严复乘槎西去,负笈英伦。期间,严复不仅学习高等算学、格致、海军战术、海战、公法及建筑海军炮台等以练习水师兵法为旨归的课程,而且"于管驾官应知学问以外,更能探本溯源","于西学已有窥寻"。他说:"格物致知之学,寻常日用皆寓至理,深求其故,而知其用之无穷,其微妙处不可端倪,而其理实共喻也。"正是留英这一教育背景决定了严复一生的功业。从此,"英文是他汲取西方思想的媒介。英国成为他理想国家的范本。英国人的思想支配了他的思想发展"。梁启超说他"于西学中学皆为我国第一流人物"。中西合璧的知识结构,注定了严复是晚清新学思想家行列中对西学认识最深的一位,是近代中国"精通西学第一人"。惟其如此,他才能够直入西方文化之堂奥,深得个中三昧,最终漂洋过海,将之植根中土,成为中国近代思想启蒙的巨擘。当年唐僧玄藏不惮万里荒漠赴印度取得真经,严复犹如近代海上玄藏,远涉万里重洋,为死气沉沉的近代中国取来资本主义的天火而真正开启了中国传统社会近代化曲折漫长的进程。就其理论而言,侯官新学无疑是新学思想体系中最成熟、最系统同时也是最富创新性的一支。其功阙伟。

记者:以严复为代表的侯官新学的具体内涵是什么?

汪征鲁:严复侯官新学之精要表现为:以自然科学为本的思想;以进化论为核心的自然观与以社会进化论为核心的社会历史观;以数理逻辑为核心的方法论;以"自由为体,民主为用"的核心价值体系;政治上以"三民论"为核心的救国方略。

总之,严复之侯官新学作为新学的殿军是新学的集大成者,是在前面张之洞之南皮新学、康有为之南海新学的基础上最终摆脱旧学之羁绊,全面引进西方资本主义之世界观、方法论和价值观,或者说是在世界观、方法论和价值观层面进行了中西文化的融合。这为中国传统社会的转型奠定了重要的思想理论基础。这一思想理论的社会实践就是后来发生的五四新文化运动。五四运动所倡导的科学、自由、民主,与侯官新学所倡导的科学、自由、民主是一脉相承的,是同质同源的。

案例六
《为你们点赞!绽放在数字中国建设峰会上的福师大小茉莉们!》
发表于《福师大小葵》2018 年 4 月 22 日

今天,首届数字中国建设峰会开幕了!

4 月 21 日至 25 日,数字中国建设成果展览会也同步举行。

这次,在举国瞩目的数字峰会里,值得关注的不仅有数字理念、数字生活的集中展示,还有身着以茉莉花为元素志愿者服装的 1070 名志愿者的身影。

而其中,最为我们熟悉的是 208 名代表福师大出征的志愿者们,分别在职新闻中心志愿者、一对一志愿者、媒体沿线保障志愿者、酒店服务志愿者四个岗位。

今天,小葵为你揭秘,师大志愿者是怎么炼成的?

未雨绸缪,通用知识培训

首届数字中国建设峰会志愿者通用知识培训课程安排表

3月下旬,当数字峰会志愿者经过学校团委、省团委层层筛选,确定名单后,志愿者的通用知识培训就紧锣密鼓地开展了。培训课程的安排是为了确保首届"数字中国"建设峰会志愿者全面了解峰会基本情况,通晓志愿服务基本知识,掌握志愿服务岗位技能,更好地为峰会和各项活动顺利举办提供优质、专业、高效的服务保障。

循序渐进,岗位专题培训

"我愿意成为一名光荣的志愿者。

我承诺:

尽己所能,不计报酬,帮助他人,服务社会,

践行志愿精神,传播先进文化,

为构建和谐社会贡献力量!"

4月1日,首届数字中国建设峰会志愿者出征仪式在福州海峡国际会展中心举行,1070名志愿者立下誓言,大声说出了自己的名字,为宣誓烙上了自己的印记,而峰会志愿服务也就此,正式启动。

志愿者行程安排表

"走路的时候注意去找一条直线,落脚要在线的两侧……"

福建共青团

  4月8日，数字中国建设峰会志愿者形象礼仪强化集训在福建师范大学体训馆内进行，由福建省形象设计协会会长贺彩担任主讲老师，指导培训现场的184名学生礼仪走步，规范姿态。

  4月13日下午两点，近200位一对一陪同志愿者进行了岗位专题培训。培训开始前，福州市委接待办张炜鸣主任向各位志愿者讲述了本次会议的重大意义，讲述了本次会议的规格之高，领导之重视，同时提出了三点要求，希望能够让嘉宾"高兴而来，满意而归。"

福建共青团

  接着，陪同志愿者负责人对于不同嘉宾的接待标准、行程安排、交通保障等等方面的工作进行了培训，负责人以志愿者角度梳理了陪同前期、中期、后期的各项工作，提出了各项工作的注意事项。

福建共青团

培训的最后,负责人对于接待细节、礼貌话术、信息上传下达等工作做了进一步详细的规范和要求。

参加培训的每一位志愿者手中都拿到一份志愿者工作手册,包括嘉宾基本信息、日程安排和工作流程。志愿者认真学习,并根据培训讲授内容增加笔记,不时地与负责人交流提问,尽全力学习,为显现福建省接待能力和风采做着准备

4月14日一早,一对一志愿者赴往长乐机场、火车南站、喜来登酒店、福州(北)站现场踩点。在机场时,徐凌霄老师向志愿者们详细介绍了接送嘉宾的细节,并就志愿者提出的疑问进行耐心解答。

机场接送环节,他强调,"出发前与司机电话联系后还需发信息进行文字确认;务必乘车前往机场时车只能停在社会停车场;领取接机牌需在4号门附近的峰会欢迎台处将A4纸插入接机;下载航旅纵横App时刻关注航班动态。"

航班落地后,与嘉宾电话联系并告知在国内/国际抵达口处举接机牌等待;若嘉宾同行人数超员,礼貌指引其他人员乘坐峰会摆渡巴士。"切实落实好嘉宾的每一项事宜,确保有礼有节地完成抵离迎送的任务。

步步为营,演练再进发

徐玉

4月15日志愿者在酒店和海峡国际会展中心进行了模拟演练。媒体运营服务中心志愿者在世纪佳缘酒店演练。酒店服务志愿者引领"媒体嘉宾"进行入住办理,包括人脸识别、物料及房卡领取、信息补录。

福建共青团

随后,新闻志愿者在海峡国际会展中心进行了第二次演练,熟悉各自的工作岗位及操作事项,新闻发布厅点位人员到位。新闻发布会演练结束后,在新闻中心用笔记本电脑连网线,工作人员手机在线,进行网络测速。

福建共青团

除新闻媒体外的其他所有志愿者进行模拟开幕式现场演练,同传设备检测,填写4G网络调查问卷,模拟大数据论坛,模拟分论坛等活动中午在结束了一早的踩点后,志愿者们在火车南站有序领取盒饭,搭配合理营养丰富美味可口的盒饭带走了一早的舟车劳顿,也让人感受到活动组织者对志愿者的温情关怀。

"我愿意成为一名光荣的志愿者。"

> 我承诺：
> 尽己所能，不计报酬，帮助他人，服务社会，
> 践行志愿精神，传播先进文化，
> 为构建和谐社会贡献力量！

誓言犹在耳畔回响，今日，208 名福师大青年志愿者，完美绽放在首届数字中国建设峰会现场！

案例七　《消灭不开心，今年，你们的 pony 老师去了……》
发表于《福师大小葵》2018 年 6 月 11 日

大家还记得这个视频和 pony 老师吗？没错，这次，她要带大家游台湾啦！

> 在士林夜市里兜兜转转
> 吃一碗阿嬷的手工芋圆
> 在 101 大楼
> 俯瞰全岛美景
> 买一张《海角七号》的景点导游图
> 在垦丁蔚蓝的海岸线上骑行
> 学校的交换生项目
> 让我开拓了自己的视野
> 现在，跟随镜头，pony 老师带你游台湾！

pony 老师的心得 1. 消灭不开心,年轻笑着拼,年轻人就要多见见世面。

2. 台湾这边不仅风景好,而且人也好,而且可以体验不同的人文风貌,所以大家可以仔细考虑,理性选择。

学习篇

1. 由于台湾交换生采取选课制度,所以到这里的第一周就是确认自己的选课,是否足够抵师大的应修学分,开学前一周可以尽量多去上一些有兴趣的课程,再做决定。

2. 这里是没有午休以及晚饭时间的,所以要认真地看每一节课的时间究竟是几点,不要为了集中上课时间,导致学习疲惫。

3. 大多数老师都拥有留学经历,所以他们可能上课会喜欢用英文,所以得习惯一阵子的繁体字和英语在大脑里面的知识转换过程。

生活篇

1. 在日常交流上面,除了台湾腔外,一些词语的说法也不大一样,比如说我们一般说"堂食",在台湾就会说"内用","储蓄罐"被叫做"扑满",所有的"液"字都念做"yì"。不过大体上不会影响交流的!

2. 如果你认为全世界的公交车都是上车付钱,那在台湾你可要注意啦。在这里,乘坐公交车有上车收费、下车收费、上下车都收费三种形式。如果不懂可以去问热情友善的司机叔叔。唯一的缺点大概就是很贵的交通费。

3. 遍布大街小巷的7-11,莱尔富,全家便利店功能多样。除了买零食,还可以处理很多日常的事物,比如取钱,买火车票,高铁票,电影票,演唱会门票,交通卡储值,甚至寄快递,更多神奇功能等你解锁!

4.

美食篇

1. 这里的食物和人一样,都甜甜的。大多数的美食都藏在各大夜市之中,你可以大饱眼福、口福!

2. 至于这里究竟辣不辣,由于每家店对于辣的定义都不一样,所以理性选择,以免被辣到哭了。

3. 来台湾怎么能不吃冰和各种蛋糕甜品呢?这里简直是甜食的天堂,提前在网上做好功课。

四月春假,骑着小机车,穿梭在花莲、垦丁的大道上,感受着海风,烈日也在皮肤上留下痕迹。每个地方各有风情,但都给人一种安心的感觉,一切事物都很缓慢,很舒适。

对于要不要选择交换学习,见仁见智,别人的经验也不一定适合你。在异地有的时候也会想家,也会纠结自己做的决定是否正确,很多事情不知道做了会不会后悔,但不做一定后悔。

学习、生活、美食……
向往的生活映照着点滴的幸福,
无论是求知的旅途,
还是生活的酸甜苦辣,
还是美食的绝妙诱惑,
你都能遇到最美的风景
所以在路上无论遇到什么,
最美的风景一定是人!

案例八

《四六级|都说人有多大胆,复习有多晚》
发表于《福师大小葵》2015年12月18日

对于四六级考试,我们的终极目标就是一个字——过!但是,小葵确实也看到了这样的现象:人有多大胆,复习有多晚。就知道大家都如此任性,那现在小葵要助攻了,教你如何一夜逆袭四六级。

Part1 听力

现在,请掏出听力真题,一口气把一套题中的听力部分全部做完。听完之后开启虐耳模式,加快播放速度来听,过了今晚,你就会找到那种感觉,考场上能如鱼得水。

Ⅰ对话题:预读+关键词句+场景判断

①预读:用试音和念题的时间熟悉选项,锁定关键信息点;

②关键词句:but、however、unexpectedly 一类的转折词。"why?""It would be better"一类表示建议的句子,都可能含有关键信息;
③场景判断:通过句中重要名词和常见高频动词判断场景,提高准确率。

Ⅱ短文理解:开头+结尾+标志性细节
①重两头轻中间:西方人说话喜欢单刀直入、开门见山,所以往往开头结尾都会包含许多信息;
②标志性细节:时间、数字、地点等信息;
③以听为主、以记为辅。

Part2 阅读理解

四六级的阅读,小葵建议千万不要把它当成美文去一句句地欣赏,也不要想单个弄清词句的结构和释义。毕竟,考前还在看微信的你肯定没有在背诵单词,所以四六级的文章怎么读呢?

Ⅰ:注意词汇
①注意以下词:否定词、因果连词、转折词、核心词;
②四六级阅读考试以细节题为主导,所以选择答案时不要进行推导,要以文章信息为主导来选择一个原文的信息或者是同义改写的信息,以提高选项的正确率;
③通过题目确定答案所在位置,采取局部定位阅读法,做到既准确又提高做题速度;
④关注语境,整体把握全文。考试中有这样一种现象:文章读起来不难,但做起题来感觉难,尤其是类似于"本文推断、暗示了什么"这样的题目。考生一定要结合上下文语境,全面把握文章的中心思想,在文章整体思想的指导下做题;
⑤克服不良的阅读习惯,采用意群阅读。

Ⅱ谨慎选择:
①虽覆盖全文意思,但显得笼统;内容太窄,不能覆盖全文内容,只是内容一部分;与内容毫不相干或相悖;
②观点态度干扰严重,考试时考查学生揣测作者观点态度时,正确选项要么是肯定、赞扬、褒义性的,而又或是否定、贬义性居多。所以此类题型中的中性词(different,ambivalent,neutral,impassive)一般均为干扰项。

321

Part3 翻译

新四六级考试提高了对翻译的要求,题型为段落汉译英,如何在现有的基础上再往上提一个分档呢?小葵为你支招。

Ⅰ:翻译支招

①根据原文含义增减词语;

②恰当运用词类转化;

③警惕被动语态;

④灵活选择分译与合。

Part4 作文

Ⅰ:5C 原则

①CLEAR 字迹清楚,段落明朗,要让阅卷人一目了然;

②COMPLETE 内容完整,紧扣提纲,不要有遗漏或随意改变提纲要点的顺序;

③CORRECT 语言的质量,首先保证语法的拼写正确,小词或短句都可以,有能力还要追求闪光词句;

④COHERENT 先总后分,连词用上,文章最好采用开门见山的格局,段落之间关联词也要注意使用;

⑤CONCISE 语言简练,论据得当,不要啰嗦也不要过于重复和堆砌。不要为了凑字数写上太多经典句型,要敢于表达自己的想法。

如果你以为这就完了,那么你就错了

下面送上文学院 2015 级汉语言文学专业黄小洋同学的独家学习方法,给下一年将要参加四六级考试的同学们。小洋同学高三前在香港获得法语等级考试的 A2 证书,于今年 11 月份在"外研社杯"写作大赛中获省特等奖,成为学校唯一一位闯进总决赛的选手,12 月 9 号前往北京参加全国总决赛。

英语的话主要是参加练习口语的培训班,像和外教打电话,通过每天聊一个

话题去增加自己的词汇量,因为很喜欢英语,还去上了托福。学习资源的话,像 Ted 演讲视频,Sixty-Second Science(SSS)关于科学知识的节目,《Reader's digest》杂志、《Discovery》杂志等都是我通常看的,平时也喜欢看美剧,可以通过看剧琢磨他们讲话的语气去学习英语。

学习英语不能仅仅局限课本,但是也不能跳出课本。首先是背单词,课本上的单词背下来之后还可以联系单词本身的其他形式,形成一个系统去背诵;接下来是要多读,可以是名著或是自己感兴趣的文章,多读课文是很有必要的,要把学到的知识点用到自己的作文上;最后是听力,可以借助一些软件每天多听一些,其实学英语最主要的还是考积累。

最后的贴示
①不要为了赶题目,最后留几分钟涂答题卡
②不要觉得阅读做烦了就索性放弃
③带齐准考证、身份证等必备证件、黑色签字笔、2B 铅笔和橡皮

希望大家都能通过!

案例九 《**如果给师大各学院组合,那最有爱的应该是这几对!**》
发表于《福师大小葵》2017 年 5 月 8 日

青春是场跌跌撞撞的旅行
多幸运在师大一路有你
与我分担寒潮风雷霹雳
与我共享雾霭流岚虹霓
……
——来自某学院的悄悄话

学院们在师大相遇、相知
经历一年又一年的相伴
学院们
也渐渐有了自己一想起来就会微笑的对象
小葵深入师大

为你讲述学院组合之间
可爱的日常

储蓄组合
外国语学院 & 数学与计算机科学学院
（小外 & 树季）

树季自认大大咧咧到哪都能展开,可是一到小外面前就收敛了。

小外擅长好多语言,不论是高贵冷艳的伦敦腔英语、柔和的葡语还是软软糯糯的日语,好像每种语言都驾轻就熟。

当然,树季能听懂的毕竟是少数,有时候还要小外再翻译。

小外生日那天树季鼓捣了一个酷炫的代码给她,打电话问小外怎么样,看着屏幕光影闪动,一颗字符拼起的爱心跃然于上,小外目光停留在"Love you forever, and seriously",那是小外曾经读给树季听过的一句话,意思是:喜欢你,认真且怂,从一而终。

感动了好一会儿,小外对树季说:"真好。"

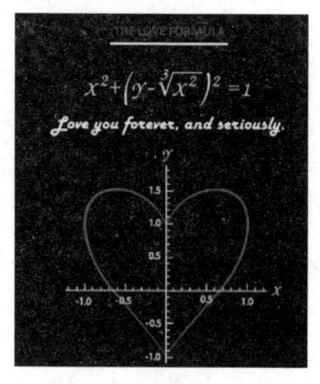

$$x^2+(y-\sqrt[3]{x^2})^2=1$$

Love you forever, and seriously.

才华组合
材料科学与工程学院 & 化学与化工学院
（蔡辽 & 小化）

蔡辽和小化散发出的恋爱的气息简直无人能及。

以前每天都待在一起,如胶似漆。

即便是后来不得已在距离上分开了一点,却依旧情深似海。

但是今天,看到蔡辽和别人互动,小化有点吃醋。

蔡辽敏锐地察觉到了小化的小情绪,摸了摸小化的头。"乖,把手给我。"

小化乖乖地伸出手。蔡辽伸出修长的食指,在小化手心写字。

"L－T－C－C"

这是只有小化读得懂的甜言蜜语。

心情因为这句密语而雀跃起来,小化凑到蔡辽的耳边小声说:

"即便我们身处异地,像千万水分子中的氟化氢,我的心也会用氢键与你相连。"

这里蔡辽撩小化用的"LTCC",

通常意思是指 Ca－Al－Si 系低温共烧陶瓷,

而 Ca、Al、Si 在元素周期表中分别是 20、13、14 号元素,

寓意……机智的你应该已经懂了吧?

不过这样表白的按道理可能会永远……

还好小化和普通对象不一样,能懂得蔡辽在说。

这也许就是印证了那句话吧——

相互懂得,比相爱更难得。

相爱相杀组合

公共管理学院 & 法学院

(龚琯 & 小法)

异地辛苦,龚琯打着"管理也管你"的旗号要求小法和所有院保持 10000m + 的距离。

法学院:"臣妾做不到啊。"

于是这对组合早晨吵了个架,二者的冷战到下午的辩论赛为止。

这次的辩题是"爱与被爱何者更幸福"。小法是正方二辩,认为爱比被爱更幸福。龚琯则相反。

两个人都是攻辩,互相炮轰,从头到尾。

突然,龚琯抛了一个问题。

"请问正方二辩,你有对象吗?"

小法无奈地看着她,"这跟今天的辩题没有关系。"

"请正面回答我的问题!"

"……有。"

"你爱不爱你对象?"

"……爱。"

"你觉得是你一厢情愿地爱着你对象更幸福还是你能感觉到你对象也深切地爱着你的时候更幸福？请回答前者或者后者！"

"…后者。但是你这个前提……"

"好了,那就是你对象爱着你也就是你在被爱的时候更幸福了。没有问题了,谢谢主席。"

小法被呛得哭笑不得,本觉得应该生气,但看到龚琂眸子里快活的光,突然就什么脾气也没有了。应该算和好了吧,小法想。

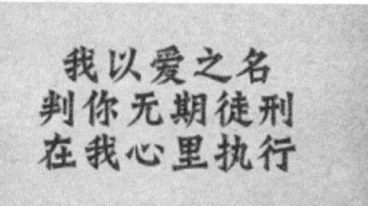

> 我以爱之名
> 判你无期徒刑
> 在我心里执行

根正苗红组合
教育学院 & 马克思主义学院
(郊喻 & 马源)

郊喻学过心理学,却无法解释自己遇见马源时微妙的心理。

遇见马源的时候伴装不在意,目光随意地掠过他。

遇不见马源的时候又有点失落。

后来才知道,这种感觉叫做"在意",是"喜欢"。

郊喻对哲学与长篇大论其实没那么感兴趣,但如果由马源讲出来,郊喻突然发现其实这些看起来又红又专的理论还是挺有趣的,甚至有些也能用进对小孩子的教育中。

他们的共同话题很多,日久情深。

某日在聊天的时候,马源突然冒出了一句话。

"我们一起培养下一代吧。"

郊喻愣了一下,旋即笑着说道:"好,请多指教。"

都是大佬组合
经济学院 & 生命科学学院
（京济 & 笙轲）

笙轲在科研之余张罗起了美食工厂,连日来一直窝在里面做一项大事业。

京济这段时间在商业场上忙得连轴转,经常是要么吃饭吃得不规律,要么连吃饭的时间也没有。

今天中午助理定点敲门,送上附着"按时吃饭"便签的便当和饼干。

那字一看就是笙轲的,京济心头一暖。打开便当,饭菜看上去也是笙轲的一贯风格,凹出了各种小动物的造型。

手机这时"嗡"地振动了一下,"大老板,中午吃得好吗?"笙轲的消息。

京济忙吃了几口,回复了一个"向大佬低头"的表情。

"再好不过了。"

动静结合组合
美术学院 & 体育科学学院
（美述 & 缇可）

相较于人像来说,美述更擅长画风景,尤其喜爱画师大风景,缀星雨湖上粼粼的波光,描雨后初晴的彩虹,绘老建筑古老的线条。但画多了纯粹的风景后,总觉得风景中仿佛少了些什么。兴许是人?美述百思不得其解。

某个傍晚美述溜到缇可的训练场边,支好了画架。此时缇可刚结束训练,满头大汗朝着美述跑来,接过美述递过来的水和毛巾。

"哟,咋还带画板来了?今儿画训练场景色吗?"

美述笑着说:"对呀,愿不愿意当我的模特?"

"哇当然愿意,简直荣幸之至。说吧,我该凹什么造型?"

"你就……这样,这样……"美述拉着缇可,指导其摆造型。

夕阳下,作画者的笔飞舞着,缇可趁美述低头的瞬间偷偷瞄了其好多眼。原本动如脱兔的人静了下来,而静如处子的人忙个不停。

最后的画作,布满了夕阳温暖的色调,有多彩的风景,还有深情的人。

传音千里组合

传播学院 & 音乐学院

(川原 & 殷悦)

川原准备搞一个新闻,而且是对殷悦保密的。

殷悦在筹办一场演出,也对川原封锁了消息。

川原在相识纪念日那晚,在剧场里播放了包含殷悦所有演出瞬间的剪辑视频,配着动人的旁白。

视频结尾传来川原的声音,"我以前,我现在,我以后,我爱你。"

殷悦那晚含着热泪唱了一首又一首为川原而备的情歌。

"未来的日子有你才美,梦才会真一点。"

你最珍贵。

环游世界组合

社会历史学院 & 地理科学学院

(佘粒 & 狄科)

佘粒喜欢游历四方,狄科向往星辰大海。

于是一拍即合。

这次他们去的是历史上的英雄城,地理上的不冻港——摩尔曼斯克。

牵着手游览极地博物馆,相互依靠着等待极光。

那道美丽的极光出现时,狄科握紧了佘粒的手。
"你是摩尔曼斯克,我是北大西洋暖流,
你该被抱紧,有风我来顶。"

文武双全组合
文学院 & 物理与能源学院
(温鸢 & 伍源)

异地。

每次见面温鸢总是叽叽喳喳地说话,眉飞色舞的样子。

伍源在温鸢面前说得少听得多,很希望时间接近光速,延长多一点,再多一点。

有次去参加一个活动,人潮汹涌,

温鸢顾着看热闹,回过神来才发现两个人走散了。

温鸢着急地在人群中搜索着伍源,奈何怎么看也没看到。

突然背后传来熟悉的声音,"哎,傻鸢。"

温鸢回头,伍源就站在身后。

众里寻他千百度,蓦然回首,那人却在灯火阑珊处。

后来谈起这件事,温鸢好奇地问他,"诶,你当时怎么找到我的啊?"

伍源一本正经地说,"靠引力。"

所有的情节 都不是预设
而是长久陪伴下催生的彩蛋

学院们年年岁岁紧密联系

相知相依共同前进

他们的故事

未完待

续

小话题

来聊聊你心目中的学院组合吧

案例十
《想和最好的他/她在省档案馆"遇见未来"吗？30张时光机坐票等你来抢！》
发表于《福师大小葵》2016年6月10日

"现在，青春是用来奋斗的；将来，青春是用来回忆的。"为了记录现在你的奋斗，作为将来你回忆青春的见证，小葵与省档案馆将携手举办大学生"遇见未来"信件投递和影像录制活动。欢迎小伙伴们用文字、影像把心中的梦想、对家人朋友的寄语、对未来的期许保存在省档案馆，留待未来的你重新开启，回忆曾经的青春与梦想。

信件内容

所有内容以"遇见未来"为主题，例如你希望未来的自己是什么样的，生活在哪个国家、哪个城市，从事什么行业的工作，希望自己拥有什么样的感情。为了实现这些，你有什么样的规划，正在做着什么样的努力，在通往未来的路上会遇到什么样的困难，又是否为此做好了充足的准备……

所有信件将由档案馆独建目录，永久保存，若干年后可凭证件到档案馆取阅。

信件形式

信件要手写。长短、文体、格式不限。信封上要写明个人姓名、学校、班级、身份证号等主要个人信息以便日后取阅。

录制视频

视频录制同信件要求一致,要围绕"遇见未来"主题,畅想未来立足的城市、从事的职业、爱情家庭生活……为了实现对未来的期许,自己有什么规划,正在做什么样的努力。

每个人录制时间不能超过三分钟。

你是否想跟未来的自己说说话,是否想记录下正值青春年华的自己奋斗的模样,是否想定格住此刻发生的美好的事情……留些温暖的记忆,在岁月老去的以后,在逐渐淡忘过往的时候,可以借着这些留存下来的东西,回忆往昔。

快快一起来乘坐时光机,大声告诉未来的自己吧!

案例十一

《1 个会议,4 种分工,8 天准备与付出,154 位师大志愿者在行动!》

发表于《福师大小葵》2017 年 10 月 6 日

他们是外国语学院的学生,用专业知识服务外宾。

他们是师大的志愿者,任务繁重,也能出色完成。

活动开展,高规格会议下的默默身影

9月21日,中国-小岛屿国家海洋部长圆桌会议在平潭国际旅游岛隆重举行,来自四大洲的多个国家出席了本次会议。

值得关注的不只有高规格的会议,还有为了此次会议顺利召开默默付出的志愿者们。他们是来自师大外国语学院的154名志愿者,不仅值得我们关注,更让我们感到骄傲!

为了提高工作效率,使服务更周到,志愿者被分为接待、交通、麒麟、雅阁四个小组。接待组负责联络外宾;交通组负责在机场、火车站接送外宾;麒麟组主要负责麒麟酒店主会场的引导、会务保障工作;雅阁组负责引导外宾入住登记,熟悉酒店的流程与用餐环境。每个小组有固定的人数和小组长。细致入微,礼貌迎宾,每个师大志愿者一直牢记于心。

服务在前,尽心尽力的志愿者们

"前期我们先是去酒店进行礼仪方面的培训,告诉我们站姿坐姿以及走姿,到管委会后进行的平潭知识培训,让我们更好地了解了平潭的风土人情,好对外宾介绍相关事宜。"来自外国语学院英语非师范专业的陈文娟分享道。

会议只用了两天时间,但志愿者们需要提前一星期时间准备,有专业的老师指导培训,志愿者们必须不断地练习。培训内容涉及志愿者的服务理念,志愿者的礼仪培训等。"老师讲课的过程中时常和我们打趣儿,亲身示范站姿、坐姿。如果没接受培训,很多注意事项我们都不会意识到。"志愿者们由衷地发出感叹。

前期的培训,为这群师大志愿者们为外宾称道的良好表现奠定了坚实的基础。

奔波在路上,师大的"暗夜小精灵"

来自外国语学院 2015 级经贸英语班的唐媛媛是交通组的总负责人。忙于协调交通组各方面事务的她,笑称自己"体会到了带队老师的不易"。

交通组负责一对一跟车接待和酒店路引的工作,常常夜里还在平潭海峡大桥上奔波,宛如暗夜小精灵。志愿者的工作强度很大,但他们依然坚守岗位,微笑接待每一位来宾,展现师大志愿者的风采。"所有工作结束时,可以看到大家露出最开心的笑容",这是唐媛媛最为感动、印象最深刻的事情。

负责一对一接待外宾的陈文娟,也是一只"暗夜小精灵"。她在凌晨两点接机,并在第二天早晨负责叫醒外宾。陈文娟是第一次进行一对一的接待服务,不免有些紧张,但外宾的友好缓解了她的情绪。"外宾对我们的服务非常满意,也表达了他们的感谢。"外宾的夸赞,让陈文娟觉得辛苦付出都是值得的。

与外宾的二三事,充满趣味的种种感动

"本次活动中我最深刻的记忆,就是与我负责一对一接待的意大利女博士 Elena Consiglio 的愉快相处。她真人比照片更加漂亮,举止优雅气质不凡,谈吐间可见其学识渊博涵养优秀。和她相处的几天中,我学到了非常多。最后,我的朋友 Elena 还赠送给我一个贝壳打磨的吊坠装饰品,very nice!"雅阁接待组的张以琛和我们分享道。

陈文娟也收到了不一样的温暖。行程结束后,负责对接的外宾想带一些中国特色产品回国作纪念,便在陈文娟的介绍下,买了四只招财猫。作为感谢,外宾将一支特色的木制小帆船送给了陈文娟。

返程离开时,外宾突然出现,给了陈文娟一个大大的拥抱。"当时真的超感动,超想哭",陈文娟忘不了当时的心情。因为行程原因,陈文娟没能为外宾送机,这也成了她的遗憾。

八天志愿行,师大志愿者的坚持与笑脸。

八天的平潭小岛屿志愿者之行,是师大志愿者们的坚持与笑脸。他们将压力化成动力,成为会议上一道靓丽的风景线,展现师大人的风采。"不计得失,平潭之行,留给我们的终究会是一份美好的回忆。"回想起这八天,唐媛媛十分感慨。

8天,192小时,154张笑脸。

你们是志愿者,是我们引以为傲的师大志愿者。
让我们一起为师大志愿者们点赞!

第九章　品牌引领：小葵形象深入人心

高校共青团最大的优势之一就是人才储备丰富，并蕴含很强的创新创意资源，尤其是青年学生的力量不可小觑。比如小葵新媒体工作室，机制完善、队伍健全、保障到位，在参与学校网络文化建设和管理的丰富实践中，培养和建立了一支人数近150人、专业优势明显、工作热情高涨的网络新媒体工作队伍；同时设有技术部、动漫部、产品开发部，确保源源不断的网络文化产品供给；设有通联部，紧密联系全校2000多名团学组织新媒体学生管理员，他们是实现以上协同开发项目的人力资源基础。截至2017年5月，小葵文创已经打造出线上产品178件，实物产品560余件，共计"社会主义核心价值观、井冈山传统教育、团宣教育、爱校荣校、'两学一做'"八个系列。小葵文创产品丰富多元，围绕着"爱、忠诚、责任、理想"的小葵精神，取材于同学们日常的学习生活，发掘了团员们的首创精神，经过小葵团队一次又一次"头脑风暴"，创作出受到广大师生喜爱的文创产品。这些文创产品有效地增强了线上线下活动的吸引力和凝聚力，扩大了高校共青团的影响力和覆盖面，创造性地达到了高校共青团开展思想引领的目的。

第一节　形象植入：时尚新颖

教育产品怎么让青年人喜欢看、愿意看，用什么方式可以赢得大家的共鸣？这是思政工作者需要思考的问题。为什么说"产品从学生中来又迅速地可以到学生中去，有效缩短了育人产品到达同学的时空距离"，就能产生良好的教育引领效果，让青年学生喜闻乐见呢？这其中关键的问题是：这些依托于新媒体创新创造的产品，改变了传统的思政说教方式，改变了故事讲述方式。首先，福建师范大学团委用卡通形象代替"老师说"的形式，诞生了"福师大小葵"形象，成为爱、责任、理想和正能量的代言人。经过4年的发展，赢得了青年学生的喜爱，难能可贵。

一、让"有趣"变为"兴趣",打造鲜活可爱"小伙伴"

我们在小葵形象的推广中,注重迎合了高校大学生的文化口味——可爱的外形、有趣的卡通、生动的故事、潮流的表情,完全不带"课本味儿"、没有"理论口音",自然很容易吸引到他们的目光,引发他们的兴趣。

我们在推广小葵形象注重四个"趣"。

1. 形象有趣。小葵形象紧扣教育利用见"微"知著的工作思维,围绕着"小葵"的形象进行设计,"沐浴阳光、青春绽放"的小葵形象,是在近百件福建师范大学学生设计作品中精心挑选出来的,是按照大学生所认可的形象和形象精神设计的,很容易得到学生们的青睐。而小葵这个形象本身,也在文创中体现出了个性特征的诸多方面——可以积极向上,也可以呆萌搞怪;可以勇敢进取,也可以困惑懵懂;可以开朗乐观,也可以义正辞严,正代表着当代大学生的形象,实现了因"真"而兴趣。

2. 语言有趣。小葵形象紧扣教育表达"微"言大义的引导理念,用简练、生动、接地气的网络语言,在轻松、幽默和快乐中传递正面积极的能量。让读者感受到浓浓的"人味儿",甚至说是"大学生味儿"。"福师大小葵"在发表推文时,都能第一时间利用大学生们关注的热词热言,配合以正面、向上的内容,让人感觉有趣、时尚的同时,过滤掉了"娱乐化"和"低俗化"的一面,又让人因"雅"而兴趣。

3. 主题有趣。小葵形象紧扣教育内涵体贴入"微"的工作要求,设计的主题往往是"以小见大",某个故事、某个节日、某个活动、某首歌曲、某个人物、某场会议、某句名言,都可以成为"福师大小葵"的推送主题,这些主题紧扣大学生所熟悉的学习生活和所关心的热点事件,以小葵的口吻,传递出精致、暖心、积极和美好,避免了"高大上"和"假大空",实现了因"实"而兴趣。

4. 形式有趣。"福师大小葵"紧扣教育领域无"微"不至的时代特征,采用了主流、时尚、亲切的形式。"福师大小葵"公众号,你不仅可以关注到新鲜有趣的校园生活,客观严肃的学术讨论,贴心温情的福利提醒,这些各具特色的产品,迅速实现"吸粉",正是因"新"而兴趣。如"福师大小葵"在暑期推出的《暑期在家如何不被嫌弃——小葵送你一本秘籍》,原创小葵表情包生动幽默地反映了同学们暑期在家的内心变化,引发学生热情转发。

二、让"想学"变为"好学",激发主动学习"强动能"

小葵的"趣"为小葵所想引导的"学"开了一个好头。但同时,小葵还牢牢抓住了20世纪90年代出生的大学生的三个心理特点。即:好奇心强烈、自我中心明显的认知特点;情感强烈且外显张扬的情感特点;自主意识强烈、渴望独立的行为特点。因此,有效地激发了20世纪90年代出生的大学生通过文创形式接受价值传导的动机,同时传递了一种思想引领的方法,实现了从"想学"到"好学"的蜕变。

1. 激发了学习的好奇心。课件、文章、讲座、经验交流等等这些传统和常见的思想教育方式,大学生们司空见惯,早已经见怪不怪,甚至麻木了。因此,思政工作者常常会感慨——明明是思想大餐,怎么就不受欢迎呢? 选择文创,正是"不按套路出招",吸引到主动关注。在小葵文创里,很少看见单纯的理论,却常常见到大大小小的各种故事,让枯燥的理论灌输变为故事熏陶。借助故事的情节推进、画风色彩、人物对比等方式,成功地激发大学生的好奇心,想去了解故事的结果,并去总结故事带来的启发。故事总是不一样的,就像一部电视剧开了头,就很想再继续追到结局一样。小葵文创有许多系列,其中的故事,就让大学生们因"新鲜"而好学。

2. 激发了情感的共鸣。小葵文创中的小葵很多的画册、视频,在脚本创作中尽可能根据青年特点加入情感诉求,让价值观教育更具表现力。譬如,中国传统文化的文化自信、团员的归属感、荣校爱校的情感激发,这些看似很宽泛笼统的思想道德引领,在小葵文创中,成为一系列大学生们都听说或经历过的印象深刻的故事,成为他们脑海中一连串回溯的记忆。故事结尾并没有帮同学们总结出某种警示,却因为"和我们相关",同学们情不自禁地产生了感动、怀念、光荣、愤怒、后悔等等各种情感和情绪,自发地开始了总结和反思。比如,2016年圣诞节后,推出了《传统节日——不可辜负的中国记忆》,几幅融合了中国传统节日习俗的小葵漫画,迅速在同学们中传播开来,在留言中,大家纷纷开始回忆自己家乡过节的习俗,表达过节时自己的感受,体验到中国传统文化的博大精深,也更愿意去了解更多的优秀的中国传统文化,并为身为世界文明大国的一员而倍感自豪。这,正是因"感动"而"好学"。

3. 激发了参与的热情。文创有一个其他载体无法企及的优势,即充分尊重消费者的话语权。小葵文创中很多语言、形象、话题,其实都是取材于大学生们当下所关注和喜欢的内容,激发起情感的共鸣后,自然就引发了受众的参与。最初,小葵文创的创意和话题可能还来自老师们对大学生群体的理解,但很快,小葵文创就成为同学们表达心声、发扬创意的舞台,起到了"鲶鱼效应"般的效果。如今,小葵文创的主创者基本都是在校的大学生,他们要推出小葵文创产品,就必须先寻找和总结所要传递的内容和价值。"消费者"和"制造者"融为一体,同学们成为小葵文创的主人,既是制造者,又是受众,通过这样一种自我教育,实现了因"参与"而"好学"。

三、从"创新"到"焕新",争做文化创意"急先锋"

微信本身就是文化载体的一种创新。"福师大小葵"利用了文创的"瓶",装了主流思想和核心价值的"酒",是对高校思想和价值传导方式的一种创新。这种创新也使得大学生们在思想上焕然一新。

"福师大小葵"的创新集中体现于三点:

1. 解读方式新。一个高校微信公众号承载着这个高校的育人思想和观点,但这种思想或观点,必然是创造者解读过的,并期待传递出去的。与我们所熟悉的"抽象、大篇幅"的"抽象式""发散式"的解读方式不同,小葵反其道而行之,采用了"具象化"和"凝练式"。首先,我们常常把某种思想借用某个具体的图案、某句话、某个故事、某个表情表达出来,使得抽象变为具体;其次,小葵把复杂的观点变成高度凝练的文字,去引发读者更多的联想和解读。小葵文创系列中,有一套《社会主义核心价值观》12幅图,仅仅用了12幅单幅图画,每幅画都是非常生活化的场景,生动地表现出了社会主义核心价值观的内涵,通俗易懂,深入浅出。而全套作品用的文字仅仅只有社会主义核心价值观的24个字。此可谓因思想的"解放"而"焕新"。

2. 传导方式新。一方面,结合小葵文创产品可以同时融合各种文化符号和各种物理媒介,同时引发多感官的体验,它能够充分调动受众者的视觉、听觉、触觉,甚至味觉,是一种全方位的有益刺激,因此,给人的感受是非常深刻的。同学们在欣赏的过程中,不知不觉已经开始调动自己的经验、知识去解释、总结这些故事所要呈现的价值观,并非常容易接受和内化。另一方面,"福师大小葵"传递思想或价值时,能够将命令口吻变为艺术感染。无论是卖萌的话语、短视频、微电影,还是动漫短片,都能够让所想表达的观点进行戏剧化的呈现,从而提升整体感染力。艺术的表现手法是开放性的,通常不直接灌输某种观点,而是给予某些线索,结合情感的共鸣、思维的碰撞,从而自发地形成我们所期待传递的价值。比如,《小葵诞生记》是一部较早的文创视频作品,全片没有一个解说词,只有一张张在参与小葵品牌建设过程中,每个师生或认真、或思考、或侃侃而谈的表情,每一场讨论会大家各抒己见的场面,每一稿中复杂的批注,配上各种总结性的数字,让观看者感受到一种团队力量和我校师生拼搏进取、团结向上的精神面貌,并为之自豪。此可谓因"开放"而"焕新"。

3. 创作方式新。首先,小葵文创分为线上产品和线下产品。小葵的线上产品类似电影和游戏,是开展思想引领的主力。而小葵的线下产品则类似于电影和游戏的周边,用于线下教育活动推广。线上线下产品形成了彼此呼应,增强了教育的实效;其次,得益于高校专业的多样性,以及高校师生无限的创造力,小葵文创采取了极富有特色又十分高效的创作方式,即校团委统筹,小葵工作室文创组与各学院各专业以项目组形式参与的形式完成。这样既发挥了各学院各专业的特色,丰富了小葵文创的类型和内容,又减轻了校团委从事文创开发的压力。更重要的是,让更多的师生能够参与到小葵文创的创作中,引发出更多的思想火花。此可谓因"宽放"而"焕新"。

第二节 文创融合:好玩有趣

总观新媒体快速蓬勃发展下的全国高校宣传工作,各个学校均已意识到文创融合的所趋之势,改革创新,打造卡通形象、动漫读本、文创周边、电子文创产品等集多种媒介于一体的全方位立体式校园宣传平台。文创融合并不是简单的媒体叠加,把某个产品换个方法呈现出来,"挂着羊头卖狗肉"。同样的东西先做个笔记本,再出个短视频,做个动漫绘本,这样的模式绝不是真正的文创融合。这样的方式,即使未来出现更新的"第六媒体""第七媒体",也只是传统媒体的续貂,新瓶装着旧酒。社会媒体融合如火如荼,校园媒体也要逐步实现实质性的深度融合,要实现信息内容、技术应用、平台终端、人才队伍的共享融通,形成一体化的组织结构和传播体系,做到传统媒体和新媒体的"你中有我、我中有你"。

一、"将心比心"才能"打动人心"

大学生充满感性,尤其九十年代后出生的大学生自我意识强烈,特别重视自我的体验、感受是否得到理解和重视。而校园文创中的故事,充满"将心比心"的善意,和一种设身处地思考的匠心。人性化的故事,能够使大学生感到亲和、温情、充满同理心,实现真正感动人、说服人、教育人。

"福师大小葵"从一开始就特别注重与大学生的平等互动。

第一,说走心故事。"有故事才有人生"。诉说故事能够激发读者的想象,增强读者的文本粘性,激活读者的情感神经。在大学生的成长过程中,能够让他们记忆深刻、长存于心的东西往往是充满生活化、人性化和柔性化的故事。文创内容常常以短小精悍的故事传递情感,通过走心的故事引发大学生的同感和共鸣,让他们觉得我们所传递的思想是建立在他们所经历过的生活经验上、建立在有血有肉的真情实感基础上。这样一来故事就更易于被学生接受、理解和内化,从而达到因"相同的经历"而"心动"。

第二,现真实性情。"福师大小葵"中,不但在形式创作上体现无微不至的关怀,还在故事讲述上加入许多人性化的处理。譬如,小葵这个人物本身,并不是一个"完美无缺"的"标兵学生"形象,而是在故事中也会有生气、愤怒、懒惰、疑惑等负面情绪,但通过受帮助或帮助别人最终实现自我成长的"普通学生"形象。学生们会觉得自己仿佛就是某个阶段的小葵,在故事中和小葵共同成长,共同进步,从而达到因"相同的心情"而"心动"。

第三,做柔性表达。文创能够实现文字内容图示化、理性概念感性化、抽象符号具体化的转变,通过影像化、符号化的感性传播方式,让价值观念、行为准则和立项目标更能得到理解和认同,使得这样的产品能够对人"晓之以理、动之以情、笃之以行"。"福师大小葵"在说故事的过程中,基本使用生动的动漫形象、健康但是有趣的"网言网语"式文字表达、精炼易读的图表解说来实现柔性化表达。虽简约却不简单,虽源于精心设计但传递时含蓄无意。读者在阅读过程中,不经意地因为某个细节或段落引发了共鸣,降低了接受改变的抵触,提高了去深入体会的动机。这样,就达到了因为"相同的理解"而"心动"的传递效果。

二、"主动靠近"才能"生动亲近"

九十年代后出生的大学生深受大众传媒的影响,信息量更大、知识面更广泛、知识更新速度更快,对新事物的接受能力非常强,喜欢寻求刺激、追求新鲜感,而且学习能力也很强,思维活跃、创造性强。经常求新、求变,不甘于安存现状,并且善于从外部接受新信息、学习新东西。文创特别擅长利用用户的上述特征,总结用户心得,主动去了解、贴合用户的需求,从而得到用户的青睐与欣赏。

"福师大小葵"的出发点也正是为了优化大学生们的用户体验。

第一,主动把握大学生心理。文创产品形式活泼、趣味性强、阅读性强,相较传统的说教式、灌输式为主的课程、讲座,无疑更加符合大学生求新求趣的心理。小葵文创从求新教育观念、求变教育方式、求实教育效果、求奇教育工具做出了探索和尝试,将泛泛而谈的话语转化为精细化定点投放,符合学生用户的心理需求,使得"被动接受"转变为"主动探索"。

第二,主动迎合大学生的需求。文创产品每一个主题的推出,每一种形式的选择,都是在对同学们现实需求的判断上做出的,是对同学们思想困惑的一种回应。譬如,福师大的学生们对入党是非常关注和积极的。可是很多学生,特别是新生,在提交入党申请书前,常常会对入党的程序存在很大的困惑。小葵文创及时捕捉到同学们的需求,制作了《小葵入党记》动漫视频,用简练易懂的图片和解说介绍了入党的流程和要求,成为同学们入党的优秀教材。这种方式,大大区别于传统的文件精神学习,因为与学生们的个人需求联系在了一起,不但生动地完成了一次学习,还在服务学生的同时提升了大家爱党爱校的归属感。正因为做到了"以生为本","要我学"转变为"我要学"。

三、"取长补短"才能"扬长避短"

九十年代后出生的大学生是一个有趣的矛盾体——他们在网络世界里热情奔放,却在现实生活里沉默孤独。文创也是一个有趣的矛盾体——尽管内容和形式上活泼生动,但脱离了与人的互动和网络的传播变成了"死体"。由此,文创与大学生们形成了需求互补的双方,文创为大学生提供了代为倾听声音表达感受的舞台,而大学生们也为文创提供了价值传递的媒介。

"福师大小葵"发现了文创与大学生这种有趣的关系,让双方扬长避短。

第一,尊重大学生的情感表达方式。既然他们喜欢"待我长发及腰""不明觉厉""皮皮虾我们走"等类型的"隐匿式"的表达,那么学校就提供文创这个平台来让他们充分发挥吧!在文创中,每个大学生可以看到那个在安全的世界里真实的、希望充分表达自我的自己。那么,在心理上更贴近、从态度上更积极的转变就成为自然而然的事情了。在"福师大小葵"里,小葵的语言和生活中大学生的语言风格一样,只是更充满积极和向上的正能量,为大学生们补足了信心和勇气。

第二,发挥大学生的口碑传递作用。文创所传递的思想内容,不需要刻意的灌输,而是在同学们的反思总结、口口相传、转发评论中完成。这样就实现了"启发式教育""群体性教育",为大学生们补足了深度和高度。现在,小葵文创已经有了较大的产品数量,也不仅仅满足于线上的评论转发。2016年,小葵在校内建立了小葵馆,馆内集中展示了所有的小葵系列文创,前后吸引到包括国家副主席李源潮同志在内的各级领导,也吸引到各个高校到校参观,更让每一名来观摩的同学们直接感受到小葵的巨大能量,并吸引越来越多的人到场感受和学习。

目前,小葵已经开发了"小葵说"12系列106件产品,视频动漫3系列48件产品,绘本折页10系列78件产品,实体产品3系列48件产品,网络文创4系列124件产品。数量如此之大的产品,如果仅仅依托某个部门显然是无法完成的,事实上,这些产品是在校团委的组织发动下,调动了全校二十多个学院、数百名骨干师生力量共同完成的。最初,他们觉得自己只是一个参与者,但在随后的创作过程里,他们已经和小葵自发地联系在一起:他们是产品的母亲,赋予产品自己的优良基因,与此同时他们收获了责任感和爱。因而小葵文创的过程中,强化了主人翁精神,弱化了受教育者"要我做"的被动心态,强化了大学生作为高水平大学建设者"我要做"的身份,通过参与文创设计、制作、推广,达到了"自我教育""同辈教育"的良好效果。

微信案例

案例一
《赴一场小葵的年度约会,"戴"走一份福师大的情怀!》
发表于《福师大小葵》2018 年 1 月 5 日

茫恰恰
回顾 2017 年
发生过的事儿都不记得

唯独对拿着空钱包、
看着个位数银行卡余额过日子的感觉印象深刻
近日,小葵的年度账单出炉:
这一年里
你在"福师大小葵"里点开了 289 次链接

你热衷的推送成谜,喜欢在夜里看小葵。
你热爱分享,评论区里藏着你许多回忆⋯⋯

2017,你在小葵上看到最多次的关键词是蓉

11 月 26 日大概是很特别的一天,
这一天里,你点开了 55 次小葵的
《校庆徽章|错过再等 110 年,专属盛会专属于你!》
我猜那天是发福利了。

10月9日,这一天你睡的很晚。
3点56分还在与小葵为伴
那一天你看到的是
《离家后这里可以是你的家键!》,
我猜你是想家了。

这一年,你有75天
深夜12点后,仍沉浸在小葵的推送
睡不着的夜晚,还有小葵的陪伴

在你的阅读口味中,也藏着高冷的一面
那篇有些小众的推送
《树洞时间|你不知道的七个我的秘密……》,
在那天你一共点了28次。

这一年,你有285天都点开了小葵。
在所有熟悉的微信公众号中,
你对小葵的爱,最专一。

还记得吗……
《福建师大校歌青春版MV震撼首发|校歌响起,我们回家!》
你曾经很喜欢,但最近似乎把它遗忘了。

2017年1月1日的《2017,我们一起!》,
这篇推送是你去年看到的第一篇小葵推送……

这一年,你用了637个小时,看小葵的推送,
你从懵懂的新生,变成新生的学长学姐。

2017,
你最爱的,还是师大的点点滴滴。
2017年,
福师大小葵收获了七万粉丝。

感谢你们的耐心守候。
今后的时光,
让福师大小葵陪你度过。

而最近听说大家都做了年度盘点和总结,
才发现自己这么能花……
那么有谁能够告诉我……
我是谁?哪来的这么多钱?
你是否日日节俭挂嘴边
看到打折商品,走过路过却不舍得错过?

管不住手又不舍得剁?
美食面前丧失理智?
兼职也救不活大手笔的自己?

那么……
下面就让小葵来教你过日子吧!

减少不必要开支
购物袋带一带,低碳生活还省钱
练习书买一买,到头桌边堆一堆
衣服满柜缺一件,幻觉
饭友约一约,AA人生走一回
小钱省一省,年末大富翁

做好消费预算
出门旅行有计划,潇潇洒洒理财王
月初规划有预算,月末挺胸有底气
收入支出稍权衡,吃好喝好睡得香

量入为出,适度消费
有钱不任性,勤俭节约是美德
学会定位,现实限制自我想象
花花省省,风水轮流转
不要盲目压抑消费,有需要就买
人生在世,开心最重要。

你以为这样就结束了吗?

在结束了2017年不久的今天,
小葵还想赠你一段永不褪色的回忆。
二十枚"福师大梦想纪念钻戒"在这儿等你。

福师大梦想纪念钻戒寓意:
磨炼、永恒、怀念、专属、承诺、承载

青春用来铭刻,梦想用来见证。
每个人的青春或有相似,
但定是独一无二的。

福师大梦想纪念钻戒
将所有人的青春定制成华丽的珠宝
（可雕刻学号、姓名、院系等内容）
与母校共同见证不朽的青春记忆

案例二
《小葵行事历大放送！那些年说不完的纸短情长……》
发表于《福师大小葵》2018年5月18日

  说到日历，你最先想到的是什么？葱葱岁月里记录往昔的你走过了多少日子，漫漫时光中告诉你未来还有好多时间可以度过。还是，旧墙壁的一本黄色糙纸，或者手机界面的一个按钮？不管是什么，不管你有没有注意到，它都在伴你成长，它也在无声改变。
  今天，我想跟你说说我跟日历的故事……
  我印象中的老黄历，是小时候的天书。它总是用很多繁体字，我怎么也看不懂。我喜欢爬上奶奶的床头，去帮她扯掉日历，可能是因为当时太矮了，做完这件事就很有成就感。
  我记得老黄历里有"宜""忌"，小的时候周末不想待在家里，看到墙上的黄历上"宜"下面写着"出行"，我愣是吵了半天妈妈，说今天出去会有好事发生的，妈妈又气又无奈，最后还是顺从了我。
  其实，
  老黄历于我们这一代人来说，是新鲜物，
  却也不知不觉，承载了最童真质朴的回忆。

  那时候我家的客厅挂了一个好大的挂历，一页纸有一个月的日子，我有时候会心血来潮每过一天就划掉一个数字，却总是坚持不了一页纸的时间。

346

我妈妈会把挂历撕下来,给我做书皮,大的数学书小的语文书她都会做,我曾经学了好久,都没法做到那么贴合,可能这是只有妈妈才有的魔力吧。

在记忆更清晰的时候

挂历也在故事的一隅

其实你不说,我也对它没有什么印象了

但有趣的是,一被提起

关于它的人、事、物

就都涌向脑海

高三的时候,我特地买了一本台历,放在我的桌上,每天晚自习回去前就划掉一天,有时候太累了就忘记了。过一阵子才想起来,还得问同桌今天几号了,才继续划。

和最好的朋友各买了一本台历,我们约定,有开心的事情的时候就在上面画一颗星星,有空的时候我们会一起约出来"数星星"。

越来越轻便的日历

给了我们更多的机会去创造故事

关于青春奋斗,关于朋友间的小浪漫

不舍得撕,也不舍得扔

现在都不怎么用日历了,手机上的也不常用,屏幕上都有日期。不过,我会用它来记朋友的生日,社交范围越来越广了,有些人的生日,真得手机帮忙记。

上了大学后,离开家了。说来矫情,我开始在手机日历里记录"回家"和"离家",容易想家,又总不敢说,都告诉手机日历了。

时代的变迁

有时总让我们缓不过来

我们甚至,没有时间去看日历

也可以说,我们已经不需要看日历了

它变得多了点工具性,少了些情怀

"时间的空间是无形的,触摸不到的。凡是使用过的日子,立即就会消失,抓也抓不住,而且了无痕迹。也许正是这样,我们便会感受到岁月的匆匆与虚无。"

347

不管是充实还是虚无,你的每一天,都能生活在一页一页小葵行事历上。回头翻看,你曾经做过的事,仿佛拾起你生命的落叶。你能更好地感知自己的生命,更好地思考并珍惜它。

为了陪你做这样浪漫的事
小葵派送行事历啦

案例三　　《小葵说之不可辜负的中国记忆 | 第 352 期》
　　　　　　发表于《福师大小葵》2014 年 12 月 26 日

飘雪的季节,不是只有乘着麋鹿雪橇而来的老人;一年的尽头,也从不是由圣诞来终结。越来越热闹的洋节日里,不要忘了那些充满希望、象征美好的传统节日习俗,更不要忘了中国文化赋予你的独特气质。

就让小葵带你走进中国七大传统节日,回味那不可辜负的中国记忆:

春节

千门万户曈曈日,总把新桃换旧符。爆竹声中,春风送暖,新的一年自此而始。大红灯笼,温暖火炉,处处喜庆快乐。和最亲的人围坐着吃一顿热腾腾的家味,和最爱的人分享最温暖的感动。寒假的脚步近了,你是否听到了春节的呼唤?

元宵

十里红街,灯光辉映,灯谜庙会,舞龙舞狮,元宵里哪一样都不能少,人来人往好不热闹。"元月夜,与君同游,点滴藏心头。"或许还会有回首处久别重逢的惊喜让你怦然心动,还有,别忘了吃元宵!

清明

迎着四月春风,踩着萋萋芳草,缠绵的春雨让你更加思念踏青的味道,袅袅的东风让你更加思念放纸鸢的时光。放下忙碌的世事,在大自然中感受春意,缅怀先祖。

端午

"五月五,是端午。门插艾,香满堂。吃粽子,洒白糖。龙舟下水喜洋洋。"幼时唱的儿歌仿佛还萦绕在耳边。看龙舟已启,只等你呐喊,屈原已逝,但豪情尚待你的延续。

中秋

不知天上宫阙？今夕是何年。但记得千里共婵娟，天涯共此时。又是一年过半时，风尘归来，围坐圆桌看那花好月圆。谈笑间品可口月饼、赏明月婵娟，闻飘香桂花，良辰美景就在此时。

七夕

"迢迢牵牛星，皎皎河汉女。纤纤擢素手，札扎弄机杼。"记得七夕乞巧，只愿素手纤纤，织就锦绣繁华。只愿互赠香囊，有情人终成眷属。国人的情人节如此浪漫、诗意、美好。

重阳

人生易老天难老，岁岁重阳，今又重阳。莫忘家中父母长辈，秋风起时，甚多关怀。秋色正浓，不如趁着天朗气清，登高望远，遍插茱萸，同赏海天。

春夏秋冬，寒来暑往。这些深藏在传统节日中的中国味道早已渗透进我们的脊梁，在渐行渐远的儿时回忆里，不要忘了停下心灵的脚步，一起回味传统的味道，让你我的心中，多一份中国结，多一份中华风骨。

案例四

《大数据|关于2016级本科新生,你想知道的各类统计都在这里!》
发表于《福师大小葵》2016年9月5日

　　　　　花谢花开又一年
　　　　距离新生们到来的日子屈指可数
　　　　　热情洋溢的老生们
　　　　　　也是迫不及待啦

　　　　　新生有多少人?
　　以后能组队的老乡又多了几个呀?
　　　　莫急,小葵带你一探究竟

　　今年一共有5850位新生成为福建师范大学的一份子,其中稳重的仓山校区得到了1045名,灵动的旗山校区则带走了剩余的4805名。

　　　　　　　　地域
　　　　今年我校录取的新生来自27个省份
　　　　除了福建,招生总数排名前三的省份:

　　　　　　　贵州:280
　　　　　　　河南:234
　　　　　　　广东:181

一、分省录取人数

省份	录取人数	省份	录取人数
福建	3450		
贵州	280		
河南	234		
广东	181		
甘肃	172		
山西	165		
安徽	162	四川	60
广西	156	黑龙江	57
江西	129	山东	53
云南	129	重庆	45
河北	128	新疆	43
浙江	92	辽宁	35
湖北	71	海南	35
湖南	60	天津	30
		陕西	30
		西藏	28
		内蒙古	21
		江苏	3
		上海	1
合计			5850

专业

招生总数前三名的专业：

经济学类

汉语言文学

地理科学类

年龄

1997、1998 年出生的是主力军

可谓卧"虎"藏"龙"

还有 11 位 2000 年后出生的呢！

星座前三甲：

天蝎座

双子座

天秤座

```
三、出生年份统计
出生年    录取人数              出生年
2001年      1
                    10       2000年
1999年     246
                   3201      1998年
1997年    1986
                   310       1996年
1995年     76
                    16       1994年
1993年      3
                    1        1992年
                   合计       5850
```

民族

五十六个民族，五十六朵花

今年招收的新生来自 27 个民族

少数民族人数总数前三甲：

壮族：49

土家族：40

回族：40

考生科类

一听福师大

就是文科生？

数据告诉你
理工科才是主体
艺术、体育也不少哦

五、考生科类统计

- 艺术 605
- 体育 260
- 文史 1558
- 理工 3427
- 合计 5850

考生类别
不管是来自繁华的城镇
还是恬静的农村
福师大将是所有新生共同的家

六、考生类别统计

- 城镇往届 199
- 城镇应届 2758
- 农村往届 223
- 农村应届 2670
- 合计 5850

毕业中学
高中、大学都是校友是一种缘分
考入师大人数最多的前20所中学
有你的母校吗？

七、毕业中学统计（前20）

毕业中学	录取人数
永春一中	64
漳浦一中	57
厦门市同安一中	57
漳州一中	55
厦门第六中学	53
福州八中	53
莆田一中	51
连江一中	50
南平一中	49
晋江第一中学	46
晋江养正	42
闽侯一中	41
晋江季延中学	41
泉州第七中学	40
长汀一中	39
莆田四中	39
莆田二中	39
惠安一中	39
格致中学	38
漳州立人学校	36

后 记

新媒体的发展让人目不暇接,在社会上大力倡导媒体转型、媒介融合的今天,从传统媒体到新媒体,一股"改革""融合"清新之风,"润物细无声"式吹进校园。媒介转型,改变的不仅仅只是内容载体,更是思维和理念。微信的普遍应用改变了大学校园师生的日常交流习惯,也影响着大学生的学习生活方式。微信公众号已经成为与官方传统媒体共生的重要载体,成为当下高校宣传思想工作的重要阵地。

一直以来,"如何将有意义的事情做得有意思"贯穿我校团委做好大学生思想工作的始终。随着两微一端的兴起,当微信影响人们的社交方式,受众阅读方式不断的变化,更是向我们日常的内容运营工作发起了全新的挑战。"福师大小葵",诞生于时代的浪潮中,从2013年走到今天,已经成为拥有75000多粉丝的校园微信公众号,成为了福师大青年学生的重要伙伴。把握时代的脉搏,创新工作的形式与载体,主动迎接互联网大数据机遇,让微信建设在思想引领、校园文化、服务育人等方面发挥积极有效的作用,成为真正赢得青年信任、坚定青年信仰、引领青年发展的主阵地,是"福师大小葵"坚定不变的信念。

爱、忠诚、责任、理想。

近年来,福建师范大学网络新媒体工作的影响力不断提升与扩大,探索出了一条独特的小葵模式+思政教育的道路,得到了国务院副总理刘延东、国家副主席李源潮,团中央、教育部以及福建省委等领导的批示肯定。

我校的网络新媒体工作之所以能够常做常新,得力于在2012年年初时,在顶层设计"五微五阵地"工作,充分将高校共青团的工作格局与责任担当有效融合。即便新媒体的媒介和流行应用在不断地发展变化,但是构建矩阵模式之上的网络化、矩阵式的微博体系和信息化工作机制一直有效延续,保证了全校新媒体工作体系能实现科学的、整体的联动,保持新媒体工作的活力。多年来,我校始终把新媒体平台作为传播知识、传播正能量的重要载体,不断引领青年学生弘扬时代正气,讲好师大故事。

2012年12月3日,福建师范大学网络卡通形象小葵正式发布。小葵是通过面向全校师生征集,以阳光、向日葵为原型的网络卡通形象。小葵时尚清新的风格、"不为青年师,要为青年友"的同伴形象深受学生喜爱。在小葵形象的基础上,"福师大小葵"微信公众号开通开始就以"阳光""青春""正能量"的形象走近青年学生,赢得青年学生。

我们相信,读懂青年,才能引领青年。

如何做出爆款微信,让青年人喜欢看、愿意看,用什么方式可以赢得共鸣?在信息爆炸的今天,这应该是每一个微信公号的运营团队每日每夜绞尽脑汁的最终目的。作为一个校园公众号,"福师大小葵"围绕主基调,立足于学校大事记,策划专题,结合图片、影像、动画、专访等融媒体形式,打造内容精品,进行全面推广,由点及面覆盖受众。从学校110周年校庆、高校共青团新媒体年会,再到毕业季主题,多次突破预期目标,累计阅读量100万。校歌原创MV上线八小时突破10万,优质原创推文上线四小时内点击量高达1万。活动期间线上传播呈现"刷屏式"的效果,"换上校庆头像为学校呼喊!""校歌响起,等你回家",用学生喜闻乐见的语言,接地气的风格,阳光正能量的态度,易于接受的方式反映师生诉求,输出精品内容,做大学生身边的意见领袖,宣传校园典型、营造了一股线上正气新风。

当然,大量原创的文创作品既有立足校园的,又有不少是学校团委与政府部门、企事业单位、社会公益组织等合作的作品,从公益活动、爱心支教、环保活动、大型会议赛事活动……使学校网络新媒体工作不再仅局限于维护平台,更有工作形象的打造与维护;不再仅局限于学校内部的工作,更是辐射到校外,不断提升工作的格局。

我们坚持,凝聚青年,才能联动青年。

正所谓独木难成舟,产出一篇优质精彩的原创微信推文只是完成了一步,而通过联动传播的力量,让更多的人看见,才能将句号画满。

学校、学院、年级三个层级层层有官微,构建起相互捆绑、信息共享、各具特色、优势互补的微信体系。校级八大学生组织,"群策群力、一呼百应",一条微信再到朋友圈,在福师大团委新媒体矩阵模式之上,每一条微信,我们都积极向青年靠拢。《师大人》专栏,走进身边人,讲述身边事,不断唤醒青年同理心;换届季《这一次,我不劝你们留下来了》原创推文,带动团委八大组织的联动传播;《选出你心中的自强之星》评选推文,在各学院得到广泛传播;《五四青年节,我们这样过》学生榜样的道德表彰,鼓舞大学生们向善向上的力量。整合校园对外的宣传端口,合力输出精品,扩大辐射范围,拓宽用户渠道,让优质内容,师大精彩走出去。

"一人之智有限,众人之力足恃"。福建师范大学新媒体工作能够拥有当前良好的发展局面,离不开在工作上推崇"内部聚力、外部合力"的工作模式,积极整合资源、协同合力创新的做法;得力于福建师范大学高校共青团"校院一体"的工作模式以及"一院一品"的特色,既实现工作的整体推进、聚群效应,在特定时间、特殊事件、特色活动能迅速一呼百应,形成合力。让"小葵"品牌依托学院的特色,产出如"小葵说法""小葵说化学"等更为多元化的作品;也带动了部分学院网络思想工作的进步,"社俐俐""小鹰""杉杉"等院级新媒体品牌形象的出现,进一步夯实学校新媒体工作基础。

我们坚信,走近青年,才能服务青年。

"件件有着落,事事有回响"。一年一度的"书记早餐会""校长面对面"活动,了解学生诉求,聆听学生意见,立足"福师大小葵"微信平台,收集建议,反馈执行,在学生中收获高口碑,高点赞,日益成为校园响亮的品牌活动。

"学生在哪里,我们就在哪里",近年来,结合"福师大小葵"的影响力,立足于解决学生诉求,我们在线上先后报道了校园网全覆盖,图书馆自助借阅,校园单车使用,以及老区斑马线等困扰学生学习生活的几大问题。从事件的提案,活动的开展,具体落地的执行,后期的反馈,每一个环节力求高效、高速、高质量地向学生们反馈。2018年,学生提案新增的老校区斑马线一事,更是受到中青在线主流媒体及本地媒体的报道,塑造了在学生心目中"校园媒体公信力"的形象。

学生是新媒体平台的拥护者,也是内容建设的助力者。青年学生在"玩"什么、"哈"什么、"潮"什么,我们就去主动了解它,研究它,占据它。从最开始的用内容影响大学生,到用文化引领大学生,再到从新媒体繁杂的内容中去把握规律,对于一个微信公众号来说,每一阶段新的工作变化与需求就是我们运营的新方向。紧跟住"互联网+"的发展规律,"福师大小葵"在做好内容建设过程中,将服务具体到每一个环节,将活动落地到每一个细节。"迎新季小葵专车""留言点赞送门票""留言祝福赢校庆纪念章",通过有奖参与的形式鼓励受众参与互动,同时大小活动均开展线上线下有机结合的形式,尽可能覆盖更多受众,全方位立体连通。主动把握态势、整合平台、创新技术、提升效应,又善于借助好新媒体等平台的传播优势,把握技术迭代背后的大众传播规律提升互动内涵,我们积极打造刚性服务和人文关怀兼有、主流价值和话语魅力兼具的新媒体生态,坚守好大学精神。

"用户即是衣食父母"。"福师大小葵"在走近青年的过程中,继续不断地创新形式与内容,真正实现了"三贴近",即,使网络新媒体工作贴近青年学生、贴近校园生活、贴近服务发展。小葵新媒体工作室把线上的精品内容落地成实物,目之所及,均是小葵原创精品。从而让文创产品中蕴含的意义更彰显出来;让更多原本只在网络上传播的内容更容易、更直接、更感官地让人可亲可近、可触可感，一系列以"福师大小葵"为主角，集思想性、教育性、传播性为一体的微电影、漫画、沙画、古风绘本、flash、H5等网络思想政治教育产品，不断产出，这些工作使新媒体工作变得更加有趣多元、生动活泼，更加贴近青年。

一个微信公众号的运营，不止在线上，不止一系列的图文推送，更重要的是真正走近用户的日常，绑定用户的日常。如果说，你在一个公众号中，体验到了柴米油盐、喜怒哀乐，那么，我相信，我们将像对待一本百科全书一样日日翻阅它。"福师大小葵"的运营团队，一直在朝着这个方面不断地努力着。

当然，"福师大小葵"微信公众号，这只是福建师范大学新媒体工作的一小部分。

2014年1月，全国高校共青团网络新媒体工作研讨推进会在福建师范大学召开，让福建师范大学"五微五阵地"真正"走出校门，走向全国"，极大地扩大了学校网络新媒体工作。在会上我校成为团中央首个网络新媒体转型创新试点单位，为日后成为教育部高校网络文化建设试点单位、团中央全国高校共青团新媒体运营中心综合类工作室、福建高校网络文化发展研究中心等奠定基础。几年的发展，"福师大小葵"逐渐成为全国高校加强大学生思想引领的标杆，是全国高校网络文化第一品牌。

2018年4月，全国学校共青团新媒体年会再度在我校召开。一场盛会，是一次回首，更是一份总结。五年，1825天，"福师大小葵"微信公众号从开通起，至今已走过五载时光。聚焦校园动态，报道社会时事，塑造品牌形象，传达青春正能量，已经逐渐成为学生身边有温度，有力量，有公信力的校园媒体，正让越来越多的人看见师大，了解师大。

站在五年的时间节点，总结工作，梳理经验，有诸多感悟。一个齐聚一心的目标，一支核心高效的采编队伍，一间协力奋战的办公室，一次次十万+的激动，一场场活动的圆满落幕，从0到7万+的粉丝，从个位数到日均四位数的阅读量。每一个点赞和支持，都是小葵公众号创作的动力源泉。

未来，时代的变革会向内容生产、用户运营发出更大的挑战，推进融媒体建设，不断深化小葵在微信公众号的品牌形象，发挥聚力连锁效应，融入思政建设的格局，立足现有的资源和渠道，推动工作上协同创新成为新目标。强国一代新青年，用网络语言讲好师大故事，讲好中国故事。以"面包+理想""好瓶装好酒"打造刚性服务和人文关怀兼有、主流价值和话语魅力兼具的新媒体生态。进一步摸清"互联网+"时代媒体传播规律，要清晰认识到网络新生代大学生世界观、人生观、价值观的形成过程及规律，力戒通过片面"换位思考"就简单移植"老经验"

"老做法"。应当敢于应用移动直播等前沿技术,善于发现与借助好的新的平台传播优势,把握技术迭代背后的大众传播规律提升互动内涵,在各类新媒体平台议题设置逐步趋同形成的社会舆论共振效应中坚守好大学精神。

五年一回首,改革再出发。习近平总书记高度重视传统媒体和新兴媒体融合发展,在不同场合与新媒体亲密接触,强调要利用新技术新应用创新媒体传播方式。"做好网上舆论工作是一项长期任务,要创新改进网上宣传,运用网络传播规律,弘扬主旋律,激发正能量,大力培育和践行社会主义核心价值观,把握好网上舆论引导的时、度、效,使网络空间清朗起来。"在习近平新时代中国特色社会主义思想和党的十九大精神的指引下,福师大小葵将立足基础,延续传统,保持常做常新、不断突破,在传播正能量的道路上继续展示新作为。

本书在编撰过程中,得到了诸多老师的关心支持,是集体智慧的结晶,感谢每一个"福师大小葵"背后的同仁,是你们成就了这本书稿。本书前言、后记由黄佳淑执笔,第一、二、三章由唐雅君执笔,第四、五、六章由涂怡弘、张晓岚执笔,第七、八、九章由李天丽执笔。感谢刘帆、廖璐两位同学在本书素材整理过程中的协助。由于时间仓促,加之能力有限,本书难免有疏漏之处,敬请各位读者批评指正。